构建财务共享服务中心

管理咨询 → 系统落地 → 运营提升

陈剑 梅震 著

清华大学出版社
北京

内 容 简 介

随着中国经济转型与产业升级的加速，中国企业主导规划和建设的财务共享服务中心在新技术浪潮的推动和全球新商业格局的背景下也日渐清晰，相关解决方案也逐渐丰满和成熟起来，本书作为相关理论与实践案例的总结，对企业的财务共享服务中心建设、相关从业人员提供理论和方法的指导。

本书从财务变革的趋势出发，讨论了共享服务对财务转型的促进与支持，阐述了财务共享服务的完整框架，有助于读者对财务共享服务全面深入的了解。内容包括：财务共享的基本概念与实施方法，财务共享服务中心建设业务咨询方法，财务共享服务系统落地方法概述，FSSC核心管领域的系统落地方法，FSSC运营管理与提升业务咨询方法，FSSC服务与运营管理系统落地方法等。

本书是国内第一本较为完整阐述从财务共享服务中心管理咨询到系统落地全过程的方法性书籍，为国内财务共享服务中心建设的企业、从业人员提供体系化的方法指导以及案例的参考。

本书封面贴有清华大学出版社防伪标签，无标签者不得销售。

版权所有，侵权必究。举报: 010-62782989, beiqinquan@tup.tsinghua.edu.cn。

图书在版编目(CIP)数据

构建财务共享服务中心：管理咨询→系统落地→运营提升 / 陈剑，梅震著. — 北京：清华大学出版社，2017（2024.2 重印）

ISBN 978-7-302-45869-2

Ⅰ. ①构… Ⅱ. ①陈… ②梅… Ⅲ. ①企业管理—财务管理—商业服务 Ⅳ. ①F275

中国版本图书馆 CIP 数据核字(2016)第 294602 号

责任编辑：栾大成
封面设计：杨玉芳
责任校对：徐俊伟
责任印制：刘海龙

出版发行：清华大学出版社
  网　　址：https://www.tup.com.cn, https://www.wqxuetang.com
  地　　址：北京清华大学学研大厦 A 座　　**邮　编**：100084
  社 总 机：010-83470000　　**邮　购**：010-62786544
  投稿与读者服务：010-62776969, c-service@tup.tsinghua.edu.cn
  质 量 反 馈：010-62772015, zhiliang@tup.tsinghua.edu.cn
印 装 者：三河市龙大印装有限公司
经　　销：全国新华书店
开　　本：188mm×260mm　　**印　张**：16.25　　**字　数**：345 千字
版　　次：2017 年 5 月第 1 版　　**印　次**：2024 年 2 月第 9 次印刷
定　　价：59.00 元

产品编号：067716-01

前　　言

随着中国经济转型与产业升级的加速，中国企业主导规划和建设的财务共享服务中心在新技术浪潮的推动和全球新商业格局的背景下也日渐清晰，相关解决方案也逐渐丰满和成熟起来。本书作为相关理论与实践案例的总结，对企业的财务共享服务中心建设、相关从业人员提供理论和方法的指导。

本书展示了未来财务变革与转型的发展趋势，以财务共享服务的理论与实践为主题，详细讲述了财务共享服务的理论、方法，以及可操作的实施方案与实施步骤。完整、详尽地将财务共享服务展现给读者。

本书从财务变革的趋势出发，讨论了共享服务对财务转型的促进与支持，阐述了财务共享服务的完整框架，有助于读者对财务共享服务全面深入地了解。同时，本书立足于国内外企业的财务共享服务中心建设和运营的相关方案的最佳实践，为各位读者对财务共享服务中心从咨询到落地以及配套信息系统规划和实施全过程的路径和方案体系进行了全方位解读。

本书是国内第一本较为完整阐述从财务共享服务中心管理咨询到系统落地全过程的方法性书籍，本书将从完整的视角出发，为国内财务共享服务中心建设的企业、从业人员提供体系化的方法指导以及案例的参考。

本书大部分内容是作者在对财务共享服务中心规划、建设过程经验的总结与思考，其中也不乏方案的探讨，鉴于企业业务的复杂性和多样性，不同的企业可能由于具体业务需求的差异导致方法、方案选择的不同，在对业务、方案理解与设计过程中，读者也可能存在不同的见解。同时，由于时间紧迫，加之作者水平有限，书中难免有不妥之处，恳请读者批评指正。

好友推荐

实施财务共享中心可以帮助企业重新审视和再造财务流程，它带来的不仅是成本上的节约，更是财务乃至企业整体运营效率的提升。陈剑先生在全球著名的咨询公司工作多年，亦在阿里巴巴有诸多实战经验。本书不仅有理论框架和方法论，更有实际操刀的实践案例，语言上深入浅出，简洁明了，是有志于研究和建设实施财务共享中心者的良师益友。

阿里巴巴集团 资深财务总监　徐殿勇

工业4.0和中国制造2025潮流的兴起，正在推动企业由生产型企业向生产加服务型企业转变，按使用价值付费的趋势正在形成。企业和企业集团建立财务共享服务中心是用来为企业数字化转型和智能制造和服务打下坚实的基础。该书可以作为企业想上财务共享服务中心系统的领导和信息化主管的重要参考书，也是财务共享服务中心领域咨询和项目实施的指导书籍。

SAP中国全球渠道和工商企业部 首席行业架构师　孙敦圣

起源于跨国集团公司的财务共享服务正在迅速被国际财务界认同和推广，同时随着越来越多中国本土企业的规模化与全球化，近年财务共享服务的概念也成为落地中国的跨国企业与大、中型本土企业财务变革与转型的关键词。本书作者之一（梅震）具备为不同行业的企业咨询、设计和实施的多个经典财务共享服务中心的实践经验，并结合了国内外运作模式，解读全面、剖析深入，实用性极强，对企业的管理者来说是极具高参考价值的指导蓝本。

徐州赫思曼电子有限公司 董事长、总经理　何光义

近十几年，财务共享业务开始在国内兴起，越来越多的企业开始考虑上财务共享服务。但是国内对于财务共享服务是什么、具体应该怎么做、有什么具体的方法、有什么具体工具之类的书籍还很少。认识陈剑很多年，中间有过多次针对共享服务的讨论，深深感到他在共享服务领域已经积累了丰富的理论和实战经验。相信此书将给予对财务共享服务有兴趣的各方面人士有所启迪！

汉得信息 副总裁　沈雁冰

作为曾经和作者在咨询行业一起浸润多年的老相识，有幸第一时间拜读了此书，个人认为作者在实践的基础上，通过对成功经验的思考和总结，为所有准备实施或正在实施财务共享服务的企业以及立志求新的引领者们打开了一扇智慧之门，极具参考价值！

安踏集团 CIO　陈东海

企业职能共享中心，是互联网时代平台化和共享经济在企业内部经营管理领域的延伸。本书结合作者多年企业咨询服务经验，深度解构数字化时代下财务共享中心在企业的运作模式，耐人寻味，值得企业管理层人员深入阅读。

《大象的困局》作者　徐文君

版权说明

本书在综合阐述相关解决方案的时候，部分内容涉及到了相关公司公开发布的产品、研究成果，在此，就相关知识产权等权利归属情况做简要说明。

- SAP ECC、SAP SSF、SAP Netweaver、SAP BW、SAP BO、SAP MDM等是SAP公司的注册商标、软件产品；

- PCF是美国质量与生产力协会（APQC）的注册商标；

- IBM CBM是IBM公司拥有完整知识产权的方法体系；

- IBM Cognos、WSAM等是IBM公司的注册商标、软件产品；

- OpenText是OpenText公司的注册商标、软件产品；

- PeopleSoft是Oracle公司的注册商标、软件产品；

- PMBOK是项目管理协会（PMI）的注册商标；

- FireFox是Mozilla公司的注册商标、软件产品；

- Chrome是谷歌公司（Google）的注册商标、软件产品；

- IE是微软公司（Microsoft）的注册商标、软件产品；

- Safari是苹果公司（Apple）的注册商标、软件产品；

- Java是Sun公司的注册商标、软件产品。

- IBM IBV对本书引用的IBM CFO调研、相关研究报告的数据、结论拥有相应的权利；

- PayStream Advisors对本书引用的IWA相关研究报告的数据、结论拥有相应的权利；

- The Hackett Group对本书引用的相关研究报告的数据、结论拥有相应的权利；

- 安永公司对本书引用的相关研究报告的数据、结论拥有相应的权利。

目 录

第1章 财务共享的基本概念与实施方法 1

1.1 什么是共享服务中心？ 2
1.2 财务共享服务中心建设的驱动因素 4
 1.2.1 企业内生驱动因素 4
 1.2.2 新商业格局下的新诉求 8
 1.2.3 国家政策鼓励企业建设财务共享服务中心 10
 1.2.4 FSSC建设的收益预期 11
1.3 财务共享实施方法论体系 12
 1.3.1 SPORTS方法体系 12
 1.3.2 财务共享服务中心建设推进路径 22
 1.3.3 FSSC建设与运营的风险与应对 28
 1.3.4 FSSC项目管理方法 30

第2章 财务共享服务中心建设业务咨询方法 35

2.1 KOPT方法 36
2.2 组织梳理与变革 37
 2.2.1 财务组织变革理论 37
 2.2.2 FSSC组织变革实践 40
 2.2.3 FSSC人员配置规模测算方法 43
 2.2.4 财务共享服务中心人员与团队建设方法 46
2.3 流程梳理与变革 50
 2.3.1 PCF方法 51
 2.3.2 "目的—问题—原因—行动"与"7R" 53
 2.3.3 FSSC流程优化与职责切分示例 54
2.4 核心管理领域 59
 2.4.1 CBM方法 59
 2.4.2 共享业务的成熟度评估方法 61

2.5　IT技术变革与创新 ··· 61
　　2.5.1　一般软件开发方法 ··· 62
　　2.5.2　Agile敏捷开发 ·· 67

第3章　财务共享服务系统落地方法概述 ····································· 75

3.1　FSSC系统落地的核心指导思想 ··· 76
　　3.1.1　FSSC系统软件选型原则 ··· 76
　　3.1.2　FSSC系统建设目标 ··· 80
　　3.1.3　系统建设的误区与成功推进的关键要点 ······················ 80
3.2　FSSC系统架构的最佳实践 ··· 88
　　3.2.1　共享业务处理平台 ··· 89
　　3.2.2　基础业务管理平台 ··· 97
　　3.2.3　共享服务管理平台 ··· 100
3.3　本书后续章节相关方案采用的软件平台 ······························· 107
3.4　本书系统相关主要解决方案框架 ·· 107

第4章　FSSC核心管领域的系统落地方法 ··································· 111

4.1　FSSC标准化主数据管理 ·· 112
4.2　FSSC报账单据设计 ·· 114
4.3　BPM结构化流程设计 ·· 116
　　4.3.1　结构化的BPM流程梳理方法 ···································· 117
　　4.3.2　基础数据 ··· 118
　　4.3.3　业务审批策略 ··· 120
　　4.3.4　FSSC系统内审批流的生成设置 ································· 121
　　4.3.5　会签等复杂场景下的BPM系统实现方法 ······················ 126
　　4.3.6　FSSC任务分配模型 ·· 127
4.4　在线预算管理 ·· 128
　　4.4.1　预算控制数据的来源 ·· 129
　　4.4.2　预算控制的系统实现方式 ·· 133
4.5　在线业务规则的固化 ··· 140
4.6　FSSC集成的资金管理 ··· 143
　　4.6.1　资金管理平台功能设计与应用 ·································· 144
　　4.6.2　FSSC业务流程与资金管理平台的主要衔接点 ··············· 152
4.7　与商旅服务平台的集成 ·· 156

		4.7.1	中国市场常见的企业商旅服务解决方案	156
		4.7.2	商旅平台与FSSC报账平台接入的最佳实践	158
		4.7.3	集成的商旅分析	160
	4.8	电子影像与档案管理		160
		4.8.1	文件扫描子系统	161
		4.8.2	影像管理子系统	163
		4.8.3	档案管理子系统	166
		4.8.4	条形码与二维码技术	167
		4.8.5	电子签名	168
		4.8.6	从单据提交到文件归档	169
		4.8.7	会计档案归档过程中的一些细节问题	174
	4.9	集成的税务管理		176
		4.9.1	基于集成平台的共享税务管理	178
		4.9.2	电子发票	178
	4.10	财务共享服务模式下的资产管理		182
		4.10.1	基于FSSC综合报账平台的资产业务报账	182
		4.10.2	FSSC资产管理辅助手段	183
	4.11	月结与关账		186

第5章 FSSC运营管理与提升业务咨询方法 189

	5.1	绩效管理		190
		5.1.1	绩效管理与财务共享服务中心	190
		5.1.2	财务共享服务中心绩效指标体系构建	191
		5.1.3	财务共享服务中心的绩效指标与指标体系的实施	193
	5.2	PDCA循环		196
		5.2.1	PDCA循环	196
		5.2.2	PDCA在财务共享中的应用	198
	5.3	六西格玛		201
		5.3.1	FSSC推行六西格玛管理的模式建议	202
		5.3.2	FSSC成功推行六西格玛的管理的关键	203

第6章 FSSC服务与运营管理系统落地方法 205

| | 6.1 | 财务共享服务的服务与运营管理系统 | | 206 |
| | | 6.1.1 | SSF核心功能架构 | 206 |

6.1.2　SSF与业务系统的集成关系 ·· 211
　　6.1.3　SSF典型流程场景介绍 ·· 213
　　6.1.4　SSF扩展的功能支持 ··· 215
6.2　FSSC综合信用管理 ·· 217
　　6.2.1　信用评分标准 ·· 217
　　6.2.2　信用评分流程 ·· 218
　　6.2.3　信用评价报告 ·· 220
6.3　FSSC问题支持与交互机制 ··· 221
　　6.3.1　基于信息系统的问题支持与交互流程设计 ··························· 222
　　6.3.2　基于信息系统的问题支持与交互功能设计 ··························· 224
　　6.3.3　问题综合分析设计应用示例 ·· 225
6.4　基于BI的FSSC绩效报表 ·· 226
　　6.4.1　商业智能软件 ·· 226
　　6.4.2　基于BI的分析报表与传统报表体系的对比 ·························· 228
　　6.4.3　BW经典报表案例分析介绍 ··· 229
6.5　FSSC扩展应用 ·· 233
　　6.5.1　移动互联网应用 ··· 233
　　6.5.2　云与大数据 ··· 237

第7章　总结与展望 ··· 241

7.1　内容回顾 ··· 242
7.2　财务共享服务的未来 ··· 243
　　7.2.1　未来财务共享服务的组织 ·· 244
　　7.2.2　未来财务共享服务的形式 ·· 244
　　7.2.3　服务严密组织向服务松散组织转型 ···································· 245
　　7.2.4　财务共享服务本身将如何演进 ·· 245

后　　记 ··· 247

参考文献 ··· 249

第1章
财务共享的基本概念与实施方法

近年来，随着共享服务（Shared Services）在包括财务、人力资源、IT、采购等领域全球范围内的深入实践，越来越多的中国企业也在推动将内部的财务业务进行标准化改造和流程的再造，中国企业主导规划和建设的财务共享服务中心在新技术浪潮的推动和全球新商业格局的背景下也日渐清晰，相关解决方案也逐渐丰满和成熟起来，本书立足于国内外企业的财务共享服务中心建设和运营的相关方案的最佳实践，为各位读者对财务共享服务中心从咨询到落地以及配套信息系统规划和实施全过程的路径和方案体系进行了全方位解读。

1.1　什么是共享服务中心？

在探讨财务共享服务中心（Finance Shared Services Center，FSSC）相关解决方案之前，还是有必要再次回顾一下共享服务这一更广泛被应用的概念，共享服务中心作为共享服务的具体的组织载体为企业提供涉及财务、资金管理、人事、信息系统支持、法律咨询、市场营销、采购和研发等在内的各种类型标准化、专业的服务，而被共享的各种形式的服务则通过流程化、标准化的方式实现了在效率性甚至是客户满意度方面极大的提升。

Schulman等于1999年在《共享服务：增加公司价值》一书中定义："共享服务是指基于提高客户满意度和增加公司价值的一般目标，从降低公司内部服务成本和提高服务水准的目的出发，公司通过资源整合，以集中的方式提供某一特定的服务，而这种服务通常为整个公司所共享。"

Bryan Bergeron则在《共享服务精要》中阐明，共享服务是一种创新的公司战略。通过建立一个提供卓越服务的中心，企业将原本分散在各业务部门的重复性、可标准化的工作进行有效整合，实现企业内部服务市场化，帮助企业达到提高效率、创造价值、节约成本、提高客户满意度的目的。

最早应用共享服务这一管理模式的是美国福特公司，20世纪80年代初，福特就在欧洲成立了财务服务共享服务中心，并将其下属公司共同的、简单的、重复的、标准化的业务转移到共享服务中心，以服务的方式提供到相关的下属公司。随后，杜邦和通用电气公司也在80年代后期建立了相似机构。90年代初期，IBM、HP、DOW等公司也相继引入该模式。

从1981年福特首先建立财务共享服务中心以来，在全球几乎每个行业都能找到采用FSSC的领先公司和最佳实践。而与此同时，包括美国联邦政府、联合国等在内的政府部门、国际组织、NGO等也陆续引入以FSSC为代表的共享服务模式，以降低运营成本、提升财务服务水平。

超过60%的财富500强企业已经建立共享服务的组织架构，而且这一数字也在随着时间的推移而逐步增多（见图1-1）。在欧洲，仅截止到2000年，就有超过50%的主要跨国企业已经实施了共享服务。

美洲		欧洲	亚太地区	
FORD	P&G	Whirlpool Europe		
IBM	Aetna	Ericsson		
Caterpillar	Monsanto	Air Bus		
Hewlett-Packard	Cargill	Fiat		
Honeywell	Invensys	BMW AG	SONY	SUNING
Dow	Carrier	Daimler-Chrysler	Panasonic	ENN
American Standard	GE	Volkswagen	SANYO	China Mobile
Georgia Pacific	Microsoft	ABB	SAMSUNG	Haier
DuPont	NY Times	Philips	CANON	HUAWEI
Motorola	Sprint	BASF SE	Toyota	China Telecom
Global One	Ashland Oil	Bayer	JAL	CNC
Time Warner	Chase	Telefunken	SHARP	Shanghai Airport
USAA	Union	Shell	Hitachi	Chang Hong
Farmland	Carbide	Siemens	FIJITSU	DEPPON
McGraw-Hill	Whirlpool	Citroen	JFE Holdings	TAIKANG LIFE

图1-1　全球范围内实施了FSSC的典型企业

共享服务中心之所以被称为"共享"，是因为企业内部的各个业务单位不再分别设立自己的后台部门，所有的后台支持服务统一由共享服务中心提供，他们"共享"服务中心的服务。企业通过建设基于标准化、流程化的共享服务中心，可以将共同的、重复的流程从个体企业中抽出，实现同质业务向共享服务中心的转移，同时在此过程可以实现基于该中心的企业稀缺资源的有效共享。

与财务集中相比较，尽管财务共享服务中心也有一定程度上集中的概念，但是财务集中的"集"侧重于"集中"，而财务共享的"集"则体现在"集成"，财务共享在获取成本、效率优势的同时具有比财务集中更大的灵活性和快速反应能力。此外，财务共享比财务集中更注重"职能、流程"的共享与优化，更注重对企业内外部的服务输出。

从严谨定义角度，共享服务中心往往是一个单独的组织，具有定价、服务协议等功能，背负着利润中心的定位（接受委托负责交易处理的外部供应商），而财务集中化则更多的是将核算流程的具体执行由各单位上收至一个集中的部门（如核算中心）来执行，大多数仍然还可能只是成本中心的定位，并不涉及与被服务部门之间的正式服务协议关系，更不包含由此产生的服务结算业务。

共享模式下的财务运营组织兼具了分散财务和集中财务两者的优点，合理地利用其在"组织、流程"上的效率性和灵活性，不失为企业的一种科学而行之有效的转型实践。图1-2是分散财务、集中财务与共享财务三者之间的比较，通过这张图我们不难读出，财务共享服务的最终目的就是"让集中的更集中，让分散的更分散"。

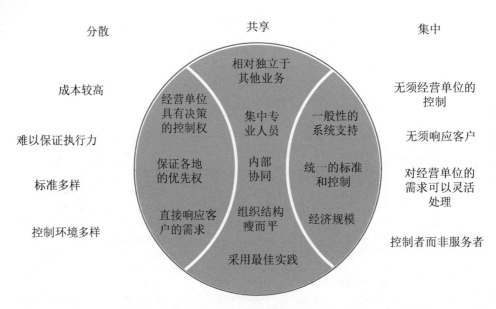

图1-2 财务共享服务结合了分散财务、集中财务与共享财务各自的优势

借助共享服务的管理模式,企业成立的面向内、外部的共享服务中心能够在提供高价值服务的同时仍然获取较高的管理效率和较大的规模经济优势,也让个体企业有更多的时间完成附加值更高的任务,促进企业资源转而投入到真正的核心上。

1.2 财务共享服务中心建设的驱动因素

1.2.1 企业内生驱动因素

在考察企业财务共享服务中心建设的驱动因素时,我们经常看到诸如包括管理职能集约化、管理效率性、管理规范性需求等在内的大量内生动因,这些因素的存在促使企业必须进行一定的管理变革,以推进企业自身在相关方面实现一定的突破,财务共享服务作为实现这一突破的有效方法也越来越广泛地为企业所采纳。

以下是常见的驱动企业共享服务中心建设的问题,这些问题也成为了企业推进共享服务中心建设的内生动因。其中,集团与下属企业冗余的组织与职能示例如图1-3所示。

集团性企业在发展过程中,由于业务规模扩张、收购、兼并、新业务拓展、部门分离等原因的存在,导致企业内部各机构或者机构的部分职能存在一定的重叠,传统的行政及业务支持部门往往使用重叠设置的方式,即我们在许多集团性企业看到的,总部组织和下属成员企业的组织具有高度的一致性、下属成员企业与下属成员企业之间的内部机构设置又具有高度的相似性。

集团总部	战略及业务规划	财务制度			资金管理	内控、内审制度	税务筹划	风险监控
分/子公司A	计划、预算	总账记账与报表	固定资产	成本费用	资金计划与现金	内控、内审	税务	风险控制
分/子公司B	战略及业务规划	总账记账与报表	固定资产	成本费用	资金计划与现金	内控、内审	税务	风险控制
分/子公司C	战略及业务规划	总账记账与报表	固定资产	成本费用	资金计划与现金	内控、内审	税务	风险控制
……								

图1-3 集团与下属企业冗余的组织与职能示例

由于管理层次过多,导致集团从上到下的决策执行力度、管理效果不一,尤其是对于具有较为严格的集团财务管控诉求的企业更希望在业务管理的标准化(包含一致的业务流程、业务执行标准等)方面形成更为有效的管控能力。

不同的分/子公司出于本地化的业务考虑,相关业务存在流程多样化、操作多样化、IT系统多样化的问题,导致无论在合规性还是效率性方面均容易产生一定的风险。

在建设财务共享服务中心之前,除了少数企业建立了一定程度的财务集中外,多数企业仍然在采用较为传统的分散式财务管理组织模式,由于分散式的财务在管控力度、合规性等方面较为薄弱,在财务管理的过程中往往存在以下问题。

- 员工费用报销时间漫长——传统模式下员工为报账需多次找领导签字,并可能因为缺失一定的材料、手续而导致财务报账过程被多次退单,占用员工大量有效工作时间。

- 单据审批占用领导大量时间——领导的工作安排常常被审批签字而打乱,异地更要利用传真跟踪审批,效率低下。

- 资金管理分散——各分支机构均开立银行账号,沉淀了大量流动资金。同时资金支付受审批流程和银行处理速度的双重制约,严重滞后于业务发生。大量的银行对账工作需要完成,财务人员工作负荷大且出错率高。

- 内部控制滞后——月底汇总会计报表方式无法实现对各地分支机构经济业务的实时监控和集中管理,资金流量和流向信息的迟滞传递很难满足内部控制。

- 财务事务性工作占比高——大量的财务资源被花费在事务性的工作上,无法将财务的组织和人力资源向更高价值的财务管理工作上转移。

- 缺乏有效的生产力工具——缺少信息系统等有助于生产力提高的工具在业务处理过程的应用，无法借助新的技术手段实现针对重复性工作自动化的处理，整体业务处理效率低。

通常，随着财务共享服务中心的建立，新的财务组织架构和业务流程处理模式的确立能够较为现实地为企业带来包括成本节约和效率提升等在内的一系列机会。

- 使用相对人工成本更低的人力资源去处理数据输入和交易处理。
- 降低用于质量管理和服务的管理成本投入。
- 提高交易处理的效率。
- 推行跨业务单元、跨国家的标准化的流程。
- 获取跨业务单元、跨国家甚至跨业务系统的连贯、可用于多维比较的业务、财务信息。

此外，共享服务提供更紧密、丰富的联系渠道，这些渠道可以是跨企业组织的也可以是贯串供应链的。

财务共享服务能够让企业把有限的资源集中在增加企业核心价值、培育与发展企业核心竞争力的活动方面，而不是将资源大量花费在例行性、事务性的活动上，同时有利于缩减低效的资源配置、裁撤冗余的部门，将企业的资源集中到高价值领域。最终的结果是以优化的资源配置为企业带来高效、高价值的管理结果输出，实现价值的最大化。

随着市场的日益透明化以及投资者对信息的需求提高，企业绩效考核的作用在当前弥足重要。如果无法在业务单元间实现标准化，绩效考核将很难在企业级的层次上进行。而可靠高效的绩效指标是共享服务不可分割的一部分。

共享服务与标准化的共同之处在于，两者都是寻求成本降低和效率提升，但是与标准化不同，成本降低不是实施共享服务唯一的驱动力。共享服务涉及对人员、流程和技术的重新设计，以及对企业组织架构的调整。而重新规划的目的在于提升价值、服务水平以及降低成本。不仅如此，共享服务也是实现企业级软件系统的理想跳板。

除充分利用规模经济效益外，共享服务还有另外两个战略性价值。第一，当前通过内部客户—供应商关系获取的信息可以促发企业服务和产品的新理念。实务也可随着新技术、理念和流程的发展不断改进。第二，共享服务为企业增加新的业务单元、吸收合并以及迅速的地理扩张提供了空间。由于共享服务只提供支持性功能，业务单元可以专注于自己的核心业务，寻求新的发展机遇。

对于企业而言，财务共享服务是一项具有增加企业价值的战略性行动，尽管这在短期内需要一定的投资，但是从长期角度而言，这种投入的回报颇丰。

- 资本可集中于核心业务经营——通过实施共享服务，从此企业可最小化投资基础架构的部分。共享服务对企业资金进行重新定向，带来的好处是使企业可以加速扩张和发展自己的产品和市场。

- 营运效率最大化——共享服务的实施是除提高服务水平外一种行之有效的可以大幅降低整体成本、实现数据标准化和维护的途径。

- 流程加速与更新——流程和地区的精简，可促进企业经营风险的降低。共享服务使得企业在新兴市场中运营时可以轻松规避与基础架构相关的风险。

- 服务和产品的输出加速。

- 信息流优化及知识资产增加——企业内全价值链的信息标准化和信息互连促成了知识资产的积累。而数据的深度和质量为加强与客户及供应商的相互依存关系创造了无限可能。

- 高层管理人员可专注发挥其战略性和分析性作用。

共享基础架构的杠杆作用，实现了快速的市场开发和企业合并后整合，企业甚至可以通过服务外部客户获取收入。企业合并的经济性大增，是因为共享服务的存在使合并企业免于为未来必被淘汰的技术和流程付出代价。企业只需要购买自己想要的核心业务，因为可靠的信息和贯串的绩效考核早已准备就绪了。其应对复杂财务组织的方案如图1-4所示。

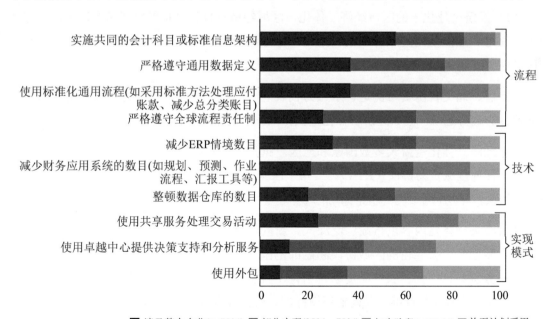

图1-4 应对复杂财务组织的方案

（2008年IBM商业价值研究院，CFO调研）

早期企业建设财务共享服务中心的重要初衷在于追求成本的节约（Cost reduction），安永早在1998年发布的有关财务共享服务的报告即显示实施财务共享服务中心以后平均人员缩减比例为21%、平均成本节约为26%，而近年来随着企业追求整合性的财务组织（Integrated Financial Organization）的趋势目标的日渐清晰，除了成本集约目标外，财务共享服务也已经成为企业打造高效、高价值财务的重要的实现方式。

1.2.2　新商业格局下的新诉求

从外部因素角度来看，在市场和技术环境以及管理变革趋势下，新的商业模式和技术在全球范围内引起了社会经济结构、生产和消费方式的深刻变化并重新塑造了世界经济新的商业格局。而信息技术引领的科技革命对企业的管理理论、方法和工具均产生持续的变革刺激作用，计算机、信息化的解决方案的应用不仅提高了企业的竞争能力，改变了企业的生存环境，而且也促进产业结构的优化和升级，有力地推动了企业包括财务组织在内的组织结构的变革。

同时，在经济全球化的背景下，企业的业务扩张、多元化经营面向的是全球范围内的市场，集团企业的跨国、多元化经营对自身管理的效率性、业务合规性、成本经济性等方面的诉求逐步提升高度，在此背景下，财务共享服务中心应运而生。

（1）经济全球化下的区域经济一体化。区域经济一体化是指两个或两个以上的国家和地区，通过相互协助制定经济政策和措施，并缔结经济条约或协议，在经济上结合起来形成区域性经济联合体的过程。

以欧盟、北美自由贸易协定、东盟为代表区域，经济一体化已成为国际经济关系中最引人注目的趋势之一，区域经济一体化是伙伴国家之间市场一体化的过程。

区域经济一体化覆盖大多数国家和地区。据世界银行统计，全球只有12个岛国和公国没有参与任何区域贸易协议（RTA）。174个国家和地区至少参加了一个（最多达29个）区域贸易协议，平均每个国家或地区参加了5个。

区域经济一体化内容也日渐广泛深入，新的区域一体化方式形式与机制灵活多样并在过程中不断创新。新一轮的区域协议涵盖的范围大大扩展，不仅包括货物贸易自由化，而且包括服务贸易自由化、农产品贸易自由化、投资自由化、贸易争端解决机制、统一的竞争政策、知识产权保护标准、共同的环境标准、劳工标准等。

（2）国际服务贸易快速增长。从20世纪70年代开始，服务贸易日益成为国际贸易中的一个组成部分。1970年世界服务业出口总值为800多亿美元，1980年增加到4026亿美元，

1990年又翻了一翻，为8962亿美元，2000年则进一步达到16136亿美元。服务贸易占世界贸易的比重也从80年代的17%左右增加到90年代末的22%左右。

近年来，随着跨境消费与支付、跨境服务贸易与结算、区域经济一体化带来的区域内人口流动性的提高、电子商务新商业模式的引入，以及持续的全球范围内的专业转型与升级等，相信在未来较长一段时间内国际服务贸易占世界贸易的比重也将再创新高。

包括大连等在内的中国沿海城市在国际服务贸易增长的带动下，也将城市的发展重点着力在对外的服务贸易上，企业的共享服务作为大连等中国城市面向全球的跨境服务输出的一项重要内容，许多跨国企业综合中国政府推出的政策因素将共享服务中心落地在中国。

（3）各国对外贸依存度不断增加。依存度最早是由美国经济学家W.A.Brown在《对1941—1943年间国际金本位制的在解释》（1946）一书中提出的，其全称是"相互依存（Interdependence）"。所反映的是一国经济对他国经济或对世界经济相互依赖的程度，即外部经济变动对一国经济产生影响的程度以及一国经济变动对外部经济产生影响的程度。

外贸依存度（Ratio of dependence on foreign trade）是指一国对外贸易总额与国内生产总值的比值，用以衡量该国经济对国际市场的依赖程度。外贸依存度是衡量一个国家对外开放程度的重要指标之一，它反映了一个国家参与国际分工和国际经济合作的程度。

近年来，世界各国的对外贸易依存度都有所提高。一般情况下，外向型、小国依存度大；自主型、大国相对依存度小。从横向比较来看，我国外贸依存度不仅高于世界平均水平，而且也高于世界一些主要大国的水平。2003年各国GDP按2004年1月1日汇率换算成美元，得到各主要国家的外贸依存度为：中国62.03%；加拿大60.87%；德国56.58%；墨西哥56.30%；法国44.64%；西班牙42.55%；意大利39.80%；英国39.00%；日本与美国的外贸依存度分别只有19.9%、18.7%。且自2003年以来，我国外贸依存度持续升高（见图1-5）。

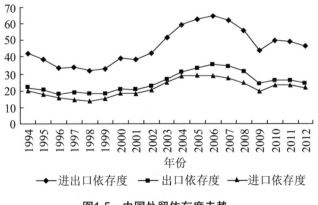

图1-5 中国外贸依存度走势

（数据根据商务部和国家统计局整理）

（4）科技创新对经济格局的影响力日益提高。科技创新对于经济社会变革所产生的影响是全方位的，科技应用的成果对经济格局具有深远的影响，并且最终表现为社会生产方式和居民生活方式的变化，尤其近年来科技创新与科技的全球化加快，同时科技成果转化为企业利润、国家利润的周期进一步缩短，科技自主创新能力成为国家竞争力的决定性因素。

综上所述，在这样的新商业格局下，财务共享服务中心作为财务组织变革的核心，通过近十年的广泛建设和运营实践，被证明能够为企业提供更多的能力和竞争优势：①更灵活的业务财务服务模式以支持业务增长；②利用规模效益削减成本；③将业务流程及数据标准化并提高服务水准；④本地化的同时支持企业资源更好地向全球化方向的整合；⑤能够将最佳实践及技术高效地推广运用；⑥将业务重心放在自己的核心竞争力上；⑦快速地适应变革。

1.2.3　国家政策鼓励企业建设财务共享服务中心

近年来，随着中国经济转型和产业升级的加速，国家也发布相关的政策鼓励企业投入更多的资源大力发展集约型、服务型经济，包括国资委、财政部等在内的国家相关部委的文件也逐渐从建议企业推动财务共享服务中心的建设到要求企业应当建立财务的共享服务中心，有关财务共享服务相关理论和实践的研讨也日渐深入，仅国资委在2014年组织的财务共享中心建设的研讨会上就有30多家国内外共享服务的服务厂商参与。

根据中华人民共和国财政部财会〔2013〕20号文件《企业会计信息化工作规范》的第三十四条的要求：

- 分公司、子公司数量多、分布广的大型企业、企业集团应当探索利用信息技术促进会计工作的集中，逐步建立财务共享服务中心。
- 实行会计工作集中的企业以及企业分支机构，应当为外部会计监督机构及时查询和调阅异地储存的会计资料提供必要条件。

针对中国企业向更高价值领域迈进过程中面临的问题，国家政策对企业建设财务共享服务中心建设的鼓励、对财务共享服务中心的认真研究和积极实施的态度可以看作是中国企业关注成本、回归利润、推动产业转型、纠正把抱负、目标、行动看成战略，走向务实、健康、可持续发展的正确道路。从这个意义上说，财务共享服务中心同时受到国务院国资委、众多央企集团和IT厂商共同推崇且积极研究应用的情形，对中国企业乃至整个中国经济的转型具有非常深远的意义。

1.2.4 FSSC建设的收益预期

财务共享服务到底能给我们带来什么呢？根据IBM商业价值研究院对50家世界500强企业的FSSC运营绩效的调查发现，共享服务的投资回报率平均高达27%，员工人数可减少26%，成本平均下降了83%，而这还不包括对企业管理合规、流程效率等方面的指标，但仅仅透过这些数字，我们不难理解为何共享服务中心近年来在全球范围内迅速地掀起建设和运营的浪潮。

总结财务共享服务中心的建设对企业的价值，我们可以大致将其收益归为以下五大方面。

- 集团管控模式收益：将整个集团财务管理制度标准化是财务共享服务模式构建的基础，同时也是财务集约化的主要内容。借助共享流程的标准化和规范化以及财务平台的有效统一，将有效促进集团管控的效率和效力。

- 流程变革收益：财务共享服务的基础理念就是流程再造，财务流程的再造促使财务数据业务化、数据全程共享、财务流程标准化、财务流程模块化、集成的财务信息系统，推进财务的专业化。

- 技术融合与创新收益：财务共享服务最重要的收益在于建立一个统一的财务业务平台（基于SOA理论等的集成平台），将涉及财务共享服务的关键财务制度都固化在统一的IT应用系统与数据库中，包括财务作业流程等都在信息系统中进行统一设定，强化IT技术对财务管理的支持作用，保证总部的战略得到有效贯彻和落实。

- 成本集约收益：成本集约是财务共享显而易见的收益，许多企业在建设财务共享服务中心后都能在较短的时间内收回投资，并实现长期、持续的管理收效。比如，FSSC的建设将有效提高资金使用效率，减少资金风险。财务共享服务实现了跨地域审批、跨地域支付，可以有效解决各分支机构开设银行账户所造成的资金占用问题。

- 变革转型收益：共享中心建设将促使业务单元财务更多地向业务支持方面转型，推进财务向管理前端的转型。同时，共享中心财务将有效加强财务集约化管控效果，强化政策执行效率。

1.3 财务共享实施方法论体系

1.3.1 SPORTS方法体系

在探讨共享服务中心建设与运营相关核心因素时，SPORTS模型作为一种成熟且全面的方法在各个企业的共享服务中心建设时间中被广泛地使用到，这一模型在指导财务共享服务中心的建设与运营相关要素的规划和评估过程中也同样适用。

SPORTS模型涵盖了共享建设的六个方面，有助于全面推进共享服务中心建设，并将贯串于财务共享服务中心所有重点领域以及从规划、详细设计、实施准备到试点实施、推广全过程。共享服务中心持续地运营也要考虑每个因素，忽视其中的任何一个因素，都有可能影响共享服务中心设计的有效性和可行性。

- 场所（Site）：有关初始的场所需求，即关于共享服务中心的运作地点、需要什么样的设备，以及我们试图创建的文化氛围。此外，选址作为共享中心建设的关键因素之一，对员工的士气和流程效率有重大的影响，从而进一步影响共享服务中心的效益。

- 流程（Process）：有关流程的范围和职责，对FSSC每个涉及流程的范围、共享服务中心和业务单位之间的职责划分、流程改进机会、预计的绩效目标和新员工需求的描述，流程设计描述了共享服务中心和业务单位之间新的工作方法。它形成了操作模式的支干，并对其他所有元素产生重大影响。这是因为他们在共享服务中心和其他业务单位之间进行了职责划分的定义，而这又推动了组织架构和未来角色的设计。

- 组织和人员（Organization）：初始的组织架构以及预期的组织架构、岗位设置和职责说明。员工能否清楚地理解他们在组织架构中的角色对财务共享服务中心的成功实施至关重要。它要求了适当的人在适当的时候和适当的地点做适当的事。

- 法律及规章（Regulatory & Legal）：法律法规的要求对财务共享服务中心运作模式有着重大的影响。例如，如何搭建符合法律及规章要求的适当的法律实体结构，如何有效规避财税风险并获取有利的政府政策支持等。

- 技术（Technology）：潜在的技术可能性，有关技术和基础设施变更的细节。共享服务中心取得成功的一个关键因素是有共同的或相关的系统平台。现有系统的复杂性可能需要一个合理整合现有系统的中间步骤或者是通过中间件技术来实现整合。

- 服务关系管理（Serivce relationship management）：管理结构、关键服务水平协议特征、价格和收费机制。服务管理定义了共享服务中心与其他业务部门关系的性质。它强调了与业务单位之间的法律地位关系、服务关系以及要建立的收费机制、结构。

使用SPORTS模式分解SSC建设的关键因素如图1-6所示。

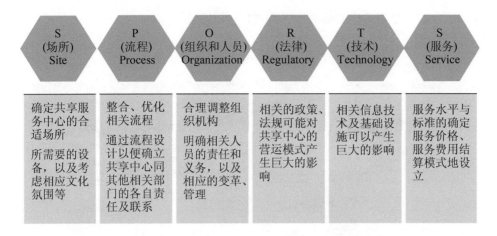

图1-6　使用SPORTS模型分解SSC建设的关键因素

1. S（场所）

建立财务共享服务中心，必将带来财务组织架构的深度变革，原本各业务单元的财务部可能仅会被保留下一小部分，譬如只保留负责本地化服务的人员，而大头则将迁移至共享服务中心所在地，因此无论迁移过程如何规划，迁移的目标场所选择对人员转移的各个方面具有重大的影响。

考虑共享服务中心地点的选择对未来共享服务带来的收益和服务质量有着千丝万缕的联系，因此必须系统、科学地进行。须知，如果选址决策并不适合企业自身，会带来各种水土不服的问题，比如用人困难、运营成本高、业务拓展出现障碍等。

一般说来，谨慎的选址决策需要考虑以下几个准则。

- 就近原则：所选的地方应与企业的其他业务中心保持较近的距离，不宜过远。
- 客户服务为导向：地理上的接近有助于中心了解其"顾客"，也使业务单位感到其需求的服务"近在咫尺"，可以随时随地获得。
- 成本优先：这不仅仅包括第一期投入的资本，还包括中心未来的年营运成本，如办公室的租金、劳动力成本等。
- 劳动力素质最优化（也包括该城市的素质）：即其电信基础设施和其他城市公共设施的发展，特别是电信设施。由于服务共享服务中心最重要的技术支持是网络技术，所以电信基础设施的条件是服务共享服务中心选址极为重要的因素。

以上述原则为指导，企业在评估选址时，可以将企业关注的选址相关决策因素以权重从高到低的方式搭建选址决策的结构化模型，通过参数化的输入方式获取具有相对量化数据的选址结果建议。

全球范围内的共享服务中心热点地区如图1-7所示。

图1-7 全球范围内的共享服务中心热点地区

企业在构建具体的可量化的共享服务中心选址模型时，不妨参考以下顺序和策略，逐步将相关因素及影响进行标准化并据此展开量化评估。

- 确定备选城市：根据共享服务中心建设热点、企业现有的业务分布，以及结合企业战略规划挑选FSSC选址的备选城市，以中国为例，比如可以参考国务院批准的"中国服务外包示范城市"中的"西安、成都、大连、广州、哈尔滨、上海、天津、武汉、北京、重庆等"，而如果从全球的视角看，则可以考虑传统的热点城市，比如班加罗尔、马尼拉、新加坡等。

- 确定分析维度：常见的维度主要有迁移成本和风险（员工迁移成本、涉及企业数量、员工迁移意愿、企业人数、建设期沟通成本）、运营成本和风险（预计人员薪酬水平、办公设施营建与使用成本、应急处置成本等）、人力资源（教育资源分布、专业与语言人才充裕度与人员素质情况、人员平均薪酬水平等）、基础设施（现有设施利用度、交通便捷度、网络设施情况等）、社会环境（语言、安全、风土人情等）、法律法规等（政府政策优势、税收优惠等）。

- 逐个分析维度并进行评分：以量化指标的方式对上述维度进行评分，并结合权重得出相应每个城市的得分。

- 选出评分最高的城市：根据不同备选选址城市方案的综合得分结果输出最终提交管理层决策的城市。

渣打银行在进行共享服务中心选址时，对所有的候选城市能否提供必要的条件，以满足其服务共享服务中心提供高质量的服务进行了考察，其内容包括城市的劳动力素质、城市基础设施、电信能力等,并对每年的营运成本进行深入的分析并形成SSC选址模型,最后基于该模型选择了马来西亚的瓜拉和印度的金奈。

表1-1是国内一些代表公司在共享服务选址时所考虑的综合因素以及最终的选址结果。

表1-1 国内FSSC选址情况参考

代表公司	人力资源	技术支持	成本	交通	政策	语言	选址结果
中兴通讯	西安交大、西北工业大学等多所高校林立,资源较为丰富	位于网络骨干通道,自身通信技术优势	人力、土地防伪、运营成本低于一线城市和东部城市	铁路、航空、公路枢纽,交通便利	对国内外有影响的企业给予相关优惠政策	西安翻译学院解决小语种需求	陕西西安
四川长虹	紧邻成都,人才辐射范围广,当地大中专院校满足需求	自身通信技术优势	人力、土地防伪、运营成本低于一线城市和东部城市	铁路、航空、公路交通便利	和当地政府、银行沟通通畅	绵阳师范学院外国语学院解决外语需求	四川绵阳
阳光保险	清华北大高校云集,各类社会资源丰富	首都信息技术资源丰富	郊区人力、房屋等成本低于市中心	铁路、航空、公路枢纽,辐射全国,交通发达	首都,政府联合办公灵活高效,融资便利	北京外国语学院等外语人才储备丰富	北京通州
马士基中国	四川大学等多所高校聚集,人力资源较为丰富	成都市软件及服务外包产业等方面有一定的比较优势,中国第四大3G通信研发中心	人力、土地防伪、运营成本低于一线城市和东部城市	公路、铁路、航空较为完备,交通便利	政府积极推进软件及服务外包和产业政策、战略研究规划较为领先	成都大学外国语学院等多所大学,满足外语需求	四川成都
辉瑞制药	大连理工大学、东北财经大学等高校聚集,人力资源较为丰富	大连信息技术力量较强,正在打造以装备制造、电子信息、汽车零部件等为代表的优势主导产业集群	人力、土地房屋、运营成本低于一线城市	海滨城市,航运、航空、公路、铁路交通便利	以功能园区为依托,着力打造生物医药、LED产业、旅游业等高新、服务产业	大连外国语学院等高校人才解决外语人才需求	辽宁大连
施耐德	复旦大学,同济大学,上海财大、交大等高校密集,资源丰富	上海高新区的信息技术产业发达,集成电路产业占据了国内的半壁江山,成为全国最大的软件产业基地之一,电子信息技术力量雄厚	人力、土地房屋、运营成本相对较高	港口、航空、铁路、公路全国领先,交通发达	许多政策在高新区先行先试,取得了诸多成效,并被推广应用或上升到法律规范的层面	国际化大都市,上海外国语大学和众多高校提供了众多的外语人才储备	上海、北京

2. P(流程)

流程是企业运作的基础,企业所有的业务都需要流程来驱动,流程把相关的信息数据根据一定的条件从一个人（部门）输送到另一个或多个人员（部门）并得到相应的结果，再返回到相关的人（部门）。企业不同的部门、不同的客户、不同的人员和不同的供应商之间都是靠流程来进行协同运作的。流程在流转过程中可能会携带相应的实物流、资金流、信息流进行流转，一旦流转不畅就会导致企业运作不畅。

共享服务的核心也是流程的共享。共享服务中心的建设前后有关流程改造的主要思路是不断分析、鉴别、改进、优化现有业务流程，使融入FSSC的业务、财务流程真正做到最优化。在财务共享服务中心建设过程中，流程标准化和科学化是财务共享服务得以高效运作的基础，也是实现信息化的前提。但是如何使标准化的流程能够完整地执行下去，确保不出偏差，则是摆在财务共享服务中心中介咨询商与中心建设管理者面前的一个重要问题。

为此，我们必须对企业现有财务业务流程进行梳理，旨在制定严谨、统一、精简、有利于执行的标准化流程。在财务共享服务中心建设阶段，以流程共享目标为指导，对企业流程进行"端到端"的优化设计，实现全流程最优。

例如，对"采购到付款流程""费用报销流程""固定资产全生命周期管理流程"等典型的未来将涉及共享业务节点的流程按照共享服务的模式进行重新设计，减少票据传递环节，强化信息流和实物票据的匹配，梳理员工和各项费用的审核、审批环节以及相关的可结构化的业务规则，在强化流程风控要点的同时规范和简化相关流程，如图1-8所示。

图1-8　FSSC"端到端"的流程示例

3. O（组织和人员）

毫无疑问，组织和人员保证是共享服务中心业务得以顺畅运营的根本基础，共享服务中心建设的过程也就是与流程匹配的组织体系架构和人员团队建设的过程，因此许多企业探讨共享服务中心建设的核心就是组织和流程的建设，离开这两项，任何共享服务中心都无法转入运营阶段。

按照不同的业务功能在共享服务中心划分不同的专业小组、支撑性小组并匹配相应的满足技能要求的人员,并基于这样的组织和人员体系为多个组织提供财务服务是共享服务中心组织建设的主要工作。

在组织与团队建设的过程中,为了更好地匹配业务需求并提供对业务流程有效的人力资源支持,我们往往需要借助一定的组织变革理论和人员配置测算方法辅助完成组织变革目标的设定、组织变革路径的规划以及预计人员配置规模的计算、人员的招聘及培养方式的规划和执行等。

按照功能划分的FSSC内部专业小组示例如图1-9所示。

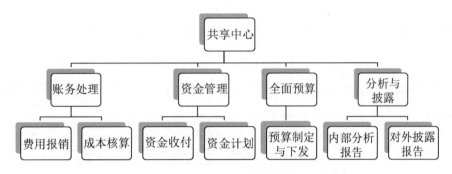

图1-9　按照功能划分的FSSC内部专业小组示例

4. R(法律及规章)

在进行企业财务共享服务中心的建设过程中,应积极探讨财务共享服务业务所涉及的财政、税收等法律法规并提前预备应对措施,确保在法律法规允许的范围内进行财务共享服务中心的业务运作。如果没有充分考虑政策法规,可能会造成企业财务共享服务中心项目建设中很多流程无法进行正常的操作或是减弱共享的优势。

设计分子公司与共享服务中心合理的关系对于共享服务中心的落地运营具有重大的意义,分子公司的大部分转到共享服务中心后,如何与本地的业务部门衔接,如何与当地法律、税务机构衔接,是否存在语言、文化、法律的差异,这些差异如何解决是在共享服务中心规划需要重点考虑的问题,尤其是对于涉及跨国业务的跨国企业的财务共享服务中心更应当投入足够的时间以便对范围内的相关业务涉及的法律、规章进行充分的应对。

5. T(技术)

由技术驱动的业务和流程自动化是打造世界级共享服务组织的最佳实践(世界级的定义是指在效能和效率都超越同等企业的共享服务组织)。哈克特集团(网络咨询公司)据2008年共享服务绩效报告显示,与同类企业相比,世界级共享服务组织都将业务和流程的自动化视为追求卓越中心的手段。

进入21世纪，全球各大软件厂商陆续推出以BPM为代表的流程管理软件辅助企业完成企业内部流程的在线化运行和管理，这类软件在企业业务流程设计与建模、流程的自动化执行、系统集成、流程的监控与分析，以及业务流程的改进与优化等方面提供了良好的功能支持，越来越多的企业也通过BPM的项目实施推动企业业务流程的高效、在线运转。

除了流程管理以外，以综合报账平台、电子影像与档案管理、集成资金与税务管理平台、集中的服务绩效管理平台等为代表的共享服务中心核心管理应用也为财务共享服务中心业务的自动化方面带来了极大的提升。

此外，随着最近这几年互联网技术和应用的迅猛发展，企业共享服务的交互模式、费用报账的技术手段革新层出不穷，这也为未来的共享服务建设和运营从技术层面带来了新的气象。

自动化等因素在世界级企业与同等水平企业的共享绩效中的作用比重如图1-10所示。

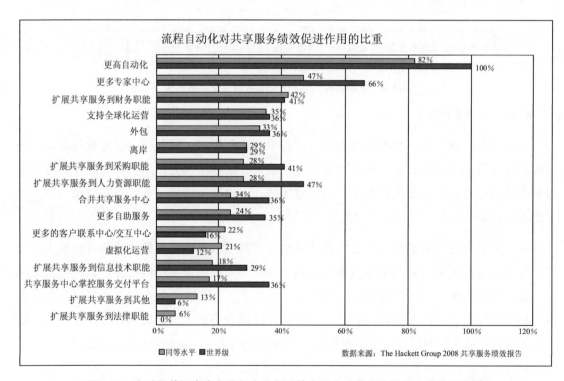

图1-10 自动化等因素在世界级企业与同等水平企业的共享绩效中的作用比重

6. S（服务关系管理）

作为共享服务中心交付的主要"产品"——服务，在它被提供或交付的过程中，有效的服务水平以及服务的提供方与接受方的适当的关系管理在提高持续的服务质量与客户满意度方面均具有重要的意义。因此，服务水平协议（Service Level Agreement，SLA）在共享服务中心运营过程中作为指导服务方和被服务方服务和结算标准等服务关系管理方面作为一种行之有效的手段而被普遍应用。在运作财务共享服务中心之前，必须制定服务方和被服务方双方认可且清晰的服务水平协议，这是以后服务中心与各单位互相沟通及业务评估的一个重要依据，也是持续的共享服务中心客户满意度提高的评价基础。

围绕服务水平协议的服务关系管理的核心叙述如下。

- 服务的内容及前提：通过条款化的阐述明确共享服务中心提供服务的范围并对每一项服务进行详细界定，并对提供服务的输入（如制度、规范、要求等）以及提供服务所采用的系统、工具、周期要求等同时清晰界定。同时，还需要对服务的前提，以及"顾客"的许诺进行要求，即对服务接受方的约束或对服务接受方需要提供的协助也加以清晰的界定。

- 服务水平评估：服务水平协议的确认，需要各公司的财务经理、集团财务总监与共享服务中心负责人统一观点，才能得到最终结果。服务水平的评估要基于每个标准流程的流程控制点，包括事后的业务反馈。

- 服务收费标准：收费标准主要基于流程的复杂程度、流程的重要程度及流程操作的工作量。随着流程的变化，需要在每一年对其进行重新审视、重新评估。具体原则是收费标准不能超过其原本的财务人员总体成本支出，毋庸置疑，被服务企业原有财务团队资源的运营成本是共享服务中心收费的上限。

- 服务结算方式：共享服务中心服务结算方式可以根据企业管理的诉求，以及企业集团下属成员企业的法律属性不同而不同。例如，对于同一个法人提供的服务，将从费用分摊的方式进行。对于向不同法人提供服务，可以以劳务服务的形式进行公司间的结算（包含开票和收款等）。

财务共享服务中心建成以后将与业务部门建立一种合作关系，这种因合作而产生的服务关系将取代会计的核算与监督职责。合作关系确立后，需要通过一种双方认可的协议对责权利进行界定，因此服务水平协议不是一种约束，而是一种尊重，是保证双方共赢共享的基石。

案例：IBM财务部门业务转型的启示

智慧的财务促进企业业务增长

2月6日，IBM公司宣布，IBM财务系统及资产管理部门正在采用业界领先的IBM

业务分析解决方案,逐步优化全球统一的企业级报销系统、智能化的资产管理系统和服务应收账款管理系统,从而实现财务流程和管理转型,并进一步达成2015年目标中关于业绩优化、预测、企业风险管理以及业务决策四大方面的突破。

1. IBM财务转型:从管理到分析

IBM调查表明,企业首席财务官的角色在过去10~12年发生了显著变化。在经历了《萨班斯·奥克斯利法案》推出、全球金融快速发展和突如其来的金融危机等阶段后,首席财务官的职能已经从以前的财务管理拓展为对企业整体的领导,也随之驱动了企业财务转型——通过高效的财务流程对企业的现金流、清偿能力、信贷风险等绩效进行管理,并且利用深度洞察支持策略制定,将资源准确投入到增长领域。

然而,对于跨国公司而言,财务转型是一个巨大的变革。他们面临着相似的问题:不同区域和不同的部门使用着本区域或本部门的报销管理系统和流程,数据源和数据结构各不相同,彼此孤立;系统用户需要经过大量的培训才能从一个系统转换到另外一个系统,跨系统财务分析非常困难。IBM也曾面临同样问题:早在1994年,IBM财务系统由多个分散体系构成,仅财务人员就达到4万名,有些数据中心和应用已经使用超过20年。

基于IBM自身转型的整体战略和愿景,IBM财务部门近年来开始不断寻求转型和突破:首先,设立全球首席财务官职务,把财务集中到一套完整的企业战略和一个决策人的系统之下,整合数据应用;其次,采取混合式的财务模式,把集中财务管理模式的规模经济、标准控制、大量关键技能的优点和分散财务管理模式的业务部门拥有所有权、快速反应等优势结合起来;而在财务转型的过程中最显著的改变,就是将领先IBM业务分析解决方案和财务流程充分融合,把财务人员的工作重心从管理转移到业务的分析,实现在同一标准下进行广泛的数据挖掘和深刻的分析。三大核心财务系统全方位展现了业务分析实力。

IBM大中华区财务及运营副总裁刘莉莉谈道:"为了有效应对转型需求,IBM在全球报销系统、智能化的资产管理系统和服务应收账款管理系统这三个全球统一的核心财务系统上进行了优化。得益于帮助企业做财务计划预算和财务绩效管理的Cognos、用于不同区域和监管领域的非结构化报表的Clarity Systems、帮助企业进行操作风险管控的Open Pages,以及统计数据和数据挖掘的SPSS等业界领先的IBM业务分析软件的高效协作,我们成功实现了从对财务数据的智能分析逐步向业务分析靠拢的财务转型。"

全球报销系统具有非常一致的工具和体系,能够为IBM全球40万员工提供"端到端"的报销系统管理和报表系统,通过实施全球统一的标准和规范,从而进行更好的费用管控，便于财务实现跨部门数据的使用。从技术上来看，IBM以往通过财务数据仓库汇总内部账簿，然后通过多个数据立方体获得查询数据以及数据报表。在运用了业务分析工具Cognos之后，Cognos将多个数据立方体整合成一个，在增加效能的同时简化了报表流程，节约了大量第三方软件的维护费用，实现了策略和账户的标准化。以差旅费支出情况为例，现在两个数据立方体就能够完成以往16个第三方软件的工作量，基本上做到了实时的数据抽取和运算，同时数据加载时间下降80%。

早在20世纪80年代，IBM资产管理部门就开始将IBM内部的一些流程进行自动化处理。在近10年以来，资产部门在爱尔兰、斯洛伐克、新加坡、巴西创立了"卓越中心"进行企业现金管理。随着部门的扩张和工作效率需求的增加，财务部门利用业务分析解决方案实现了现金流状况数据实时获取，从而得以进行资产优化配置和预测。另外，数据集中管理可以进行更有效的审计追踪，同时不改变原有的Excel应用界面，更易于使用和相互协作。对于业务人员来说，新系统减少了数据手工输入，使他们可以专注于高附加值的工作。

服务应收账款管理系统是用来追踪所有IBM不同部门所签署的合同，以及未来IBM所提供的专业服务部分的应收账款的汇总和统计分析，使IBM的高层管理者能更准确地获得服务收入的财务预期和报表。其单一的全球统一界面，有利于全面追踪服务应收账款信息。业务用户可以通过该系统的分析功能，实时获得业务相关查询的结果。通过使用业务分析软件，财务部门可以获得区域、产品、行业等不同维度的视图，分析服务应收账款的相关信息，自动生成服务合同相关档案与统一的数据分析和报表视图，在系统维护成本大大降低的同时可靠性显著增加。

2. IBM业务分析技术让企业更智慧

事实上，除了将领先的业务分析技术应用在自身的财务体系的业务转型之上，IBM的业务分析软件也正在帮助不同行业的企业财务部门获取有价值的"洞察力"。国内新兴酒店集团以及国内经济型连锁酒店——汉庭酒店成功实施了基于IBM Cognos的全面预算解决方案，通过引入IBM业务分析工具，帮助其财务部门将预算周期缩短了60%，年度战略规划的工作时间缩短了90%，从而推动了集团业务创新拓展。

除了财务领域，IBM还将业务分析的领先技术理念推向更广阔的行业和市场，帮助越来越多的企业实现智慧洞察、获得业务增长。这些企业利用统计分析和数据挖掘等工具实时管理数据，并且将工具升级到战略协调和业务决策等高端的商业智能，通过智慧的实时报表和高效的分析能力，成功实现了技术飞跃，达到行业领先水准。全球道路救援服务企业安联全球救援（中国）利用Cognos部署了安联全球救援业务分析智能系统，通过全面的查询和动态报表协助企业客户制定智慧决策，从而全面提升中国汽车服务产业及道路救援行业的整体水平。济钢集团有限公司通过实施Cognos解决方案,使得企业的精细化管理得到有效提升,决策更加准确,降低成本达到20%以上。

IBM大中华区业务分析软件总经理缪可延先生表示:"作为IBM软件六大能力之一,IBM业务分析软件帮助企业通过业务分析,达成对自身业务、行业趋势以及国际经济秩序变化等的判断,帮助公司制定长远的战略,从而有力驱动企业增长。根据IBM制定的2015年目标,预计到2015年IBM业务分析收入将达到160亿美元。这意味着我们将为越来越多的企业和组织提供智慧高效的'洞察力',与他们携手共建'智慧的地球'。"

来源:《电脑报》2012年2月13日刊

1.3.2 财务共享服务中心建设推进路径

1. 纳入共享服务中心的业务选择

共享服务中心的目的是在企业内部整合的资源架构下建立灵活的业务运营以及服务提供模式,将部分业务服务化、共享化以适应新商业格局下的企业发展诉求。

通常优先考虑共享的业务应当具有以下特征。

- 大量的、重复性的业务:如费用报销凭证、资产折旧凭证、资金支付凭证、生产收发料凭证等的过账,这些凭证的过账往往具有数量大、重复性高的特点。

- 能够被标准化的业务:对于会计处理而言,无论是在IFRS还是每个国家的GAAP下,业务的财务记账均具有高度的标准化特点,因此会计共享也总是成为诸多企业财务共享的首要纳入共享范畴的对象。

- 具有一定流程性的业务:如费用报销从业务处理到财务处理之间具有典型的流程性特点,由于流程的规划,各业务的参与方能够清晰的了解在流程的相应环节应该完成怎样的业务处理。

因此,将以上特征作为业务评估标准,并以此为评估体系,我们提出业务的共享成熟度的概念,针对特定的企业可以基于不同的业务的成熟度考虑哪些业务适合被纳入共享服务的范畴或者适合以怎样的步骤阶段性地纳入共享服务的范畴。

财务管理六大流程循环的共享成熟度常见评分如图1-11所示。

第1章　财务共享的基本概念与实施方法 | 23

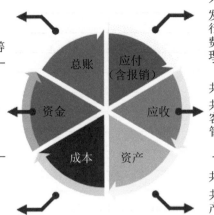

共享成熟度：★★★
共享业务范围：日记账处理、会计循环管理、凭证过账、业务调整、合并报表、财务报告等

共享成熟度：★★★
共享业务范围：银行账户管理、资金头寸管理、资金预测、资金池管理等

共享成熟度：★★★
共享业务范围：成本归集、成本分配分摊、成本对象管理、成本控制与分析、成本结账等

共享成熟度：★★★★
共享业务范围：发票与付款、供应商管理、银行账户与应付款账龄管理以及费用报销的相关审核、单据处理等

共享成熟度：★★★★
共享业务范围：应收款项管理、客户管理、收款管理、应收账龄管理等

共享成熟度：★★★
共享业务范围：资产卡片、资产过账、资产转移、资产折旧以及资产分析等

图1-11　财务管理六大流程循环的共享成熟度常见评分

　　财务业务中具有一般性、交易性特质的财务流程通常具备较高的共享成熟度，因此被纳入共享服务的比例较高，而对于一些具有一定管理复杂度的流程由于需要更多的现场沟通、更多的业务财务衔接则更多地留在业务单元当地。

　　IBM商业价值研究院的调查数据显示，应付账款、员工报销、应收账款、总账等是集中、标准化程度相对较高的财务业务循环，我们可以看到应付账款、员工报销、应收账款这三大循环纳入共享服务中心范畴的工作占比均超过了90%，而总账、固定资产会计、收入会计（盈利性会计）的共享工作占比也超过了80%，相比较而言，成本管理由于其业务的特殊性需要更多地参与到业务前端并需要更多的管理性、分析性时间的占用，因此成本会计相关工作的共享占比相对较低，具体如图1-12所示。

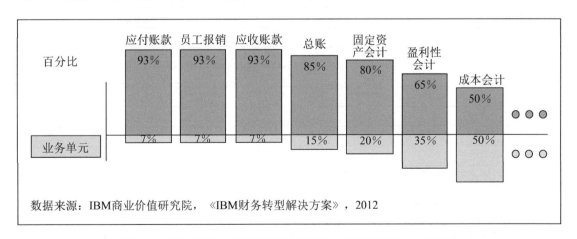

数据来源：IBM商业价值研究院，《IBM财务转型解决方案》，2012

图1-12　IBM商业价值研究院对财务共享业务职责切分占比的统计

　　表1-2列举了某企业部分财务流程及其负责的组织主体，我们可以看到有哪些部分的财务职能经常在FSSC建设与运营的实践中被纳入共享的范畴。

表1-2 某企业部分财务流程及对应的责任组织

流 程 名 称	负责组织（BU/FSSC）
应付账款流程	
子流程	
采购申请准备	BU
创建采购订单	FSSC
采购收货	BU
供应商发票校验	FSSC
采购付款	FSSC
应付结账	FSSC
应收账款流程	
子流程	
建立和维护客户主数据	FSSC
创建客户订单	BU
向客户发货	FSSC
客户信用管理	FSSC
销售收款	FSSC
应收管理	FSSC
应收结账	FSSC
总账和内部往来对账流程	
子流程	
财务政策和会计科目维护	FSSC
会计分录处理	FSSC
月末关账	FSSC
财务稽核	FSSC
内部往来交易处理	FSSC
内部往来对账	FSSC
固定资产流程	
子流程	
资产主数据维护	FSSC
固定资产的增加、处置、转移相关账务处理	FSSC
折旧计提与过账	FSSC
资产盘点	BU
确认和评估资产价值	BU
资产结账	FSSC

需要注意的是，以上我们谈得较多的是事务性的共享，所谓的事务性（Transactional），

主要是指涉及的工作具有大量、重复以及技术复杂度型对较低的特点，具有事务性特点的财务业务通常容易被标准化和流程化，因而也具有较高的共享成熟度，而对于一些具有一定复杂度或者具有一定偶发性的工作，比如政策研究、预算、税务、M&A等类似的工作，在许多企业是以专家服务或者卓越中心（Center of Excellence，COE）的方式进行能力共享的，这样一来共享服务在财务的应用领域将进一步被拓展，具体如图1-13所示。

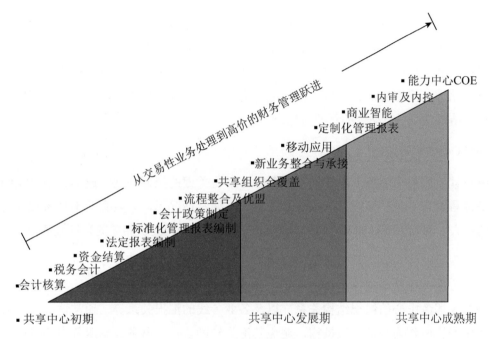

图1-13　从会计共享到财务共享

2. FSSC项目实施的推进建议

在企业财务共享服务中心建设和运营的实践过程中，多数企业都遵循着项目管理的基本理念，即按照项目从规划到实施到持续运营的基本顺序推进FSSC从组织变革、流程变革到信息系统变革的有序落地，本书建议企业在建设FSSC过程中采取以下四段式阶段划分来推进项目的建设。

1）FSSC项目前期准备。

作为企业管理模式新的变革，财务共享服务中心的实现首先需要从管理层到基层员工完成理念的转变，切实理解、接受这一新生事物，并能在后续的实现过程中积极配合、推动。这需要从立项开始便进行全员动员，并持续宣导。同时组建项目组，负责后续相关工作的实施。

项目前期准备阶段的核心是明确财务共享服务中心项目建设的总体目标、实施方法与路径、各阶段工作要点、相关项目责任方并形成项目章程初稿。同时，本阶段还应当讨论并输出企业软件平台、外部实施厂商的选择标准并组织推进相关招标、采购工作。

作为项目正式实施的前期准备，该阶段除了需要完成上述工作外还须同步形成企业内部有关财务共享服务中心建设与运营的长效化沟通机制，因此必要的项目组织结构、项目沟通方法等也须在本阶段提前予以明确，同时就财务共享服务中心建设的目标、相关工作要求等建议也应先期在本阶段及早展开。

在确定外部实施单位后，还须落实项目实施相关的详细沟通及准备工作，具体包含针对参与的双方项目经理以及核心成员的面试、工作场所准备、软硬件环境准备、双方实施人员的联络表和工作职责、双方实施人员的考核办法、软硬件环境清单、实施单位实施人员安全管理培训、保密协议、项目总体计划、沟通流程（沟通形式和汇报流程）等确立，该项工作的结束以项目启动会的召开为标志。

2）FSSC业务设计阶段。

业务设计阶段将完成整个财务共享服务中心最为关键的统筹规划、选址、信息系统选型、业务流程梳理等关乎该项目成败的相关工作。通常情况下，一般企业不具备独立完成该项目的能力。为确保项目成功，可选择合适的咨询服务公司提供相关的咨询服务。

具体实现上，公司高层首先明确项目周期、实现目标、项目总预算。项目组成员围绕该目标制订方案，包括确定项目推进计划，各项工作负责人，分解预算。同时，方案中须明确财务共享服务中心的组织结构关系，以及各业务线的汇报关系等。通常情况下，财务共享服务中心都应作为企业一级机构，避免其沦为辅助单位。财务共享服务中心可根据业务下设总账、应收、应付、费用、资金结算、档案管理、资料收发等二级部门。必要时，也可将系统管理组纳入财务共享服务中心，负责财务共享服务中心所用的财务系统、资金管理系统等信息系统的管理与维护。

共享服务中心业务设计阶段的核心工作是完成从分散财务到共享服务中心模式下的财务组织转型设计以及配套的流程设计。该阶段通常又进一步划分为整体规划与详细设计两个子阶段，以确保相关业务设计由高阶到详细的逐步推进。

财务共享服务中心整体规划主要工作如下。

- 调研、了解企业业务发展战略、整体财务职能的发展方向、集团与子公司财务的组织架构、职责职能、财务信息化等现状，形成调研报告并建议财务共享服务中心发展方向、核心问题关注及计划解决方案等。

- 设计财务共享服务中心的整体运营模式、服务管理框架、质量管理机制、流程框架、实施路径及共享选址建议。

- 对共享服务相关流程所涉及的一些核心领域提出配套解决方案。

财务共享服务中心详细设计主要工作如下。

- 设计财务共享服务中心内部组织架构及关键岗位职责，设计岗位主要考核指标。
- 设计纳入财务共享服务中心的业务流程，并提出信息系统改造的高阶业务需求。
- 设计财务共享服务中心的服务标准、绩效报告模板。
- 测算财务共享服务中心试点单位人员，建议人员配置方案，指导企业设计共享服务中心人员结构（学历、知识结构、专业经验等）、人员储备机制及相应的培训机制。
- 设计财务共享服务中心试点迁移管理方案，包括迁移计划、迁移工具及方法。

3）FSSC系统落地阶段。

系统落地阶段是指项目参与的相关方基于业务组织与流程梳理过程的输出基于信息系统的配置、开发完成相关功能实现的过程。具体包括业务需求的分析、蓝图方案的确定、系统的配置开发与测试。该阶段工作的结束标志是项目团队完成项目需求的IT系统实施，并与信息部门、业务部门确定方案及功能的成功上线。

- IT蓝图设计：这一阶段的主要任务是基于业务需求分析提出共享系统实施的详细方案。项目组通过与业务人员的沟通交流，针对核心管理业务，确认相关功能需求，明确信息系统功能、接口架构以及配套技术解决方案，保证IT技术设计满足企业共享业务管理的需求。
- 系统实现：这一阶段的主要任务是按照IT蓝图设计完成相关系统的配置、开发、测试。在此阶段将通过系统相关流程、方案的设计与功能的实施实现对企业未来共享业务进行系统层面的支撑，该阶段按照工作任务又可进一步细分为配置与开发、单元测试、集成测试等主要工作阶段。
- 上线准备与切换：本阶段主要工作报告是将经测试的系统配置、权限配置和系统开发传输到生产系统，并完成生产系统配置和程序的检查，同时还须协助业务人员准备和迁移正式生产系统数据，并完成最终用户培训、数据转换、系统切换上线工作。
- 上线支持：上线意味着共享服务中心IT系统正式投入运营，通常在正式运行的初期均会组建由以实施顾问为主的外部实施公司、内部IT团队、关键用户共同构成的支持小组完成上线后初期1～3个月内的系统运行支持，对于初期出现的系统功能问题进行集中、针对性的解决，确保系统在初期的有效、稳定地运行。

4）FSSC运营与提升阶段。

当上述业务设计与系统设计均告落地完成并且按照共享服务中心的迁移推进计划部分

试点单位已纳入试点运营后,运营与提升阶段即告正式开始。

在共享服务中心运营初期,涉及的相关组织与人员可能会出现诸多的不适应,此时尤其需要注意对运营过程中发现的各类问题要及时响应。通过业务实践检验新流程的合理性,对于严重影响业务的问题要立刻解决,不影响业务的问题要记录在案,并加以分析,以便提升。

大多数情况下,进入运营与提升阶段后,所有部门及员工都应依照标准作业流程,通过业务系统进行各项业务申报、审批。以员工费用举例:员工发生的费用发票等在装订或粘贴好后交给各单位资料收发岗。该岗位可由各单位前台或秘书等岗位兼任,负责定期通过快递方式统一将费用凭证寄给财务共享服务中心资料收发岗,如每周一次。财务共享服务中心资料收发岗则将相关凭证转给费用组进行审核并扫描进财务系统,然后将原件交给档案管理组归档。

员工须自行通过业务系统进行申报,各级业务线主管根据权限进行审批,各级财务线主管根据权限进行审批或监控。审批通过后,资金结算组予以付款,系统自动根据付款结果生成相关付款凭证,完成整个流程。

在此过程中,与旧有的方式相比较,员工无须关注财务共享服务中心设在何处,且无须逐个找人签名审批;各级领导无须面对众多的纸质单据;财务人员无须频繁往返银行;资料收发人员也可电话呼叫快递公司上门收件送件。该过程涉及的所有人均可实现足不出户、高效完成报销业务。其中产生的快递费用也因一次收发多笔而成本低廉,相较提高的效率和人力成本,几乎可以忽略不计。

随着企业的不断发展,在经过较长运营期的经验积累后,企业可以根据自身需要,对于财务共享服务中心的结构、人员以及流程进行调整。同时也可进一步丰富财务共享服务中心所能提供的服务。如税务、预算等高价值的、侧重财务管理方面的专业服务,即推进FSSC从会计为主的共享向财务管理并重的共享模式演进。

1.3.3 FSSC建设与运营的风险与应对

1)规划阶段。

FSSC规划阶段作为整个项目推进的方向性决策阶段其重要性不言而喻,任何大方向上的偏差可能都将对后续的项目推进带来重大的影响。表1-3是我们能够预见到的风险以及主要的应对措施建议。

表1-3 规划阶段风险与应对

阶段	主要风险或难点	解 决 方 案
规划阶段	不重视地址选择，造成FSSC的不可扩展性，或造成商业案例分析缺乏关键输入前提	● 提出地址选择考虑的主要因素，并与客户高层充分沟通 ● 引入适当的外部专家和团队，从第三方的角度提出客观建议，并在商业案例开始前与高层确认最终的地点选择
	没有明确的目标和清晰的路径，造成变革的无序，增加变革的不确定性	● 与公司整体转型战略其他举措相协调，根据各项举措的优先级，来制定FSSC3～5年的规划和实现的路径，并取得公司最高层的认同和审批 ● 结合企业自身特点、最佳实践，制定目标模式和过渡模式
	没有商业案例分析，造成FSSC提出后多年没有得到推进，或对FSSC的后评价没有依据	● 建立数据收集的机制，让实际数据"说话"（包括现有的和未来实际运营） ● 对标业界的基准，设定绩效目标和收益目标

2）设计与实施阶段。

在FSSC设计与实施阶段，项目的推进难度与工作量均达到高峰，由于资源、排期、变革等多方面的压力，出现方案的全面性、可适用性等方面的缺陷的可能性较大，这些存在缺陷的方案和推进计划对后续的切换过渡与持续的运营都将造成潜在的问题。表1-4是设计与实施阶段风险与应对措施。

表1-4 设计与实施阶段风险与应对

阶段	主要风险或难点	解 决 方 案
设计阶段	方案设计没有对法规和系统进行有效评估，方案设计不可实施	● 在设计阶段，将支持共享服务的系统专家纳入设计团队 ● 咨询团队要了解和熟悉不同地域法规要求的差异性，并同客户团队一道与当地税务机构有效沟通
	设计阶段没有考虑共享服务中心的管控和运营，缺乏共享服务中心治理、服务管框架、服务水平、绩效考核、内部管理制度	● 提早识别和任命FSSC运营负责人，并加入到项目中来，全程参与FSSC管控和运营设计 ● 安排资深运营专家指导/培养客户的FSSC运营负责人的能力
实施/迁移阶段	缺乏对迁移成熟的评估，盲目迁移，造成过渡期业务混乱	● 制定迁移成熟度评估的标准，并与高层充分沟通和确认 ● 制订迁移策略和计划，并根据迁移成熟度实施迁移计划 ● 对于迁移的纳入迁移范围的流程和地点，从计划上安排模拟测试时间

3）运营阶段。

运营阶段是FSSC建设价值输出的阶段，所有前期规划、实施的方案和落地的系统均在此阶段投入正式运行，但是由于可能的变革转变不足或者风险应对不够，导致在运营期内仍然可能出现包括资源短缺、服务质量难以提高、服务效率提升困难乃至流程运行严重受阻等诸方面的问题。表1-5是运营阶段的主要风险与应对措施。

表1-5 运营阶段风险与应对

阶段	主要风险或难点	解决方案
过渡期内	过早流失核心员工/员工之间缺乏合作	● 提早识别核心员工并使之加入项目 ● 按照迁移地点、考虑业务差异性，建立强大知识转移团队 ● 设计有效的挽留人员政策/奖励措施 ● 在过渡期之前和期间对员工进行有效的咨询辅导 ● 针对员工重新分配/职位介绍的正式流程
过渡期内	由于项目资源缺乏/共享服务中心人员配置的延迟/与其他项目的相互依存关系而导致的延迟	● 尽早确定场所以留出时间进行装修/测试/培训 ● 准备新招员工的预算为项目招揽人才 ● 早期/分阶段的招聘——首先招聘领导者使其负责招聘计划 ● 与相关项目一起协商推进计划/同步进行（如SAP）
运营阶段	业务部门认为服务质量下降	● 变革之前的基准服务品质/人员配备数量 ● 在服务水平协议中的正式约定的服务要求 ● 在上线前正式确定管理架构，使业务部门参与管理
运营阶段	新流程的失败和/或业务中断	● 在启用前确定开展业务的新途径，包括本地员工和FSSC员工之间的职责分配 ● 开展测试和风险评估(包括FSSC与本地员工)，并做好正式的业务确认准备 ● 实施服务KPI的检查和绩效管理流程，找出流程问题的根源 ● 确保有效的知识转让——了解标准流程和关系在当地的特例

1.3.4 FSSC项目管理方法

作为典型的以项目方式推进的企业管理变革，在财务共享服务中心规划与建设阶段，可靠的项目管理方法对于保障项目的有效推进、相关变革价值的有效落地具有重要的意义。PMI项目管理知识体系作为项目管理领域最为权威的知识体系在国际范围内被广泛地认可和接受，我们建议企业在推进FSSC的过程中也应当以PMBOK为蓝本，体系化地对项目管理的各个领域进行对应的管理理论上和管理实践上的支撑。

项目管理就是将知识、技能、工具和技术应用于项目活动，以满足项目的要求。需要对相关过程进行有效管理，来实现知识的应用。PMBOK通过将项目的管理阶段划分为不同的项目管理过程组来明确不同的过程组的管理重点，实现管理过程的有的放矢，具体如图1-14所示。

- 启动过程组。获得授权，定义一个新项目或现有项目的一个新阶段，正式开始该项目或阶段的一组过程。

- 规划过程组。明确项目范围，优化目标，为实现目标而制订行动方案的一组过程。

- 执行过程组。完成项目管理计划中确定的工作以实现项目目标的一组过程。

- 监控过程组。跟踪、审查和调整项目进展与绩效，识别必要的计划变更并启动相应变更的一组过程。
- 收尾过程组。为完结所有过程组的所有活动以正式结束项目或阶段而实施的一组过程。

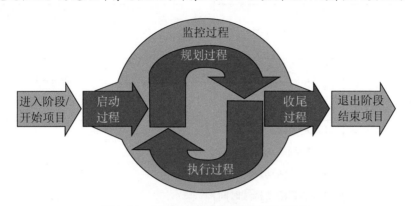

图1-14　PMBOK定义的项目管理过程组

各项目管理过程组以它们所产生的输出相互联系，这和我们在前一章节所论述的FSSC项目阶段的划分是明显不同的。项目管理的过程组极少是孤立的或一次性事件，而是在整个项目期间相互重叠。一个过程的输出通常成为另一个过程的输入，或者成为项目的可交付成果。规划过程组为执行过程组提供项目管理计划和项目文件，而且随项目进展，不断更新项目管理计划和项目文件。图1-15显示了各过程组如何相互作用以及在不同时间的重叠程度。如果将项目划分为若干阶段，各过程组会在每个阶段内相互作用。

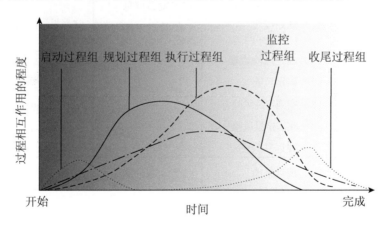

图1-15　过程组在项目或阶段中的相互作用

PMBOK为上述五大项目管理过程组提供了清晰且完整的识别方法，对于有关五大过程组的识别标准以及相互之间的依赖关系，建议读者可以具体参阅PMBOK，以下我们仅简要介绍这五大项目管理过程组的主要关注重点。

表1-6是五大项目管理过程组所涉及的主要知识领域，可以作为知识构架帮助读者理解。

表1-6 项目管理过程组与知识领域表

知识领域	项目管理过程组				
	启动过程组	规划过程组	执行过程组	监控过程组	收尾过程组
1. 项目整合管理	（1）制定项目章程	（2）制订项目管理计划	（3）指导与管理项目执行	（4）监控项目工作 （5）实施整体变更控制	（6）结束项目或阶段
2. 项目范围管理		（1）收集需求 （2）定义范围 （3）创建工作分解结构		（4）核实范围 （5）控制范围	
3. 项目时间管理		（1）定义活动 （2）排列活动顺序 （3）估算活动资源 （4）估算活动持续时间 （5）制订进度计划		（6）控制进度	
4. 项目成本管理		（1）估算成本 （2）制定预算		（3）控制成本	
5. 项目质量管理		（1）规划质量	（2）实施质量保证	（3）实施质量控制	
6. 项目人力资源管理		（1）制订人力资源计划	（2）组建项目团队 （3）建设项目团队 （4）管理项目团队		
7. 项目沟通管理	（1）识别干系人	（2）规划沟通	（3）发布信息 （4）管理干系人期望	（5）报告绩效	
8. 项目风险管理		（1）规划风险管理 （2）识别风险 （3）实施定性风险分析 （4）实施定量风险分析 （5）规划风险应对		（6）监控风险	
9. 项目采购管理		（1）规划采购	（2）实施采购		

1. 启动过程组

启动过程组包含获得授权，定义一个新项目或现有项目的一个新阶段，正式开始该项目或阶段的一组过程。通过启动过程，可以定义初步范围和落实初步财务资源，识别那些将相互作用并影响项目总体结果的内外部干系人，选定项目经理（对于FSSC项目的项目经理我们建议必须是公司高层管理团队成员）。这些信息应反映在项目章程和干系人登记册中。一旦项目章程获得批准，项目也就得到了正式授权。虽然项目管理团队可以协助编写项目章程,但对项目的批准和资助却是在项目边界之外进行的。

作为启动过程组的一部分,可以把大型或复杂项目划分为若干阶段。在此类项目中,随后各阶段也要进行启动过程,以便确认在最初的制定项目章程和识别干系人过程中所做出的决定是否合理。在每一个阶段开始时进行启动过程,有助于保证项目符合其预定的业务需要验证成功标准,审查项目干系人的影响和目标。然后,决定该项目是继续、推迟还是中止。

2. 规划过程组

规划过程组包含明确项目总范围,定义和优化目标,以及为实现上述目标而制订行动方案的一组过程。规划过程组制定用于指导项目实施的项目管理计划和项目文件。由于项目管理具有多维性,就需要通过多次反馈来做进一步分析。随着收集和掌握的项目信息或特性不断增多,项目可能需要进一步规划。项目生命周期中发生的重大变更可能会引发重新进行一个或多个规划过程,甚至相关作动过程。这种项目管理计划的渐进明细通常叫作"滚动式规划",表明项目规划和文档编制是反复进行的持续性过程。

3. 执行过程组

执行过程组包含完成项目管理计划中确定的工作以实现项目目标的一组过程。执行过程组不但要协调人员和资源,还要按照项目管理计划整合并实施项目活动。

项目执行的结果可能引发更新项目计划和重新确立基准,包括变更预期的活动持续时间,变更资源生产力与可用性以及考虑未曾预料到的风险。执行中的偏差可能影响项目管理计划或项目文件,需要加以仔细分析,并制定适当的项目管理应对措施。分析的结果可能引发变更请求。变更请求一旦得到批准,就可能需要对项目管理计划或其他项目文件进行修改,甚至还要建立新的基准。项目的一大部分预算将花费在执行过程组中。

4. 监控过程组

监控过程组包含跟踪、审查和调整项目进展与绩效,识别必要的计划变更并启动相应变更的一组过程。这一过程组的关键作用是持续并有规律地观察和测量项目绩效,从而识别与项目管理计划的偏差。监控过程组的作用还包括如下几方面。

- 控制变更,并对可能出现的问题推荐预防措施。
- 对照项目管理计划和项目绩效基准,监督正在进行中的项目活动。
- 干预那些规避整体变更控制的因素,确保只有经批准的变更才能付之于执行。

持续的监督使项目团队得以洞察项目的健康状况,并识别需要格外注意的方面。监控过程组不仅监控一个过程组内的工作,而且监控整个项目的工作。在多阶段项目中,监控过程组要对各项目阶段进行协调，以便采取纠正或预防措施，使项目实施符合项目管理计划。监控过程组也可能提出并批准对项目管理计划的更新。例如，未按期完成某项活动，就可能需要调整现行的人员配备计划，安排加班，或重新权衡预算和进度目标。

5. 收尾过程组

收尾过程组包含为完结所有项目管理过程组的所有活动，以正式结束项目，或阶段，或合同责任而实施的一组过程。当这一过程组完成时，就表明为完成某一项目或项目阶段所需的所有过程组的所有过程均已完成，并正式确认项目或项目阶段已经结束。项目或阶段收尾时可能需要进行以下工作：

- 获得客户或发起人的验收；

- 进行项目后评价或阶段结束评价；

- 记录"裁剪"任何过程的影响；

- 记录经验教训；

- 对组织过程资产进行适当的更新；

- 将所有相关项目文件在项目管理信息系统（PMIS）中归档，以便作为历史数据使用；

- 结束采购工作，包括软件、咨询服务商的外部采购等。

第2章
财务共享服务中心建设业务咨询方法

共享服务中心建设过程涉及广泛地组织调整与大量的业务梳理和优化,为确保变革过程项目建设的团队、涉及的利益相关方保持清晰的业务变革方向和有效的过程管控,清晰、可行的业务咨询方法论对整个共享服务中心建设过程都是非常有裨益的。

2.1 KOPT方法

无论是在推进某一项管理变革还是仅仅解决某一项问题、满足一项需求的过程中,科学、谨慎、全面的思维方法都将有利于企业各层级的决策者做出更加完整、有效的决策。因此,在财务共享服务中心建设的业务咨询方法探讨之处,本书建议首先引入KOPT的基础方法体系,确保在后续相关细节领域的方法论体系的探讨中不会有重大的缺项,以保证整个业务咨询方法体系的完成性和有效性。

KOPT模型的构成要素如图2-1所示。

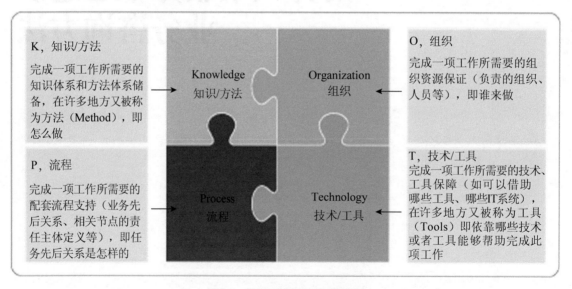

图2-1　KOPT模型的构成要素

KOPT作为完整的方法构成,抛开其中的任何一项去谈财务共享服务中心的业务咨询和系统落地都是不现实的。因此,我们建议在财务共享服务中心的业务梳理和系统落地的全过程中坚持从KOPT的四大维度去逐一落实涉及范围内的方法体系(包含业务规则等)、组织、流程与配套信息系统工具、技术解决方案等,可以在很大程度上提高相关变革在落地层面的安全性。

本节从业务咨询到系统落地的其他方法也是基于KOPT方法的要素构成，按照组织、流程、核心管理方法、技术变革与创新的大致顺序依次展开。

2.2 组织梳理与变革

2.2.1 财务组织变革理论

进入21世纪以来，随着"经济全球化"进程的加速，商品、服务、资本和技术在更为广阔的区域乃至全球范围内快速地扩散，在这样新的商业格局下，新的技术促使企业在业务到管理各领域效率均得到极大的提高，效率性的诉求、高价值能力培育的诉求在企业资源重新分配过程中成为了重点考虑的因素，这样的诉求也催生了近年来的财务组织变革，而这样的变革在持续的新商业变革的趋势下也愈演愈烈。

IBM商业价值研究院自2003年开始以来，在过去一段时间内平均每两年左右会组织一次全球范围内的CFO调研，平均每次调研均有近1000名来自不同国家与地区、各行业CFO参与问卷调查。IBM的CFO调研因其行业、地域以及参与企业的广泛性，其结果在很大程度上体现了企业财务管理实践中的各种现状、问题和需求，并揭示了企业集团财务管控未来的发展要求和总体趋势。

面对新商业格局下的财务组织变革的浪潮，在2008财年IBM全球CFO调研中，结合超过1700名来自全球各地CFO的观点，IBM提出企业以推进财务转型成为企业价值整合者（Value Integrator）为目标的新的财务变革方向，建议以财务专业化的方式推动财务管理在效率性（Efficiency）方面和业务洞察力（Business Vision）方面的双提升，促进财务管理向更高的价值整合者和输出者的方向转型。

考察全球范围内以财富500强为代表的企业，我们可以发现其中具有相对较高财务管理水平的企业的财务组织架构与上述理论保持着高度的一致性，国际主流财务管理组织基本上由集团总部财务、业务单元财务、共享服务中心（或流程外包中心）组成。总部主要负责战略制定和政策控制，业务单元财务主要负责战略执行和业务运营，共享服务中心集中提供标准化的服务并提供集团范围内共享的管理支持，实现"集中的更集中，分散的更分散"现代财务组织设计目标。

IBM财务组织转型模型如图2-2所示。

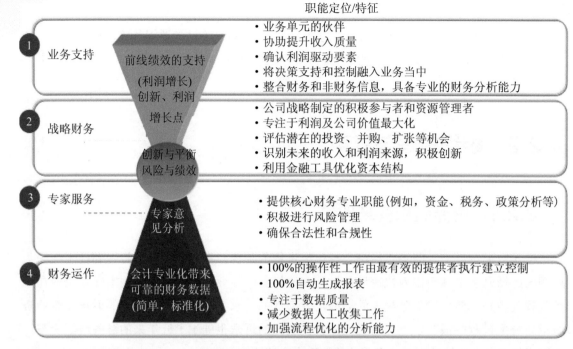

图2-2 IBM财务组织转型模型

1. 集团总部财务（能力中心/卓越中心）

- 制定和维护集团财务制度和规范，加强集团整体风险管理，参与集团的业绩管理与经营决策，推进最佳流程和实践在集团内部的运用。

- 职责范围涵盖财务战略、预算、预测分析、财务政策、风险管理、管理变革等。

2. 业务单元财务

- 贯彻集团财务方针，按区域等维度细化总部财务制度，指导和监督下属单元的财务活动，审核并分析下属单元的财务活动成果。

- 职责涵盖经营计划和预算、财务分析、税务协调、业绩考核、成本管理等，作为业务前端的合作伙伴，与业务发展、市场的保持和拓展紧密相关。

3. 共享服务中心财务

- 通过集中化、标准化和"端到端"的流程管理，低成本、高效率的为集团内各成员企业（乃至集团外企业）提供统一的会计核算、会计报告服务和常规管理报告的编制服务。

- 通过资金结算的集中化，提高资金的使用效率，降低资金的风险。

通常，如图2-3所示，我们建议企业将共同的、简单的、重复的、标准化的记录性、交易性业务集中起来，实施全集团的共享服务（SSC）。而业务支持部分则建议进一步深入一线，专注于价值链中各环节的分析控制，为各业务单位提供决策支持。作为能力中心或卓越中心的总部财务管理，则建议提升传统财务专业能力和管理工具，包括资金管理和税务管理，同时还应当规范和完善财务治理的职能，包括财务制度、标准、流程的管理和公司战略的决策支持。

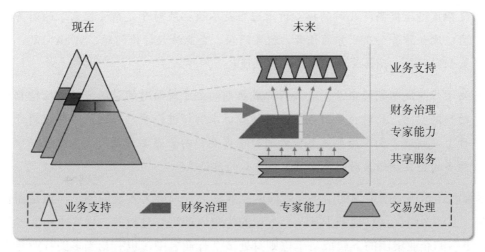

图2-3 传统的财务组织向能力中心+共享服务中心+BU财务模式的转型

当然，我们也需要注意，所有的这些变革都不应该也不可能是一蹴而就的，尤其是当我们综合考虑企业所处的行业生命周期、产品生命周期的时候，则更应当为企业规划与未来发展路径相匹配的企业财务管理组织变革行之有效的路径。

不难理解，处于不同阶段的企业所面临的业务发展重点以及财务管理的诉求均有着显著的区别，图2-4以行业生命周期为例来分析处于不同阶段的企业财务管理应当如何进行组织和组织核心能力的匹配。

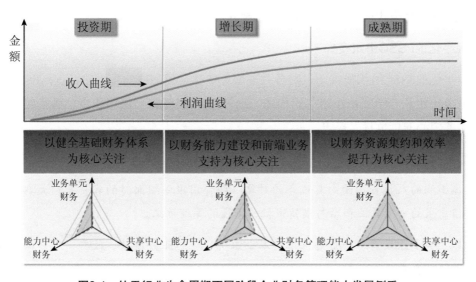

图2-4 处于行业生命周期不同阶段企业财务管理能力发展侧重

- 处于行业投资期的企业：企业的业务刚刚起步，市场环境尚不成熟，此时的核心诉求应当是快速建立并健全企业的基础财务管理体系，确保企业相关经济活动事项以准确、及时的方式被记录、分析并为企业提供必要的财务信息支持。

- 处于行业增长期的企业：市场规模和利润快速增长，企业的收入规模和业务管理的复杂度迅速提高，此时的核心诉求应当是尽快拓展对于复杂管理需求的财务支持能力，比如随着企业业务的铺开，税务问题、企业绩效评价问题、M&A问题、财务政策制定问题、预算管理问题等快速显现。

- 处于行业成熟期的企业：进入行业成熟期的企业所面对的是缓慢的市场增长和有限的利润空间，此时企业财务管理的核心诉求则须进一步转移到内部管理的效率性提升上，即从"向市场要效益"的同时也需要"向管理要效益"，在此过程中，越来越多的企业开始启动财务共享服务中心的建设。

尽管上述示例清晰地说明了不同阶段的企业财务管理能力发展的侧重，但是需要注意到的是，上述案例仅仅只是基于某一个行业的生命周期进行分析的，现实中由于多元化的战略，更多的企业集团的下属成员单位则身处多个行业之中，也有相当多的行业并不具备明显的生命周期特点，因此在分析企业未来财务管理能力发展过程中，除了需要考虑发展能力的侧重之外，平衡地、有规划地发展上述三角形的三个角的能力同样也是十分重要的。

2.2.2　FSSC组织变革实践

在搭建企业的财务共享服务中心的组织架构时，按照搭建的方式以及涉及的组织层级大致分为以下几种模式，企业可以按照共享服务中心建设运营的成熟度、共享服务的范围和深度基于这几种模式选择适合自身的组织模式。

1. 扁平化的FSSC组织模式

在扁平化的FSSC组织模式下，财务共享服务中心具备高度的扁平化特点，FSSC的部门由若干业务小组和一个支持小组共同构成，这样FSSC组织管理层级较少，各小组直接向财务共享服务中心的总负责人报告。

业务小组按照专业进行分工，根据各自业务流程、职责提供专业的财务服务。

- 各小组的人员直接面向其服务的对象，即费用报销组面对的客户是广大具有费用报销需求的一般员工和参与报销审批、审核的管理员工。

- 各业务小组设有一个负责人，对本小组所处理的业务质量、效率、客户满意度等运营绩效负责。

另有一个小组支持业务小组的运行。

- 提供行政支持、质量、客户服务、IT信息系统等方面的运行支持。
- 作为绩效统计小组对相关业务小组的绩效进行统计，以发现、支持客户满意度的持续提升。

扁平化的FSSC组织模式的示例如图2-5所示。

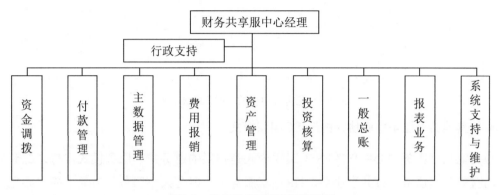

图2-5 扁平化的FSSC组织示例

2. 包含分中心的FSSC组织模式

包含分中心的FSSC组织模式的财务共享服务中心组织结构具备一定的分中心的特点，在财务共享服务中心的节点下包括多个大的业务专业团队和一个独立于业务的支持小组。

根据业务流程性质划分多个业务专业团队。

- 结算组：负责资金调拨、付款及银行对账等资金结算相关处理活动。
- 费用与往来组：提供费用报销与应收、应付核算方面的专业财务服务。
- 总账核算组：提供一般总账处理、档案、税金和报表等方面的专业服务。
- 资产组：提供固定资产、资本性投资等核算、管理相关的专业服务。
- 综合业务支持组：提供财务IT系统、综合客户服务、呼叫中心、FSSC知识管理等方面的服务。

另有一个小组支持业务小组的运行。

- 提供行政方面的运营支持。
- 同时作为绩效统计小组对相关业务小组的绩效进行统计，以发现、支持客户满意度的持续提升。

包含分中心的FSSC组织模式的示例如图2-6所示。

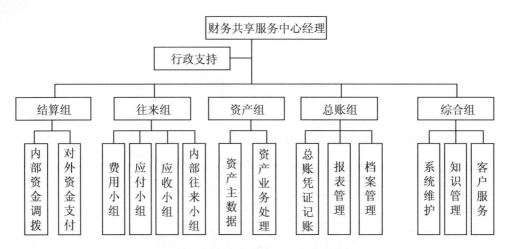

图2-6 包含分中心的FSSC组织示例

3. 与其他共享服务中心协作的FSSC组织模式

与其他共享服务中心协作的FSSC组织模式是拓展的财务共享服务模式，与之配套的是集中的财务共享服务、IT共享服务、HR共享服务等，财务共享服务作为其中的中心之一存在，因此部分财务相关的IT等专业服务转移至对应专业的共享服务中心。

随着FSSC建设的深入，也会有越来越多的企业在集团内部建立涉及多专业的共享服务中心，相关业务也进一步进行专业化的划分，对于大的共享服务组织而言，这种模式也是非常普遍的，比如可口可乐等集团性公司，都成了类似的多专业的共享服务中心。

与其他共享服务中心协作的FSSC组织模式的示例如图2-7所示。

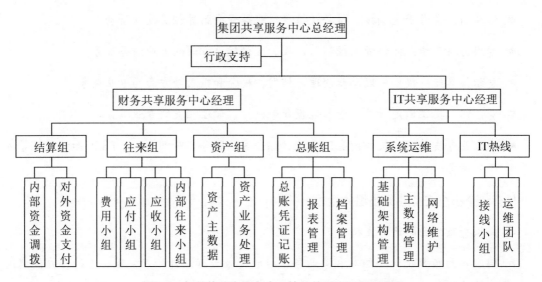

图2-7 与其他共享服务中心协作的FSSC组织示例

2.2.3 FSSC人员配置规模测算方法

在具体探讨共享服务中心内部组织人员配置规模时有定性和定量两种测算方法。其中，定性方法又称为业务分析法或者专家法，即根据业务的性质，基于现有管理人员及业务人员的规模，结合进行测算的专家的专业经验给出人员配置规模的测算建议。

如果使用定量的测算方法，通常也有自上而下（Top-Down）和自下而上（Bottom-Up）两种方法，这两种方法都有一定的经验因素，但Bottom-Up从细项工作出发，经验因素影响相对较少，一般具有较高的准确性。在评估实践中，综合两种方法的优缺点，在企业评估人员规模、工作量的时候，经常使用两种方法结合、交叉验证的方式。

人员配置规模测算方法如图2-8所示。

Top-Down方法	一般使用经验预估方法先确定总体规模，然后依据工作内容逐步分解，从上到下确定每一组织层级的人员分布
Bottom-Up方法	根据各细项工作评估单项工作所需工作量并折合成所需人数，进而确定组织对应的人员规模

图2-8 人员配置规模测算方法

此处，我们将重点介绍在财务共享人员规模评估时候所用到的典型Bottom-Up方法——FTE（Full Time Equivalent），FTE是在组织变革过程中常用的工时计量单位，它与员工数是不同的概念。员工数是以人头（Headcount）数来计算的，因此一定是整数。而FTE则用来表达一定工作时间所需的员工数，不一定是整数，可以是小数。

有关两者的区别可以举例来说明，一个总账会计是一个人头，但他的FTE可以是这样分布的：总账0.7个，固定资产0.4个。为什么一个人头数对应的FTE会大于1呢，因为加班。同样，如果一名员工工作量不足，一个人头数对应的FTE也会小于1。

那么怎么来计算财务共享服务中心的FTE呢？

首先，将会计的工作分门别类列示，如总账下可分记账凭证、报告等，应付账款下可分存货类发票匹配、非存货发票匹配、电子付款等。这种分类的结果是将财务工作分为一个个流程（Process）。

总账报表与采购服务流程分解工作示例如表2-1所示。

表2-1 总账报表与采购服务流程分解工作示例

流　程	编　号	主要财务工作
总账报表	A1	复核记账凭证内容，检查手续的完整性
	A2	编制总账记账凭证，并记账/过账
	A3	核对总账和明细账，保证账账相符
	A4	月末关账、结账
	A5	创建、维护总账总数据（权限、科目、辅助信息等）
	A6	编制、审核单体财务报表
	A7	编制、审核合并财务报表
	A8	审核、合并管理报表
	A9	经营活动分析（财务报表口径）
	A10	经营活动分析（管理报表口径）
	A11	会计档案整理、装订、归档（凭证、报表、审批件等）
	A12	总账相关其他财务工作
采购付款	B1	评估、审核采购计划
	B2	评估、审核采购合同
	B3	评估、审核采购价格
	B4	创建、维护供应商主数据
	B5	创建、维护供应商信用额
	B6	创建、维护采购信息、价格
	B7	计算、审核采购结算清单
	B8	录入、维护、复核采购发票信息及记账
	B9	收取、登记采购发票
	B10	校验、认证采购发票
	B11	审核、汇总采购付款申请及清账
	B12	与供应商核对应付账款往来账
	B13	编制、复核供应商往来类报表
	B14	采购付款相关其他财务工作

其次，按各流程统计实际工作时间，一般说来，财务共享服务中心成立前同一集团下的各家子公司已有会计部门，实际工作时间就应当基于各会计部门现有的工作分布进行收集。应当注意的是，实际工作时间是指真正用于某一流程的工作时间，包括正常工作时间和加班，但不包括等待时间。

例如，某一应付账款会计从收到一张存货类发票起开始计时，他需实行计时的工作包括如下。

- A）收信件，登录ERP系统并完成三单匹配时发现收货记录与发票存货料号不符，于是他发邮件或打电话给采购告知存在的差异，并要求采购进行核查和给予答复，这些都属于实际工作时间。

- 接下来，采购进行核查，对于会计来说就是等待采购的答复，这个等待的时间就不能算是工作时间了。

- 如果采购答复是因为发票上的订单号错误而导致前面的发票校验检查出现差异并给出了正确的订单号，以下是需要进行计时的工作：B）收到并阅读采购的邮件，登录ERP系统再次进行三单匹配，这次匹配情况较好并完成应付账款凭证入账，打印凭证，交审核人审核。

- 凭证审核是由另一人（通常是高级会计或主管）进行，这就不能列入该应付会计的实际工作时间，而应列入高级会计或主管的实际工作时间。

- C）审核完毕，凭证、发票、采购的确认邮件等原始文件存档耗费的时间也应当计入该应付账款会计的实际工作时间。

- 该应付账款会计应当进行统计的实际工作时间就是A+B+C的总和，注意，A、B、C可能是在正常工作时间进行的也可能是加班时间进行的。

为了证实所收集的工作时间，该应付账款会计还应当统计出非工作时间，包括休假、节假日等（非工作时间也将在下文详细讨论），将该应付账款会计的实际工作时间与非工作时间相加，其相加之和应当与人事考勤记录和加班记录相符。

对于财务共享服务中心来说，整个中心的FTE是按流程而非个人来计算的，将前面各位会计的实际工作时间按流程相加，比如原子公司有两名会计人员的工作涉及应付账款，应当把这两人用于应付账款的小时数相加，再除以平均每月工作时间（这个也将在下文中详细讨论），就可得到每个流程的FTE了。

如何统计非工作时间？

法定工作时间是每周5天，每天8小时，即40小时一周，每季度是13周，即520小时（13×40），每月是173.33小时（520/3），即21.67天（173.33/8）。但显然，没有人可以将一周的40个小时完全用于工作。我们可以估计一下平均每月的非工作时间（见表2-2）。

表2-2 非工作时间分解统计示例

描　　述	小　　时
工间休息，上、下午各15分钟，每天0.5小时×20天	10
法定假日，平均每月一天*	8
年假，平均每月一天（很多公司一年以上工龄即有15天年假）	8
带薪病假	1
培训，会议，消防演习等活动	4
总计	31

* 法定假日包括：元旦1天，春节3天，三八妇女节0.5天，清明1天，五四青年节0.5天，五一劳动节1天，端午节1天，国庆节3天，中秋节1天，共12天，平均每月一天。

因客观原因而造成的非工作时间每月平均有31小时，占18%（31/173.33）。

如何计算平均每天/月工作时间？

由上面的分析可知，平均每天有效工作工作时间不足8小时，有效工作时间应为6.6小时（8×82%）。也就是说，即使一个员工满负荷工作，他的有效工作时间也仅仅能达到每周5天，每天6.6小时，虽然雇主支付的是每周5天，每天8小时的工资，这其中的差异就是为了获取有效工作时间而支付的额外用工成本。

平均每月工作时间 = 6.6×21.67 = 143.02（小时）

下面举例说明如何计算FTE。

假定某财务共享服务中心为公司A和B提供记账服务，现在需计算的是应付账款发票录入流程的FTE。

从公司A和B收集到的关于发票录入的实际工作时间如表2-3所示。

表2-3　问卷结果统计示例　　　　　　　　　　　　　　　　单位：小时

描述	A公司	B公司
应付账款会计的实际工作时间	100	170
会计主管的实际工作时间	50	80
总计	150	250

实际用于发票录入的工作时间 = 150+250 = 400（小时）

FTE = 400/(6.6×21.67) = 2.80

注意，以上公式分母中所使用的是平均每日有效工作时间6.6小时而非8小时。

2.2.4　财务共享服务中心人员与团队建设方法

如前文所述，企业可能选择不同模式或者混合模式的财务共享服务中心组织搭建方式，但无论选择何种组织模式，根据业务的属性划分，财务共享服务中心的岗位至少可以划分为业务操作岗、运营支撑岗和管理人员岗三类，而对于一些整理财务管理高价值服务领域的财务共享服务中心，可能还多出一类业务专家的岗位，针对这些岗位，企业在规划人员与团队的建设方案的时候应当有针对性地进行侧重。

1. 分阶段的FSSC人力资源工作重点与人员配置、来源建议

考虑企业人员来源有外部招聘和内部迁移两种方式，根据两种方式的特点，结合FSSC不同阶段的人力资源工作重点，初期对管理人员和业务专家需求更多，为保持有效能力的延续性，我们建议优先考虑内部迁移和培养。而后期对于业务操作人员的要求则相对更多，为降低人工成本，我们建议在FSSC建设的中后期以及未来的持续运营阶段主要以外部招聘为主，逐步实现市场化用工，具体如表2-4所示。

表2-4 FSSC不同阶段的人力资源管理侧重以及人员配置、来源建议

阶段划分	人力工作重点	核心能力需求	人员配置建议	建议招聘渠道
FSSC规划阶段	盘点集团内部财务人力资源现状 宣导财务共享服务理念，为组织与人员变革奠定基础	企业发展战略理解和承接能力 财务专业知识 较强的业务参与能力 较强的变革意识与推动能力	FSSC管理人员（50%） 财务业务专家（50%）	从企业的财务骨干中内部选拔
FSSC落地阶段	财务人力资源整合、分流 广泛地培训 按照新的财务人力资源配置情况进行必要的招聘	扎实的财务专业能力 必要的项目管理能力 较强的变革执行力和推动力与运营有效的承接能力	FSSC管理人员（25%） 财务业务专家（25%） FSSC操作员（30%） FSSC运营支持（20%）	原有财务人员中择优录用 外部专业人才招聘
FSSC运营阶段	日常运营的管理与绩效的跟踪 持续的优化提升 人才保持	与建设阶段有效的承接能力 良好的个人专业素质、作业品质 对企业业务改善的参与和分析能力	FSSC管理人员（15%） 财务业务专家（15%） FSSC操作员（60%） FSSC运营支持（10%）	外部招聘 内部人才培养

同时，我们建议，企业在设计从财务共享服务中心规划、建设到持续的运营阶段的人员建设方案的时候，应当贯串招聘、激励、考核一直到离职的全过程。通过全过程的人力资源发展战略和相关人才培养举措的落实，让财务共享服务中心的人员在共享服务中心的服务生涯内都能够有非常全面的职业发展规划。

2. FSSC的人员构成模型比较

鉴于上述不同阶段的FSSC人力资源配置的差异性，在组建FSSC团队时仍需重点考虑团队成员的来源，综合企业共享服务发展战略，可以综合自建、外包以及混合模型的优缺点采取适合本企业集团的适当的构成模型。

FSSC人员构成模型优劣势比较如表2-5所示。

表2-5　FSSC人员构成模型优劣势比较

方案	优势	劣势	平均成本/单
混合模型——FSSC团队由外包人员与企业自有员工共同组成	• 前期投入最低 • 综合自建、外包的优势	• 目前外包员工操作效率与准确率都低于行业水平（<90%），企业需要额外投入较高的复核与管理成本 • 外包员工由于职业生涯受限，积极性很低，责任心较差（年流动率50%）	较高
自建模型1——FSSC团队全部由企业自有人员构成，且沿用企业现有职业模型	• 能充分发挥集团财务的管控职能 • 共享服务员工积极性得到充分发挥 • 短期之内能看到比较大的流程效益改善	• 作为一项纯操作事务性劳动，所需人员技能要求并不高，如果还是沿用企业现有的报酬机制，从长期看该方案人力成本偏高 • 随着集团业务量扩大，需要考虑办公用地成本 • SLA的制约作用比较弱，服务契约水平受限	最高
自建模型2——共享服务中心成立一个单独实体，为共享服务员工搭建新的职业规划模型	• 制定有共享服务中心特色的职业模型，使人力成本与技能对等，培训机制更能因材施教 • 共享服务中心作为单独核算实体保持其独立性，更有驱动不断改进流程与提高效率 • 长期成本较自建模型1更有优势	• 从组织结构与物理设施的搭建来看，筹建过程很长，前期需要大量capex投入 • 需要为共享服务中心制定一套新的人事机制，并需要有专门的后台支持团队（人事、财务、行政等） • SLA的制约作用一般	适中
整体外包模型——选择优质外包商，整体服务外包，由外包商管理FSSC交易处理团队的质量与风险	• 充分利用外包商的现有团队与物理设施，缩短筹建时间 • 外包商一般具有先进的服务管理经验与成熟的业务改进机制，SLA制约作用很强，服务水平更优 • 外包商有自己的人力资源模型，企业无须投入精力在人事管理上 • 在成本上比较有优势，前期capex投入也很低	• 企业需要对外包商进行管理 • 整体服务外包一般有很严格的服务范围合同，在变更服务范围的时候，操作灵活性较低 • 集团需要保留部分管控职能	较低

3. FSSC内部人员管理与人才培养机制

财务共享服务中心往往从具有较高标准化程度、较强交易性特点的业务领域为突破口，因此将财务共享服务中心类比为"财务工厂"一定程度上来说并不为过，在许多财务共享服务中心的人员工作分布中，我们往往可以发现，和传统财务工作相比，存在工作强度大，工作机械单一的问题。

这些问题的存在给财务共享服务中心的员工设计一个好的职业发展道路带来了一些挑战。但如果没有这个环节，财务共享服务中心的基层员工将难以看到自己的未来，并担心个人能力在长期机械工作中退回，导致人员流失增加。而人员的不稳定和高流失又将导致组织绩效的降低。

由于中国的发展集中在近20年，这导致财务共享服务工作的人员层次与西方国家相比存在很大差异，主要以30岁以内的年轻人为主，而在发达国家，财务共享服务工作的人员年龄跨度较大。在这种情况下，财务共享服务中心不得不重视年龄段高度集中的业务人员的长期职业发展。财务共享服务中心员工的职业发展会遇到哪些障碍呢？

专业技能的单一化：长期从事单一的工作，使得财务共享服务从业员工难以系统全面地掌握财务知识，而集中在某一个流程中的某个环节；同一年龄区间及工作内容人数众多，竞争激烈：财务共享服务中心采用规模化作业，一般会对某个岗位在同一时间招聘大量员工，随着这些员工的成长，他们会在某一个时间集体出现职业瓶颈，而在机会有限的情况下，竞争势必激烈；双轨制下的组织形式带来流动壁垒：通常采用双轨制的企业会将财务共享服务员工作为合同工对待，区别于企业正式员工，并且通过制度人为地将两类人群的流动阻隔，这使得人员流动尤为困难，也带来职业通道上的阻隔；BPO类的财务共享服务中心业务单一没有其他通道：相比其他类型企业来说，以BPO为主要产品的企业所有业务都是围绕此类性质工作展开的，没有多少其他业务部门存在，这也导致了机会的降低。

如何解决财务共享服务中心员工的职业发展问题？

- 首先，财务共享服务中心需要一定的基层管理者，本身合适的管理跨度就有利于团队的管理，设定必要的基层管理岗位，也能同时创造必要的职业发展机会。
- 其次，基于财务业务特性划分职业层次。财务共享服务所涉及的业务范围自身对专业技术能力存在一定要求，并且能够划分出一定的层次，通过这种层次的划分和明确，能够形成基于业务的发展通道。
- 最后，在同一岗位设定经验级别。对同一岗位来说，同样可以基于从业人员的工作经验年限，设定经验基础，并针对不同级别给予差异化的待遇。

上述内容均是从财务共享服务中心内部岗位角度去寻求拓展空间的，但与此同时，还需要进一步发展外部的拓展机会，可以从更高的角度、更宽阔的视角考虑财务共享服务中心人员未来的职业上升通道。

- 为FSSC的员工积极创造企业范围的岗位发展机会：跳出财务共享服务中心，主管们应该以开放的心态帮助员工向公司内部其他业务范围流动，如果长期压制人员的流动,将不可避免地带来财务共享服务中心内部的负面情绪。

- 培养基层人员的综合财务能力:财务共享服务业务人员在工作一定年限后,如果无法在企业内部寻求发展,财务共享服务中心的管理人员应积极协助其寻求外部工作机会。而为了使员工在此时具备参与社会竞争的能力,财务共享服务中心应当从员工入职时起便关注其综合能力的培养。尽管对组织来说会产生一定的成本,但却能够为员工留下希望,并使其在工作期间始终保持士气,另外所培养的综合财务知识能力也同样会对其更好的理解现有流程,改进业务带来帮助。

财务共享服务中心业务人员的职业发展需要管理人员的积极参与,从一开始就需要将员工的职业发展作为重要的事项来关注,并且能够投入热情与一线员工去坦诚沟通。在沟通的过程中,应当充分考虑员工的利益诉求,而不能简单地站在公司的立场去沟通。在沟通的过程中会形成一些共识或者"约定",对此管理人员应时刻提醒自己对于"约定"的落实,只有用心去对待员工,才能带来最好的效果。

作为运营保障的人员管理主要内容及核心要点如表2-6所示。

表2-6 作为运营保障的人员管理主要措施

主要内容	核心要点
员工分析	员工工龄结构和工作效率效果分析
	员工流失性风险分析
员工培养	员工职业通道落实
	员工多维培训(专业+软技能)
	员工薪酬激励措施
补充措施	员工间协助机制(结对子)
	员工工作交接管理机制

2.3 流程梳理与变革

共享服务的本质是流程的共享。共享服务中心流程管理的主要思路是建立流程管理机制,进而规划、衡量、优化这个机制,使之真正实现稳定高效。

梳理与优化流程时,可以借鉴诸多流程管理方法,运用业务流程再造的思想,对财务的业务流程做根本性的再思考和重设计,以达到成本、质量、服务和速度等绩效指标的显著提高。

流程再造的过程就如同工厂里的流水线，将每一项工作拆分到最小工序，然后重新组合，以达到流程的最高效率。同时，这也可以作为将来绩效考核的标准工作量，以及业务流程质量管理的重要基础。

依据从现状到未来的方法，从识别流程开始，通过现状调研和分析明确改进方向并给出未来规划，同时如2.2节"组织梳理与变革"中所述，在业务流程梳理的过程中，还需要同步进行组织的梳理和框架设计，确保组织和流程能够配套支持未来共享业务的落地。

以下对经常使用到的两种流程梳理和优化方法进行简单的介绍。

2.3.1　PCF方法

业务流程是一系列通过可测量的方式针对达到一个或多个业务目标的相关业务行为，它是企业的动态管理的表现形态。各行各业的专业人员、管理者、学者从战略、绩效、人力资源等角度对企业管理进行的描述、分析。塑造"理想企业管理模型"无疑是我们共同的美好愿景。

什么是"理想的企业管理模型"？从业务流程角度分析，就不能回避企业流程"完备性"的问题：企业应具备哪些流程？流程应该覆盖哪些范畴？流程的步骤应该怎样梳理？运用最新的流程分类框架（PCF）工具就能较好地解决企业应有流程"完备性"问题。美国生产力与质量中心APQC在这一方面有开拓性的研究，提出了一套完整的业务流程框架模型。

从流程角度看企业所有业务，把需要作为管理对象纳入管理的流程造了一个花名册，即"流程清单"。企业要开展流程管理，就一定需要有"流程清单"并不断动态维护，如同企业开展人力资源管理的"员工花名册"一样，是一件很必要的基础性工作。

美国生产力与质量中心通过整理全美各行业的业务，梳理了适用于各行业的流程清单模板，即流程分类框架（Process Classification Framework），从中进一步归类、整合，形成了一份可用以各种类别企业业务流程清单的通用参考版本，为企业的流程梳理、管理和优化工作提供了极大的便利，该框架也因此而得名APQC（American Productivity and Quality Center）。

流程分级框架（PCF）作为高级别的、一般的企业模型或者分类法，给众多的企业进行流程管理提供了指导，重点为企业流程"完备性"提供了一整套完整的框架模型，鼓励企业从跨越产业流程的视角而不是狭隘的功能的视角来审视他们的行为。其优势体现在以下几个方面。

- 帮助企业高层管理人员从流程角度通览企业，从水平流程视角来理解各项业务和管理，而不是垂直职能视角。

- 从通用参考版本出发，和企业实际比照，删删加加、有所取舍，快速形成一份企业自己的"流程花名册"。

- 不同行业、不同企业有了沟通流程的"通用语言"。流程清单可以把各行业、各企业的管理模式从繁杂的专业术语中突围而来，清晰简洁地呈现不同企业的流程异同，为跨行业、跨企业的管理经验交流提供了很大的方便。

利用APQC的流程分类框架（PCF）可以实现对现有财务的流程进行快速对标，使用流程识别的方式将企业"已经有的"和"现在没有、但是应该有的"流程识别出来，得到企业集团财务流程框架。

APQC在通用行业PCF中将流程划分为业务流程（Operating Processes）和管理支持性流程两类，尽管FSSC财务共享服务中心流程再造主要面对的是管理支持性流程中有关"财务资源管理"相关的流程，但是从财务服务的整体来看，FSSC的流程梳理和优化则必须要覆盖相关业务流程与财务交叉的部分。

- 业务流程被定义为一系列的活动，它们跨职能边界并创造出交付给客户最终产品或服务。

- 管理支持性流程是企业内部一系列的活动，它们相对业务流程而言是内部的，但是有助于业务流程的业绩表现。

流程分类框架（PCF）简介

流程分类框架（Process Classification Framework，PCF）是由APQC（美国生产力与质量中心）开发设计的一个通用的公司业务流程模型；PCF是一个通过流程管理与标杆分析，不分行业、规模与地理区域，用来改善流程绩效的公开标准。

PCF将运营与管理等流程汇整成12项企业级流程类别，每个流程类别包含许多流程群组，总计超过1500个作业流程与相关作业活动。

1. 起源

流程分类框架（PCF）最初是在 1991 年由 American Productivity & Quality Center's International Benchmarking Clearinghouse 设计为业务流程的分类方法而提出的。此设计流程涉及80多个组织，这些组织都有着强烈的兴趣，在美国和全世界推广标杆瞄准。

当时他们面临的、而且今天仍然存在的主要问题就是：如何能使跨行业的流程标杆标准足够成熟、成为可能？Clearinghouse 的发起成员相信，不依赖于特定行业的通用语汇，就是根据流程进行信息分类，以及帮助公司超越"内部"术语的限制。

代表行业和 APQC 的小型团队在 1992 年早期举行了初始设计会议。同年晚期，APQC 发表了该框架的第一版。IBM、Oracle、SAP、Microsoft 等知名公司均是他们的核心成员。

2. 特点

流程分类框架开发的目的是创建高水准、通用的公司模型，该模型从跨行业的流程观点来审视其业务活动，而不是从狭窄的业务职能的观点来看待业务活动。

流程分类框架用一套架构和语汇，来展示主流程与子流程，而不是来展现职能划分。架构中没有列出一些特殊组织中的所有流程。同样，并不是架构中的每个流程都可以在每个组织中找到。另外，需要说明的是，除了APQC的流程分类框架外，还有一些以不同的形式存在的其他流程模型，但是以APQC的流程分类框架应用最为普遍。

开放标准标杆协作研究的三个组成部分如下。

（1）标准流程框架：APQC的流程分类框架。

（2）标准测量为流程测量。

（3）共同的数据库（OSBC数据库）：利用测量收集的数据。对于会员和贡献者可以利用它进行绩效分析和绩效改进。

开放标准标杆协作建立了近2000个独立的计量单位、100多个业务流程和超过1200个测量的全球数据库。

2.3.2 "目的—问题—原因—行动"与"7R"

流程再造是流程管理的核心环节，是对企业财务的流程进行根本性再思考和彻底性再设计的一个过程，最终促进企业在成本、质量、服务和速度等方面绩效的改善。

在针对财务共享服务中心具体每一条流程梳理的梳理过程中，建议以"目的—问题—原因—行动"+"7R"方法（流程改进研讨的方法）为蓝本推进流程的梳理和再造。

BPR方法一：目的—问题—原因—行动。

- 目的探讨：这个流程最主要的目的是什么？
- 问题探讨：目前流程造成的问题有哪些？哪些问题是和企业价值相关的问题？（如效率、成本、时间、金钱、人力、浪费等）
- 原因探讨：造成这些问题的表面原因有哪些？本质原因是什么？
- 进一步的行动："7R"方法。

BPR方法二："7R"方法。

- 再思考 Rethink (why)：流程有足够的价值被保留吗？
- 再确定 Reconfigure (what)：流程中的内容是否是必需的？还是可以合并、消除、压缩？
- 再分配 Reassign (who)：流程活动责任人是否能应用于其他组织？（如外包、职能转换、外部合作等）
- 优化顺序 Resequence (when)：如何优化流程顺序以提高效率？（如重新排序、并行工作等）
- 优化地点 Relocate (where)：如何优化工作地点提供效率？（如缩短旅程——贴近客户、供应商；就近工作；虚拟工作组织）
- 精简 Reduce (how much)：哪些步骤可以进行省略以提高工作效率？（如取消非增值活动、利用核心控制点及资源等）
- 新工具 Retool (how)：能否利用设备及系统加快过程速度及稳定工作质量？（如信息化技术、软件等）

2.3.3　FSSC流程优化与职责切分示例

FSSC流程梳理和优化的核心是对与财务共享服务中心产生业务交互的流程进行重新的评估和再造，借助财务共享服务中心所带来的组织和业务交互模式的变革，改善企业在成本、质量服务和响应速度等方面的绩效。同时，科学、标准、紧扣业务发展方向的流程业务是财务共享服务后续得以高效运作的基础，是保证财务信息共享推进财务组织职能共享与资源优化配置的关键所在。

以下是某企业财务共享服务中心包括订单到收款（OTC）、采购到付款（PTP）、总账到报表（RTR）、资产管理（AM）等在内的流程梳理与职责切分示例。

1. OTC应收流程重组

FSSC的AR部门作为集中、共享的组织能够为企业的业务提供标准化的应收账务相关财务服务，这主要包括集中的发票管理、应收账务管理等，因此在订单到收款流程循环中，相关业务的职责切分也基于此进行。

表2-7是某企业OTC流程循环中应收相关业务的流程职责切分示例。我们可以看到，发票提交、坏账申请、客户联系等相对需要紧密业务协作并具有较高业务属性的交互事项均主要由当地财务完成，而对于标准化程度较高的发票开具、应收会计过账等则切分到财务共享服务中心。

表2-7　应收业务管理职责切分示例

	AR Cycle 应收业务循环	FSSC(财务共享服务中心)	Local(当地财务)	Others(业务部门等)
1	Monitor Customer master file 监督客户主数据文档		√	
2	Maintain Customer master file 维护客户主数据文档			√
3	Invoice application 发票申请		√	
4	Approve & issue invoice 批准并开具发票	√		
5	Send official invoice to customer 将发票提交客户		√	
6	Provide AR related documents to SSC 提交应收相关的文档至共享中心		√	
7	Perform AR Transactions in system 在系统中进行应收业务的账务处理	√		
8	Bad-debt application 申请坏账		√	
9	Monthly AR accounts reconciliation with GL 每月总账与应收子账进行应收款的账务协同与数据核对	√		
10	Internal queries 回答各地财务部门对应收账款余额的质询	√		
11	Customer communication & queries 客户联络与业务查询		√	
12	Customer reconciliation 客户账务统驭	√		

2. PTP应付流程重组

相对OTC业务而言，由于付款业务通常都是由己方组织发起，因此采购到付款流程循环通常具有较高的标准化程度，因此也有更多的业务被纳入FSSC的AP部门的服务范畴，而对于一些具体的采购业务则由当地的财务、其他业务部门（这里的其他业务部门同样也包括采购的SSC）承接。

表2-8是某企业PTP流程循环中应付相关业务的流程职责切分示例。我们可以看到，包

括合同谈判、供应商资质认证等相对需要紧密业务协作并具有较高业务属性的交互事项均主要由当地财务完成,而对于标准化程度较高的电子银行支付、应付会计过账等则切分到财务共享服务中心。

表2-8　应付业务管理职责切分示例

	AP Cycle 应付业务循环	FSSC（财务共享服务中心）	Local（当地财务）	Others（业务部门等）
1	Contract negotiation合同谈判		√	
2	Vendor identification供应商资质认证		√	
3	Raise PO，PR 生成采购订单不采购需求		√	
4	Provide new vendor master data (operational information) in system在系统中提交新的供应商主数据		√	
5	Maintain vendor master data (operational information) in system 维护供应商主数据			√
6	Goods receipt and verification (Depends on the actual situation for each entity) 开出收货单据并确认		√	
7	Provide proper payment documents to SSC提交正确的付款申请单据给共享中心		√	
8	Check documents and perform AP& SSE transactions in system 核对文档，并在系统中进行相关应付款的账务处理	√		
9	Make Payment (with E-bank) 进行支付（通过网上银行）	√		
10	Make payment (without E-bank) 执行支付（通过网上银行）		√	
11	Vendor enquiries (with E-bank) 回答供应商的质询（通过网上银行付款类的）	√		
12	Vendor enquiries (without E-bank) 回答供应商的质询（并通过网上银行付款类的）		√	
13	Reconciliation with vendor 供应商对账	√		
14	Travel & Expense(T&E)policy 制定差旅费政策		√	√
15	T&E claim approval差旅费申请、部门审批		√	
16	Resolve exception payment 审核并解决其他的特殊付款事项	√		
17	Monthly AP accounts reconciliation with GL每月将应付账户余额、总账科目余额进行核对	√		

3. RTR总账、报表流程重组

总账、报表流程主要涵盖的业务包括总账相关的账户和账簿设置（还包括信息系统设置）、账务处理、资产清查和编制会计报告等。

表2-9是某企业RTR流程循环中总账相关业务的流程职责切分示例。我们可以看到,包括业务支撑性文档提供、盘点等相对需要紧密业务协作并具有较高业务属性的交互事项均

主要由当地财务完成，而对于标准化程度较高的会计科目变更、常见账务处理、对账等则切分到财务共享服务中心。

表2-9 总账处理与控制职责切分示例

	GL Processing & Controlling 总账处理与控制	FSSC (财务共享服务中心)	Local (当地财务)	Others (业务部门等)
1	Apply new chart of account (Account code) 申请新的会计科目	√		
2	Apply new chart of account (Cost center code) 申请新的成本中心编码		√	
3	Process journals (including accruals，allocations etc) in system 在系统中进行各项预提、待摊以及归集的处理	√		
4	Arrange Period-end closing 安排期末关账	√		
5	Provide proper documents for journal booking to SSC 提供正确的文档给共享中心		√	
6	Manage monthly reconciliation 每月进行系统对账	√		
7	Costing accounting process，including revenue and cost recognition 进行成本核算，包括收入与成本的确认	√		
8	Provide external regulatory and review external report 提交并审核外部报告		√	
10	Set inventory management policy 制定存货管理政策			√
11	Inventory operational control 日常存货管理控制		√	
12	Organize inventory physical count 牵头组织存货盘点	√		
13	Inventory physical count 进行存货盘点		√	
14	Issue inventory physical count report 出具存货盘点报告单	√		

表2-10是某企业RTR流程循环中财务报告相关业务的流程职责切分示例。我们可以看到，提交财务报告事项由于需要和当地政府等组织频繁地交互，因此主要由当地财务完成，而对于标准化程度较高的报告编制等则切分到财务共享服务中心。

表2-10 财务报告职责切分示例

	Financial Reporting 财务报告	FSSC (财务共享服务中心)	Local (当地财务)	Others (业务部门等)
1	Prepare and submit financial statements (Internal) 准备并提交内部标准的财务报表	√		
2	Prepare financial statements (External)-(depends on the actual situation of each local entity since SSC might prepare for some entities) 准备外部财务报表（需要与各个经营进行洽谈）	√		
3	Submit financial statements (External) 提交外部财务报表		√	

4. TAX税务管理流程重组

税务管理包括税务战略制定、税务合规监控及税务申报处理等。财务共享服务中心税务部门的主要目标是协助企业降低税务以及税务管理成本。

表2-11是某企业RTR流程循环中税务相关业务的流程职责切分示例,我们可以看到,税务关系维护、税务政策跟进等主要由当地财务完成,而对于标准化程度较高的税务账务处理则切分到财务共享服务中心。

表2-11 税务管理职责切分示例

	Taxation 税务	FSSC（财务共享服务中心）	Local（当地财务）	Others（业务部门等）
1	Perform tax transactions in system 在系统中进行与各项税务相关的账务处理	√		
2	Prepare & submit external tax returns 准备并提交各项税务返还资料		√	
3	Other tax reporting 出具其他税务报告		√	
4	Manage Tax relationships 管理税务关系		√	
5	Compliance with local tax policy 确保税务政策的遵循		√	
6	Provide the updated tax regulations to SSC 提交最新的税务政策和实施细则给共享服务中心		√	

5. AM资产管理流程重组

财务部门作为资产价值管理的主要部门,管理的内容主要包含资产的主数据、资产日常账务管理、资产周期性业务处理等。

表2-12是某企业AM流程循环相关业务的流程职责切分示例。我们可以看到,包括资本支出计划、实物资产管理与盘点等相对需要紧密业务协作并具有较高业务属性的交互事项均主要由当地财务完成,而对于标准化程度较高的资产对账、资产主数据维护、资产账务处理等则切分到财务共享服务中心。

表2-12 固定资产管理职责切分示例

	Fixed Assets 固定资产	FSSC（财务共享服务中心）	Local（当地财务）	Others（业务部门等）
1	Maintain fixed asset register 维护固定资产数据登记	√		
2	Perform fixed asset transactions in system 在系统中进行固定资产相关业务的账务处理	√		
3	Monthly FA accounts reconciliation with GL 每月进行固定资产对账	√		

续表

	Fixed Assets 固定资产	FSSC(财务共享服务中心)	Local(当地财务)	Others(业务部门等)
4	Approve capital budget 批准资本性支出预算			√
5	Capital planning 制订资本性支出计划		√	
6	Support investment decision 投资决策支持		√	
7	Manage assets 管理资产		√	
8	Control asset movement, purchase and disposals 控制资产转移、采购及报废		√	
9	Provide proper documents to SSC 提供正确的固定资产相关文档给共享服务中心		√	
10	Organize FA physical count 牵头固定资产盘点	√		
11	FA physical count 固定资产实物盘点		√	
12	Issue FA physical count report 出具固定资产盘点报告	√		

2.4 核心管理领域

KOPT中的K代表知识或方法，财务共享服务中心业务梳理过程中包含大量的有关管理方法的探讨，比如在财务管理的核心领域中，哪些业务应当由哪些组织来予以承接？而具体的每一种业务又应当如何实现与共享服务中心管理的相关流程进行有效的衔接？以下本书从CBM方法和共享业务的成熟度评估方法出发，为读者提供在FSSC核心管理领域方面的一些思路。

2.4.1 CBM方法

CBM（Component Business Modeling）方法是IBM公司用来在业务咨询过程中对业务进行优化的方法。对于一些重大的业务，用流程的方式来解决将变得非常复杂，而IBM的CBM以组件化的方式提供了一个更简单、更全面的解决这一问题的方案。随着内部专业化日趋成熟，业务活动的整合将公司变成一个由不同业务模块组成的网络，每个模块中都包含一系列彼此关联的活动。这些模块既能为组织发挥独特作用，又能作为单独实体运行。

CBM工具在弥补业务和技术之间的差距上表现得十分杰出。它提供的主要内容，即业务组件映射，是企业情况的单页快照（One Page Snapshot），可让管理人员通过相同的角度确定出决策的框架。单页快照可以将一个企业表现在一张纸上。

业务组件映射用于组织列表视图中的业务组件,如图2-9所示,它是一个3行N列的表格。表格的三个横行表示责任级别系统,是企业决策和业务活动的范围及意图,表格的纵列表示企业的业务能力,表格的单元格则表示的是独立的业务组件。

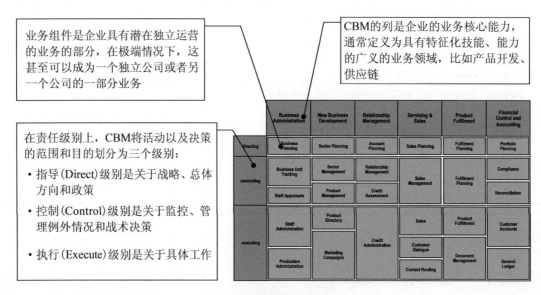

图2-9 CBM模型的构成

业务组件是基本的、唯一的、不会重复的构造块,它们构成了企业的业务或者使命。业务组件可以单独运行,在极端的情况下,可以是独立单位、共享服务、承包商管理或者外包的组件。

在横向的责任级别上,CBM将活动以及决策的范围和目的划分为三个级别。

- 指导(Direct)级别是关于战略、总体方向和政策。
- 控制(Control)级别是关于监控、管理例外情况和战术决策。
- 执行(Execute)级别是关于具体工作。

财务的CBM提供了审视企业财务管理各个领域的一个很好的视角,它可以帮助我们快速地对财务管理的各个领域展开评估并识别企业在财务管理实践过程中的核心关注区域或热点(Hot Spot),这些核心关注可以是能力缺项的部分也可以是企业财务方面核心竞争力的关键所在。

CBM方法也可以用于财务共享服务中心核心管理领域的识别,通过对每个组件进行绩效分析,计算出与竞争者的差距,便可以对企业财务管理相关领域的情况进行财务共享服务导向的分析、诊断。在具体分析时,可以通过对每个业务组件当前标准化程度、流程化程度、效率因素等方面的综合评估,以及与同行对比业务能力强弱可以定位出热点组件范围,并确定哪些组件作为共享服务的核心领域,以及各个组件纳入财务共享的优先级、先后顺序。

2.4.2 共享业务的成熟度评估方法

在前面的章节中引入业务的共享服务的成熟度作为量化的指标,为确定共享服务的核心管理领域提供一定的辅助决策作用,此处基于该成熟度评估方法,可以进一步完善相关模型,为我们的共享服务核心管理领域的范围演进提供帮助。

为降低共享实施过程中的变革风险并确保项目的有序推进,避免变革对公司生产经营产生负面影响,同时尽快取得成效,以共享成熟度理论、CBM财务组件为基础,按业务结构化程度和管理属性/交易属性分为①"结构化、交易属性"、②"结构化、管理属性"、③"非结构化、交易属性"、④"非结构化、管理属性"四类,共享的成熟度依次降低,因此实施的顺序建议为①②③④依次推进,具体如表2-13所示。

表2-13 基于业务成熟度与CBM财务组件的维度分析

	高管理属性	高交易属性
结构化	② 关账协调与时间安排、财务政策和流程、管理报表、资金预测管理、财务系统架构计划、董事会对兼并收购的审批、资金管理、数据管理战略与规划、董事会报告准备、外汇汇兑操作、财务批量要求、经营分析模型建立、投资组合管理、交易和结算、成本核算管理、投资模型、风险与合规性管理、企业风险管理架构、风险记分和评估、投资管理流程及准则、预算政策监测、税务研究、财务主数据维护、会计政策及会计流程、运营计划、财务系统维护、资产计划、财务外包供应商管理、财务合并、KPI监测、报告合规性监测	① 薪酬会计、纳税申报、应付账款会计、关账准备工作、差旅及费用报销处理、税务会计、账单及发票业务、周期性关账、资信与收款、报表合并、争议与扣除核算、转移定价、银行余额调节、应收账款会计、财务报表准备、采购、法定报告生成、固定资产会计、项目会计
非结构化	④ 财务流程和业务规则、税务战略及规划、预算制定流程及相应的制定准则、管理报表处理和规则、预测制定、税务机关应对、税务合规性政策及流程、KPI定义、风险报告、并购标的识别、兼并与收购的战略、资金管理流程及准则、投资者关系支持、管理报表框架、员工计划、战略规划及战略目标的设定、记分卡/仪表盘的设计和使用、投资者关系管理、投资组合规划、权限和授权、财务商业战略及企业架构、预算/预测模型设计、监管层质询处理、税务合规性管理、外汇风险敞口管理、经营业绩考核及评估、资产负债管理、员工绩效和复核、投资组合绩效评估、自我审计检测、特殊项目及内部咨询、并购协同与管控、舞弊的管理、激励、资产获取与证券化、员工发展和人才保留、规划的审核和批准、财务报表批准	③ 内控架构、内审目标及计划、政策管控、外部财务审计的要求、内部审计的执行、审计建议监控、基于业务的税务咨询、流动性管理、财务系统架构的合理性、审计发现报告、合规性及内部控制报告、内部控制管理、财务供应商管理、会计分录审核及批准、业务协同、财务制度管理、兼并收购的尽职调查、兼并收购的执行

2.5 IT技术变革与创新

在财务共享服务中心模式下,随着财务地域上的区分,财务流程的高效运行需要建立在强大的网络化的信息系统基础之上,需要强大的企业信息系统作为支撑性平台。IT技术的发展,特别是围绕企业资源规划系统(ERP System)的一系列包括影像、BPM等企业管理专业解决方案和技术平台的出现，推动了"财务共享服务"概念在企业管理领域的深入实践和进一步推广。基于ERP系统和其他相关IT技术的"财务共享服务"模式可以跨越地理距离的障碍，向其服务对象提供内容广泛的、持续的、反应迅速的服务。

新的技术手段的涌现，使得财务共享服务中心可以借助拥有丰富支撑性功能的IT系统平台来强化围绕财务共享服务的内部风险的控制和流程效率的提高，实现业务财务、流程财务的有效协同，推动财务管理向更高价值领域的迈进。在强有效的信息化支持的环境下，财务人员可以更好地使财务直接用于支持战略决策的增值分析，为公司战略发展提供及时正确的导向，根据市场快速调整业务策略、经营战术等。所以共享服务的模式是在信息技术支持下的管理变革，只有利用现代的IT技术，才能使企业集团的财务共享服务真正落到实处。

鉴于财务共享服务在信息系统与IT技术支撑方面更多地依赖于相关软件与软件平台，此处我们将重点向读者介绍可供财务共享服务中心在建设阶段考虑使用的软件开发方法。

2.5.1　一般软件开发方法

1. 瀑布模型

在20世纪80年代之前，瀑布模型是最早也是应用最广泛的软件过程模型，现在它仍然是软件工程中应用最广泛的过程模型。它是最被人们熟悉，也是最传统的方法。瀑布模型的核心思想是，软件开发流程会按照绝对的顺序从一个步骤走向下一个步骤。也就是说，只有当第N步已经100%完成时候，才能开始第N+1步。

瀑布模型提供了软件开发的基本框架。其过程是从上一项活动接收该项活动的工作对象作为输入，利用这一输入实施该项活动应完成的内容，给出该项活动的工作成果，并作为输出传给下一项活动。同时评审该项活动的实施，若确认，则继续下一项活动；否则返回前面，甚至更前面的活动。

各个阶段产生的文档是维护软件产品时必不可少的，没有文档的软件几乎是不可能维护的。瀑布模型中的文档约束，使软件维护变得更加容易。由于绝大部分软件预算都花费在软件维护上，因此，使软件变得比较容易维护就能显著降低软件预算。可以说，瀑布模型的成功在很大程度上是由于它基本上是一种文档驱动的模型。但是，瀑布模型是由文档驱动的，这也是其一个主要缺点。软件产品交付给用户之前，用户只能通过文档来了解产品是什么样的。但仅仅通过写在纸上的规格说明，用户很难全面正确地认识动态的软件产品。

瀑布模型将软件生命周期划分为软件计划、需求分析和定义、软件设计、软件实现、软件测试、软件运行和维护六个阶段，规定了它们自上而下、相互衔接的固定次序，如同瀑布流水逐级下落。从本质上讲，它是一个软件开发架构，开发过程是通过一系列阶段顺序展开的，从系统需求分析开始直到产品发布和维护，每个阶段都会产生循环反馈，因此，如果有信息未被覆盖或者发现了问题，那么最好"返回"上一个阶段并进行适当的修改，开发进程从一个阶段"流动"到下一个阶段，这也是瀑布开发名称的由来。采用瀑布模型的软件过程如图2-10所示。

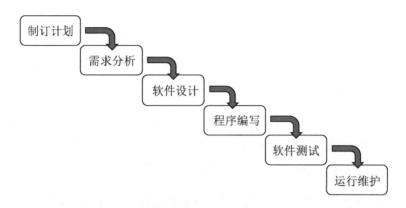

图2-10　瀑布式开发模型

按照传统的瀑布模型开发软件，有下述的几个特点。

（1）阶段的顺序性和依赖性：瀑布模型的各个阶段之间存在着这样的关系，即后一阶段的工作必须等前一阶段的工作完成之后才能开始。同时，前一阶段的输出文档就是后一阶段的输入文档，因此，只有前一阶段的输出文档正确，后一阶段的工作才能获得正确的结果。

（2）推迟实现的观点：对于规模较大的软件项目来说，往往编码开始得越早最终完成开发工作所需要的时间越长。主要原因是前面阶段的工作没做或做得不到位，过早地进行下一阶段的工作，往往导致大量返工，有时甚至产生无法弥补的问题，带来灾难性后果。瀑布模型在编码之前设置了系统分析与系统设计的各个阶段。分析与设计阶段的基本任务规定，在这两个阶段主要考虑目标系统的逻辑模型，不涉及软件的编程实现。清楚地区分逻辑设计与物理设计，尽可能推迟程序的编程实现，是按照瀑布模型开发软件的一条重要的指导思想。

（3）质量保证的观点：软件开发最基本的目标是开发效率高，产品质量高。为保证软件的质量，首先，在瀑布模型的每个阶段都必须完成规定的文档，只有交出合格的文档才算是完成该阶段的任务。完整、准确的合格文档不仅是软件开发时期各类人员之间相互沟通的媒介，也是运行时期对软件进行维护的重要依据。其次，在每个阶段结束前都要对所完成的文档进行评审，以便尽早发现问题，改正错误。事实上，越是早期阶段犯下的错误，暴露出来的时间就越晚，排除故障改正错误所需付出的代价也越高。

（4）文档驱动的观点：瀑布模型着重强调文档的作用，并要求每个阶段都要仔细验证。但这种模型的线性过程太理想化，已不再适合现代化软件开发的模式，其主要问题在于：各个阶段的划分完全固定，阶段之间产生大量的文档，极大地增加了工作量；由于开发模型是线性的，用户只有等到整个过程的末期才能见到开发成果，从而增加了开发的风险；客户要等到开发周期的晚期才能看到程序运行的测试版本，而在这时发现大的错误，可能引起客户的惊慌，后果也可能是灾难性的；实际的项目大部分情况难以按照该模型给出的顺序进行，而且这种模型的迭代是间接的，这很容易由微小的变化造成大的混乱；采用这种线性模型，会经常在过程的开始和结束时碰到等待其他成员完成其所依赖的任务才能进行下去的情况，有可能花在等待上的时间比开发的时间要长。

2. 增量模型

增量模型（Incremental Model）是在项目的开发过程中以一系列的增量方式开发系统。在增量模型中，软件被作为一系列的增量构件来设计、实现、集成和测试，每一个构件是由多种相互作用的模块所形成的提供特定功能的代码片段构成。

增量方式包括增量开发和增量提交。增量开发是指在项目开发周期内，以一定的时间间隔开发部分工作软件；增量提交是指在项目开发周期内，以一定的时间间隔增量方式向用户提交工作软件及相应文档。根据增量的方式和形式的不同，分为渐增模型和原型模型。

渐增模型是瀑布模型的变种，有两类渐增模型。

总体开发增量构造模型：它在瀑布模型的基础上，对一些阶段进行整体开发，对另一些阶段进行增量开发。前面的开发阶段按瀑布模型进行整体开发，后面的开发阶段按增量方式开发。增量构造模型如图2-11所示。在增量构造模型中，需求分析阶段和设计阶段都是按瀑布模型的整体方式开发，但是编码阶段和测试阶段是按增量方式开发。

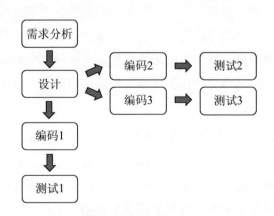

图2-11　增量构造模型

增量开发增量提交模型：它在瀑布模型的基础上，所有阶段都进行增量开发，也就是说不仅是增量开发，也是增量提交。在增量提交模型中，项目开发的各个阶段都是增量方式。先对某部分功能进行需求分析，然后顺序进行设计、编码、测试，把该功能的软件交付给用户，然后再对另一部分功能进行开发，提交用户直至所有功能全部增量开发完毕。

增量构造和增量提交的一些区别：增量构造是在瀑布模型的基础上，一些阶段采用增量开发，另一些阶段采用整体开发。增量提交是在瀑布模型的基础上，所有阶段不仅采用增量开发，也采用增量提交。

增量构造模型与原型模型和其他演化方法一样，本质上都是迭代的，但与原型模型不一样的是，它强调每一个增量都发布一个可操作的产品。早期的增量是最终产品的"可拆卸"版本，但提供了为用户服务的功能，并且为用户提供了评估的平台。

增量模型融合了线性顺序模型的基本成分和原型模型的迭代特征。增量模型采用随着日程时间的进展而交错的线性序列。每一个线性序列产生软件的一个可发布的"增量"。当使用增量模型时，第一个增量往往是核心的产品，也就是说第一个增量实现了基本的需求，但很多补充的特征还没有发布。客户对每一个增量的使用和评估，都作为下一个增量发布的新特征和功能。这个过程在每一个增量发布后不断重复，直到产生了最终的完善产品。增量模型强调每一个增量均发布一个可操作的产品。

增量模型引进了增量包的概念，无须等到所有需求都出来，只要某个需求的增量包出来即可进行开发。虽然某个增量包可能需要进一步适应客户的需求并且更改，但只要这个增量包足够小，其影响对整个项目来说是可以承受的。

增量模型的人员分配灵活，刚开始不用投入大量人力资源；如果核心产品很受欢迎，则可增加人力实现下一个增量；当配备的人员不能在设定的期限内完成产品时，它提供了一种先推出核心产品的途径。这样即可先发布部分功能给客户，以便稳定客户。此外，增量能够有计划地管理技术风险。

增量模型在各个阶段并不交付一个可运行的完整产品，而是交付满足客户需求的可运行产品的一个子集。整个产品被分解成若干个构件，开发人员逐个交付产品，这样软件开发可以很好地适应变化，客户可以不断地看到所开发的软件，从而降低开发风险。但是，增量模型也存在以下缺陷。

（1）各个构件是逐渐并入已有的软件体系结构中的，所以加入构件必须不破坏已构造好的系统部分，这需要软件具备开放式的体系结构。

（2）在实际的软件开发过程中，需求的变化是不可避免的。增量模型的灵活性可以使其适应这种变化的能力大大优于瀑布模型，但也很容易退化为边做边改模型，从而使软件过程的控制失去整体性。

（3）如果增量包之间存在相交的情况且未很好地处理，则必须做全盘系统分析，这种模型将功能细化后分别开发的方法较适用于需求经常改变的软件开发过程。

3. 螺旋模型

螺旋模型（Spiral Model）是在1988年由Barry Boehm正式提出的模型，它将瀑布模型和快速原型模型结合起来，它不仅体现了两个模型的优点，而且还强调了其他模型均忽略了风险分析，特别适合于大型复杂的系统。这种模型的每一个周期都包括需求定义、风险分析、工程实现和评审四个阶段，由这四个阶段进行迭代。软件开发过程每迭代一次，软件开发就前进一个层次。采用螺旋模型的软件过程如图2-12所示。

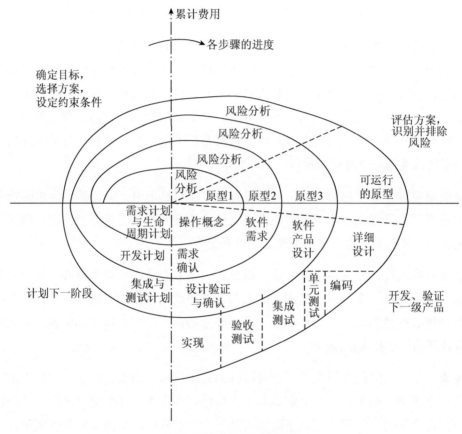

图2-12 螺旋式开发模型

在"瀑布模型"的每一个开发阶段前引入非常严格的风险识别、风险分析和风险控制，它把软件项目分解成一个个小项目。每个小项目都标识一个或多个主要风险，直到所有的主要风险因素都被确定。该模型沿着螺旋线进行若干次迭代，图2-12中的四个象限分别代表了以下活动。

（1）制订计划：确定软件目标，选定实施方案，确定项目开发的限制条件。

（2）风险分析：分析评估所选方案，考虑如何识别和消除风险。

（3）实施工程：实施软件开发和验证。

（4）客户评估：评价开发工作，提出修正建议，制订下一步计划。

螺旋模型有许多优点：对可选方案和约束条件的强调有利于已有软件的重用，也有助于把软件质量作为软件开发的一个重要目标；减少了过多测试或测试不足所带来的风险；更重要的是，在螺旋模型中维护只是模型的另一个周期，在维护和开发之间并没有本质区别。与瀑布模型相比，螺旋模型支持用户需求的动态变化，为用户参与软件开发的所有关键决策提供了方便，有助于提高目标软件的适应能力。并且为项目管理人员及时调整管理决策提供了便利，从而降低了软件开发风险。

螺旋模型由风险驱动，强调可选方案和约束条件从而支持软件的重用，帮助我们将软件质量作为特殊目标融入产品开发之中。但螺旋模型也有一定的限制条件：螺旋模型强调风险分析，使得开发人员和用户对每个演化层出现的风险有所了解，继而做出应有的反应，因此特别适用于复杂并具有高风险的系统。对于这些系统，风险是软件开发不可忽视且潜在的不利因素，它可能在不同程度上损害软件开发过程，影响软件产品的质量。减小软件风险的目标是在造成危害之前，及时对风险进行识别及分析，决定采取何种对策，进而消除或减少风险的损害。

如果执行风险分析将大大影响项目的利润，则风险分析是不可行的，那么进行风险分析就显得毫无意义，因此，螺旋模型只适合于大规模软件项目。事实上，项目越大，风险也越大，因此，进行风险分析的必要性也越大。此外，只有内部开发的项目，才能在风险过大时中止项目。螺旋模型的主要优势在于，它是风险驱动的，但是，这也可能是它的一个劣势。软件开发人员应该擅长寻找可能的风险，准确地分析风险，否则将会带来更大的风险。

2.5.2 Agile敏捷开发

作为传统开发方法的瀑布模型是一种简单且纪律性强的方法。但是在一些具体的开发项目上，这种模型有些不切实际，因为我们几乎不可能在项目的最开始就得到所有的需求。因此会发生一种不可避免的情况，即你会在某些时候不得不开始下一下工作，但同时上一步中还遗留了一部分没有完成。

考虑到这些，瀑布模型在实践中也逐步发生演进，这其中就包括设计和实现这两个步骤中有着一定的重叠，最终我们发现所有的开发方法都有一些共同的特质：一系列需要完成的步骤，一系列创建软件需要的迭代以及每个迭代一般花费的时间等。所有的步骤都需要顺序进行，且在最终交付软件之前，均至少需要一个迭代。

不同的开发方法之间的区别也仅体现在先从哪个步骤开始，需要的迭代次数以及每个迭代的时间上。考虑到这些，我们就自然而然地走入了敏捷开发方法的世界。

敏捷开发（Agile Development）是一种从20世纪90年代开始逐渐引起广泛关注的一些新型软件开发方法，是一种应对快速变化的需求的一种软件开发能力。它们的具体名称、理念、过程、术语都不尽相同，相对于"非敏捷"，它更强调程序员团队与业务专家之间的紧密协作、面对面地沟通（认为比书面的文档更有效）、频繁交付新的软件版本、紧凑而自我组织型的团队、能够很好地适应需求变化的代码编写和团队组织方法，也更注重作为软件开发中人的作用。

敏捷开发以用户的需求进化为核心，采用迭代、循序渐进的方法进行软件开发。在敏捷开发中，软件项目在构建初期被切分成多个子项目，各个子项目的成果都经过测试，具备可视、可集成和可运行使用的特征。换言之，就是把一个大项目分为多个相互联系，但也可独立运行的小项目，并分别完成，在此过程中软件一直处于可使用状态。

敏捷开发具备以下特点。

- 快速迭代：相对那种半年一次的大版本发布来说，小版本的需求、开发和测试更加简单快速，比如敏捷方法之一的极限编程（Extreme Programming，XP），在XP中，每个迭代的时间都非常短，一般仅有2周的时间，编码和设计需要同时进行。

- 让测试人员和开发者参与需求讨论：需求讨论以研讨组的形式展开最有效率。研讨组，需要包括测试人员和开发者，这样可以更加轻松定义可测试的需求，将需求分组并确定优先级。同时，该种方式也可以充分利用团队成员间的互补特性。如此确定的需求往往比开需求讨论大会的形式效率更高，大家更活跃，参与感更强。

- 编写可测试的需求文档：开始就要用"用户故事"（User Story）的方法来编写需求文档。这种方法，可以让我们将注意力放在需求上，而不是解决方法和实施技术上。过早地提及技术实施方案，会降低对需求的注意力。

- 多沟通，减少非必要文档：任何项目中，沟通都是一个常见的问题。好的沟通，是敏捷开发的先决条件。在圈子里面混得越久，越会强调良好高效的沟通的重要性。团队要确保日常的交流，面对面沟通比邮件强得多。

- 做好产品原型：建议使用草图和模型来阐明用户界面。并不是所有人都可以理解一份复杂的文档，但人人都会看图。

- 及早考虑测试：及早地考虑测试在敏捷开发中很重要。传统的软件开发，测试用例很晚才开始写，这导致过晚发现需求中存在的问题，使得改进成本过高。较早地开始编写测试用例，当需求完成时，可以接受的测试用例也基本一块儿完成了。

对于财务共享服务系统的实施，我们认为同样可以适用于敏捷开发的方法论，特别是对于强调用户体验的移动领域,敏捷的建模和开发方式保证了充分的测试时间、充分调动业务需求者参与项目的同时保证了信息系统从一开始即进入应用阶段,加速了变革的节奏。

案例:海尔集团财务共享模式的启示

海尔集团:基于云端的财务共享模式实现路径

创新是海尔集团的企业文化基因,管理模式和解决方案的破坏性创新正是这一基因的典型体现,例如海尔基于"云+端"的财务共享模式。

海尔财务共享模式建立在集团战略创新的基础上,按照"人单合一双赢"模式需求,实践"规划未来、引领双赢"的财务战略定位,遵照"集中的更集中、分散的更分散"原则,统一规划实施。海尔财务共享服务中心(SSC)则依托信息系统平台,以财务业务标准处理流程为基础,以优化组织结构、规范业务流程为实施手段,以建设统一的核算管理平台为标志,以价值创造能力和核心竞争力提升为主要关注方向,通过持续的建设和优化,提升财务管理效率,加强财务信息质量控制,有效降低财务风险,优化集团运营成本。

海尔财务共享在国内共享、全球共享、外包服务的三个发展阶段中,秉持用户驱动、自主管理、增值分享的理念,以市场视角为内外部用户提供专业化的财务核算服务。目前,面向全球600家法人公司提供服务的海尔SSC已运行9年,从国内共享服务到面向全球(海外工厂及贸易公司)的共享服务以及外包社会化服务稳步推进实施。通过标准统一、流程统一、组织统一、信息化平台统一、资金池统一,使会计交易处理效率自成立以来连续7年提升30%以上,规避公司财务信息失真、效率低、经营风险不受控等问题,形成具有中国特色的财务共享服务模式。

1. 创新实践

1)由财务共享推进的组织再造。

传统的财务组织是金字塔式的,不仅加重了企业运作的成本负担,还降低了市场的应变能力。海尔以财务共享为切入点实施的财务转型将财务人员分成三类角色:业务财务、共享财务、专业财务,通过"人单合一"模式下的网状节点型的组织架构,使每个财务人员成为自己的CEO,在为用户创造价值的同时实现自身价值,并分享价值。

业务财务作为融入业务单元的财务专业人士,成为驱动业务发展和构筑行业领导地位的战略伙伴；专业财务聚焦于各类财务模型的建立，通过建流程、立标准驱动业务，并利用税务、预算等专业知识创造价值；共享财务作为后端的会计核算平台，通过集中管理下的规模效率和效益实现"集约型"转变，采购、销售、资产核算、资金收付、费用核销、总账报表等核算流程从原财务组织中剥离，实现了海尔财务"集中的更集中、分散的更分散"的运营模式。通过交易集中、流程嵌入来强化企业风险管控能力，实现财务信息高效传递，提升资源使用效率和效益。

2）海尔财务共享的组织架构。

结合海尔集团的战略规划，SSC分为会计平台和资金平台两大部分。资金平台主要负责金融风险、资金运营以及融资平台管理，注重现金与营运资金管理；会计平台主要负责会计交易事项核算处理，根据交易处理特性及业务循环，划分为费用、应付、应收、总账报表、资产核算等功能中心，明确界定每个中心及每个岗位的职责及分工，按照业务效率定岗定编，将共享服务中心打造成为一个开放的、工序间定期轮换的、专业化的财务核算组织，各中心根据职责及服务水平为事业单元提供财务核算服务，实现流程的"端到端"管理。

会计平台各岗位按照统一的操作手册和标准进行操作，同一交易事项在同一组织内按照统一、标准化的流程进行规范处理，真正实现共享中心的经济规模效应、协同效应。

3）建设统一的交易处理流程和财务核算流程。

海尔共享项目实施前，各法人公司的财务流程缺乏标准的规范说明，流程不固化，核算风险不受控。为了更好地实现风险可控、标准化的组织目标，海尔SSC对总账、应收、应付、固定资产、费用预算控制和资金管控等11个模块、120个流程逐一梳理和筛选，有效地实现了核算流程的统一、会计语言的统一、会计报告的统一。

为了提高费用结算效率，保证内控合规、事前预算，财务共享中心推出一个全新的业务模式——内部清算超市，通过简化业务操作流程，达到推进集团内部费用结算业务的顺畅实施。服务需求方向服务供应方按约定申请服务，由共享中心根据双方事前约定进行发票和资金的统一清算。具体而言，内部清算流程明确了四个关键节点：一是事前预算控制，在预算系统下达服务订单，下单同时生成费用预算；二是事前明确标准，双方事前确认订单、验收标准、清算流程，规避事后争议；三是事中信息共享，财务、业务一体化，申请方、服务方、财务可同步共享信息；四是事后同步入账，驱动共享内部自运转，同步实现集团内收入费用的入账。内部清算流程的实施，杜绝结算拖期问题，推进集团内费用全面预算管理，提高集团内资金周转效率，简化业务结算流程，实现事后零审批。

4）整合统一的信息系统平台。

海尔财务管理信息系统基于大型应用软件ERP系统GVS(海尔全球价值信息化系统)，建设并整合大量并联的功能系统，如预算控制及竞争力管理平台、电子核销系统、资金管理系统及电子影像系统等，通过将财务数字融入业务流程，实现成本费用事前管控、事中真实反映、事后无不良账项的流程绩效。利用高度集中的网络分布式和关键性应用，形成集团统一的信息系统平台，涵盖总账、现金银行、项目、应收款、应付款、报表、财务分析、存货核算等基础财务核算模块。共享模式的财务核算信息流如财务核算系统、电子报销系统、影像扫描系统及资金管理系统等都是财务共享必备的信息平台。例如，共享中心通过全流程推进电子核销平台建设，搭建一个可视的、可扩展服务范围的、信息一体化的"云"平台，实现费用申请、审批、确认、核销、付款的流程闭环，支持600余家法人公司员工费用及对公费用报账。

5）海尔人单合一机制。

"流程再造先要再造人，再造人先要再造观念。这就是海尔共享秉持的人才建设理念。"在海尔，每个人都承接互联网时代的单，"人人创客"，每个人都要"人单合一"。在共享中心，每个员工都有一张损益表，记录员工个人的收入项、费用项和损失项，作为薪酬兑现的数据平台。通过事前预酬、事中抢单、事后绩效挂钩并优化，使每位员工都成为自驱动、自运转、自创新的自主经营体，不仅实现了运营效率的持续增长，也实现了员工与企业的双赢。以资金收款为例，人单薪酬损益表的收入项以工作的实际完成情况为基数，而不是定岗定价的固定薪酬模式，员工可以通过"抢单"机制，实现超值收入。

6）建立SSC门户网站。

为更好地推广共享服务的全球先进管理模式，海尔建了SSC门户网站，搭建一个可视的、互动的、满足多方交流需求的信息平(ssc.haier.com)。网站发布最新的共享中心工艺流程、费用核销标准、工作案例及雷区，集团员工在登录查看的同时，可以针对部分问题进行在线交流，协助共享中心提升服务水平和工作效率，更好地实现高效、合规的组织目标。另外，共享门户网站设立增值服务通道，整合个税计算、差旅查询、资料翻译等资源，为用户提供最贴近日常工作的个性服务。

2. 创新效果

财务共享是海尔财务管理模式转变的重要前提，它使得海尔财务可以成为企业战略的重要制定者、承接者和推动者，也是海尔商业模式成功实现的重要基础。海尔财务共享创建的9年间，会计交易处理效率提升了10倍，并充分整合互联网资源，打造"云+端"管理模式，成为中国目前财务流程共享最多的财务共享中心之一。目前，通过大量的实践和研究,海尔财务共享服务模式以独创的管理方法实现了财务共享模式在互联网时代的再升级。

1)提高财务工作效率,降低核算成本。

共享中心通过组织和岗位的统一,流程和标准的统一、优化,信息化平台的搭建,岗位手册操作标准化推进,以及公开、公平的岗位绩效竞赛,有效调动员工工作积极性和技能提升,创造人人争当岗位明星的积极氛围,实现了交易处理效率的持续提升。通过共享模式所实现的效率和成本优势,随着共享范围的扩大而逐步增加。作为独立的第三方服务,共享中心结合交易频次多、数量较大的现状,推出同步入账模式,有效规避财务核算原因产生的账务未达,实现效率提升,同时规避集团管控风险,真实反映经营绩效。

2)统一核算平台,提升会计核算质量。

为更好地规范集团内公司的核算合规性,海尔财务共享中心建立了集团会计科目与国家会计科目之间的对应关系,统一发布了海尔集团GAAP(Generally accepted accounting principles),统一设计了海尔全球会计科目编码系统,实现了不同区域、不同法人公司的会计核算标准化和集中化,达成了会计语言的统一。

通过财务信息系统平台的统一搭建,实现了信息加工的标准化和规模化,确保了财务及业务信息及时、准确、有效、完整地收集和传递。通过对预算及绩效的支持及信息反馈,及时发现流程及效率短板,统筹集团资源并升级优化财务流程,保障整体资源运用的最佳效率和效益。

3)促进账务合规和风险管控工作。

海尔SSC的角色定位具有四层含义:交易处理者、资金控制者、风险管控者、预算和绩效支持者,通过财务共享的推动为集团贡献四种合规运营评价模型:一是建立员工信用等级标准并切入流程,提升团队诚信氛围;二是持续流程优化,主导标准透明、平台开放、自挣自花等原则;三是输出流程规范、风险指引及操作指导等管理手册;四是多维度持续输出流程案例、科目解析等财务管理报告,管控业务执行环节不失真。

在统一的交易规则和业务流程中,共享中心将控制点嵌入流程并固化至信息系统,对各环节的风险进行了有效规避,控制企业不断增长的战略、财务、经营和其他各种风险,利用自身更高的专业水平和更多的数据信息,实施流程穿刺、科目解析、风险预警等方法,定期对共享成员单位进行合规评价,倒逼法人公司提高内部控制及运营管理。

海尔集团的财务共享以专业价值实现业务支持，随着内部人才培养和知识沉淀，SSC成为集团财务知识中心。利用"云服务"模式的成熟，集团推进实施海外公司财务共享，建立了基于"云+端"的全球财务共享服务模式，体现了以全球统一的会计语言对全球业务目标落地实施的保障，为中国企业的全球化运营、全球化财务管理奠定了坚实基础。

来源：《新理财》（公司理财）2015年第9期，作者为海尔集团财务管理部会计总监、SSC总经理

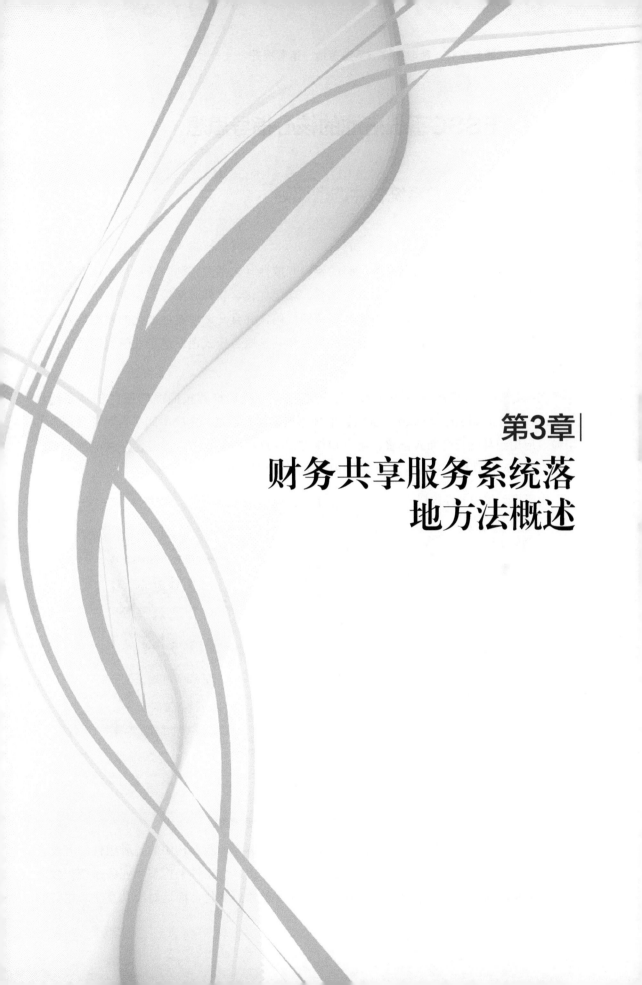

第3章

财务共享服务系统落地方法概述

3.1 FSSC系统落地的核心指导思想

3.1.1 FSSC系统软件选型原则

1. 架构开放性

共享服务中心的软件应当具备足够的架构开放性（包括源代码的开放性），允许未来在业务变革过程中相对灵活的配套系统调整、功能优化、软件升级等。在企业进行面向客户化需求的增强开发实施的过程中能够保留源代码，并且允许通过标准化的数据接入支持未来异构系统的便捷接入，为后续业务的扩张和共享服务模式在新进企业的复制奠定技术架构基础。

在搭建财务共享服务中心的系统架构过程中，我们推荐按照面向服务的体系结构（Service-Oriented Architecture，SOA）的理论根据需求通过一定的中间平台对松散耦合的粗粒度应用组件进行分布式部署、组合和使用。在这样的架构下，服务层是SOA的基础，可以直接被应用调用，从而有效控制系统中与软件代理交互的人为依赖性。

用于推动集成的IT构架演变路径如图3-1所示。

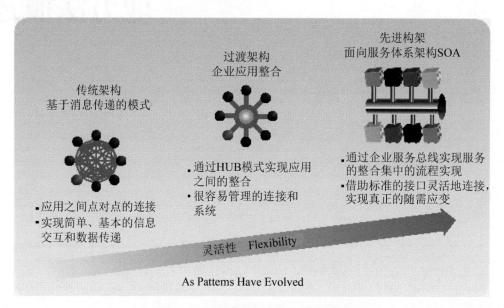

图3-1 用于推动集成的IT构架演变路径

SOA能够帮助软件架构师们站在一个新的高度理解企业级架构中的各种组件的开发、部署形式，帮助企业系统架构者以更迅速、更可靠、更具重用性架构整个业务系统。较之以往，以SOA架构的系统能够更加从容地面对业务的急剧变化，而这对于共享服务中心的系统搭建是极为重要的。

SOA的理论除了在指导IT系统架构设计与实施方面具有突出的价值外，在推进企业的内部交易模式变革方面也具有极高的启发意义和借鉴价值。基于SOA理论的服务共享指的不仅仅是同一类业务在处理上的组织、人员、流程的共享，还包括不同业务、不同部门之间的服务在企业内部的共享。

建立在以ERP为核心的管理信息系统基础上的业务规范化、流程标准化推动了企业部门之间能够发布标准的服务，并通过企业服务总线实现标准化服务在统一平台上的服务封装、服务输入和服务输出并借助信息系统相关功能记录服务的绩效。

在集成的、面向SOA的应用平台下，每一个部门都可以是服务的发布者，同时也可以是服务的接收者，比如财务部提供面向企业的财务服务输出，也同时接收生产部门提供的生产相关数据服务输入。通过标准化服务的输入输出，加强传统前台部门和后台部门之间基于服务的有效业务衔接和共享，提高内部运营效率。

基于SOA的服务共享理论模型如图3-2所示。

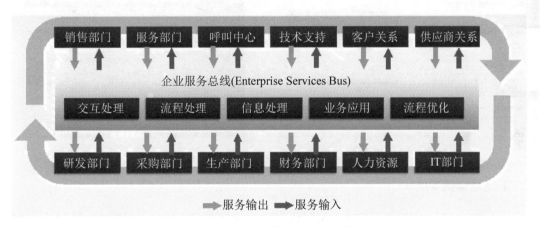

图3-2　基于SOA的服务共享理论模型

2. 良好的易用性

在进行共享服务中心IT支持系统软件选型的同时，考虑未来大量的最终用户使用该系统，因此必须确保该系统具备良好的易用性以支持高效的业务效率。

具备良好易用性的软件平台应该具备两大特点，即易学习性和易操作性。

- 易学习性——易学习性是指用户为学习软件的应用所花费的努力紧密相关的属性，例如学习软件基本的运行控制逻辑、输入输出关系等花费时间相对较多的软件易用性则相对较低，毫无疑问，易学的软件对于企业而言意味着更低的培训成本。具备易学习的软件平台应该具备清晰、直观的操作界面外，还应当具备详细、结构脉络清楚、语言准确的用户文档。

- 易操作性——易操作性是与用户为操作和运行控制所花的努力有关的软件属性。该特征要求软件的人机界面友好、界面设计科学合理以及操作简单等。易操作性对于企业的使用者而言通常意味着更低的使用成本、更低的运维成本。

如图3-3所示，为确保用户的易用性和操作的便捷性，提高企业FSSC报账平台使用效果，示例图中这家企业设计的费用管理与报销平台在进行用户交互和UI设计时借助与邮件、短信的紧密集成对不同流程节点的人机交互、提醒做到了恰当的优化。

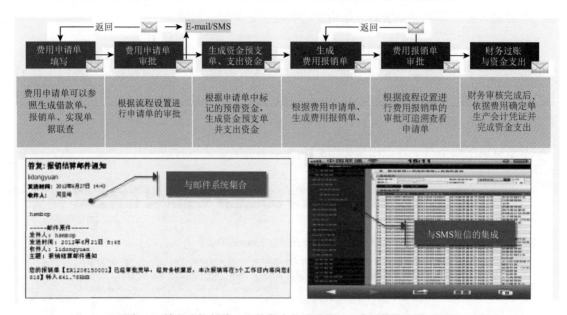

图3-3　某企业与邮件、短信紧密集成的FSSC费用报销系统示例

3. 低总体拥有成本

在系统选型与架构设计方面，我们认为应当同步考虑在相似总体技术架构下各系统的总体拥有成本（Total Cost of Ownership），确保相关管理系统在持续地运营以及后续的业务增长中保持相对较低的TCO。

总体拥有成本TCO 是企业经常采用的一种成本相关技术评价标准，它的核心思想是在一定时间范围内所拥有的包括置业成本（Acquisition cost）和每年总运行、维护成本在内的总体成本。在某些情况下，这一总体成本是一个为获得可比较的现行开支而对3～5年时间范围内的成本进行平均的值，因此考虑财务共享中心运营的持续性，在评价财务共享中心软件的选型时，必须从TCO的角度进行评估。

TCO是采用新技术、新服务所需要成本的总计，它包括直接成本，如硬件、软件、人力资源，以及间接成本，如培训、维护和其他无形成本。对于具有广泛集成性的FSSC系统而言，前期规划和项目采购、建设阶段的实施成本都是比较高的，但是如果仅仅关注这部分的成本，则可能由于忽略持续的系统运管阶段由于运行维护、系统改善、新需求实施、业务拓展等带来的其他成本，对企业总体的支出决策是不利的。

与指标相对单一的投资回报率（ROI）的计算相比，TCO的计算往往侧重于长期深入的分析，所以它成为分析经济性指标较为合理、有效的工具，具体来说，可以从以下具体方面来评估FSSC综合报账及相关系统的建设、运营的TCO的值。

在实施阶段TCO包括如下。

- 软件成本，购买软件的成本，包括直接FSSC软件和其他辅助软件。
- 实施成本：咨询公司和企业自身的人力资源成本。
- 基础设施成本：计算机和局域网设备成本、服务器成本、基础软件成本、企业员工使用基础设施的成本和基础设施培训成本。

在系统持续运营阶段TCO包括如下。

- 软件成本：软功能扩展成本和持续维护的软件成本。
- 应用软件配置成本：应用软件版本升级成本和应用软件培训成本、企业自身投入的运维成本、一定量的系统运维服务外包成本。
- 基础设施成本：硬件维护成本、硬件升级成本、基础设施升级成本、设备使用成本、数据库和中间件管理成本、网络使用成本、备份和存储成本、恢复故障成本等。

TCO核算一般由两大部分构成：技术成本和业务成本。技术成本包括硬件、软件（含维护和升级）、安装、培训的成本以及操作、支持和咨询等人力开支。业务成木涉及可用性、性能和恢复相关的财务问题等。

- 可用性又包括因可用性的提高而带来的收益和因数据不可用、系统不可用而付出的代价两个方面。
- 性能因素就是评价性能对可用性的贡献。对性能改进的计算方法不是计算一次性收益，而是计算随着时间推移而不断提高的收益。
- 恢复成本是指一旦存储设施出现故障恢复到正常运行所花费的时间和资金。它还包括由此产生商业价值的损失和对生产率的影响，以及其他一些杂项开支。

通过TCO来综合评估软件选型对于各类型的公司都具有较高的实用价值。TCO意味着在投资时不但能够看到终端用户的软硬件成本而且考虑未来可能由此引起的其他诸如附加软件、软件拓展、技术支持、管理、培训等在内的相关性的成本。

TCO的突出优点是在项目的初期确保企业的决策者对其将来可能要投入的成本尚未清楚的时候，提供一种相对较为全面的成本估算方法辅助决策。在绝大多数的情形下，计算

TCO是一个需要持续努力的过程，它既需要考虑技术方面的因素，又要兼顾非技术方面的原因，因此需要企业参与TCO评估的人员具备较高的能力素质和一定的软件选型、建设和运营经验，以提供尽量体系化的参数保证TCO估算的科学性。

3.1.2　FSSC系统建设目标

在搭建FSSC业务处理与支持、服务管理、运营管理的信息系统时，应当设定清晰的信息系统建设目标，同时这些目标也是系统架构搭建、功能规划的总体原则。

我们认为以下目标是企业构建FSSC信息化解决方案过程中必须重点考量的方向，建议企业在设定系统建设目标的时候将此作为参考。

- 目标一，构建统一的财务共享服务业务处理平台：建设满足企业目前与未来发展需求的、统一的报账平台，支持集中核算和各类核算明细化数据的数据共享，提供相关业务部门财务数据查询、数据分析以及报表查询的便捷操作。

- 目标二，借助信息系统规范财务相关业务流程：促进流程的规范化与标准化，提升公司对公、对私费用管控水平，确保流程、最佳实践和相关管理规范制度的有效落实与执行，降低规范化成本。

- 目标三，强化业务与系统集成：在技术上打通多套业务系统，实现业务申请、费用管理、审核核算和资金结算的衔接和集成，打破组织间壁垒，及时准确地反映整个公司的财务情况。

- 目标四，提供便捷、高效的业务处理工具：考虑前端业务人员的操作习惯和业务管控核算的要求，充分考虑各方需求，设置界面友好、操作便捷，建立标准化数据接口，减少手工处理与调整，消除冗余操作，提升工作效率，提高数据质量和核算的准确性。

- 目标五，推进财务对业务的决策支持能力：促进业务部门和管理层能及时、全面、准确地获取相关信息，提升财务和合同相关制度决策的科学性，同时给企业的战略提供更多的支持性反馈。

3.1.3　系统建设的误区与成功推进的关键要点

1. FSSC等新系统的建设

对于FSSC综合报账平台、影像与档案管理平台等在内的系统，由于其定位FSSC业务处理的主要操作平台，因此在项目期间这些系统无论是基于标准产品还是基于开发平台，全新开发对企业而言通常都属于新建系统，这些系统看似复杂度不高，或者与之相关的业务看似需求清晰、流程简单，但在实际项目建设过程中，我们却发现相当多的企业却面临大量的困难，一方面这些困难确实是FSSC系统建设过程中所客观存在的，另一方面也有相当一部分是由于对困难的预计不足，对过程的控制存在缺失所导致的。

以下，本书简要罗列在FSSC新系统建设项目实施过程中，企业所经常碰到的一系列在客观困难以外由于主观失误导致的项目实施困难，这些困难的存在导致部分企业在项目实施后发现，预期的FSSC项目建设受益并不能有效地释放甚至还会带来新的麻烦。

（1）对系统的定位过低，未做好全员变革准备，项目投入不足。尽管费用报销作为企业财务共享服务实现突破性转变最通常的切入点，但是费用报销的共享服务并不代表财务共享服务的全部，部分企业将FSSC系统简单理解为网上报销系统，将财务共享与费用报销简单地画等号或近似号，对FSSC新系统的定位过低，缺少高层领导从变革推动方面充分地、有力地支持，导致在项目推进过程中阻力重重，甚至仅仅是费用报销的流程变革都难以推行下去（更不用去谈涉及全业务流程的财务共享变革了）。

如果只是将FSSC新系统定位于报销系统，由于缺少对整体企业组织与流程变革的预期，企业领导团队特别是非财务部门领导容易将其定位于财务内部的组织与流程变革，容易将非财务部门置于变革的外部，没有意识到财务共享服务建设是企业整体精益化转型的重要一部分，不支持变革甚至是排斥与阻挠变革的推动，这样的项目、这样的系统建设多半是难以成功的。

国内一些企业在谈财务共享系统的时候，由于认识不深，以为实现了费用报销的集中就已经实现了大部分的财务共享服务，甚至对其他已经实现了全流程变革的企业的实施效果嗤之以鼻，这样的心态对国内整体的财务共享建设是不利的。作为变革的项目，变革的管理与技术力量，建设财务共享服务需要虚心、创新的态度，如果仅仅把FSSC系统当个报销系统来对待，领导不重视，钱不给够、人不给足，结局必定以为是令人遗憾的。

（2）系统实施周期评估不足，导致项目实施时间短、问题多。虽然涉及的业务面也很广泛，但是和常规的ERP项目实施不同，ERP的实施尽管通常包含了财务、非财务等在内的各个专业，但是由于ERP定位于企业管理的核心系统，通常在其之上实现的是业务的主干流程，对于一些细节性的解决方案、分支流程则多数需要一些专业的软件予以加强，因此可以认为在具体的一些管理领域，FSSC系统往往会要求更为细致、更趋向于实际业务操作层面的方案讨论与系统功能、操作流程的落地。

和MES等在内的一些专业性的软件实施不同，FSSC系统又同时面临广泛的用户群体，因此业务场景的广泛性和普遍可适应性也变得尤为重要，在系统蓝图规划与具体建设的过程需要参与的各方详尽的考虑各种业务情形,对于一些复杂场景下的业务一定要提前考虑,对于需要推动变革的业务流程则需要提前预留变革的时间空间。

由于FSSC系统在业务广泛性和专业性两个维度上的特点,加之变革的项目在推动过程中总是存在一些具体方案方面的冲突和反复,充分估计必要的实施周期对保证项目实施的效果具有非常重要的意义。

(3)未能在项目实施前、实施过程中推动业务的配套变革。前面我们也多次谈到,FSSC的建设过程本身就是企业向精益化、集约化管理的转型的过程,同时由于财务自身的特点,财务数字作为业务数字的货币化体现,它与业务千丝万缕的联系使得财务的变革往往需要配套的业务变革作为先导、前提,如果未能有效推进业务的配套变革,那么FSSC所要求的标准化与流程化则将变得十分困难。

以FSSC的应付中心为例,AP作为标准化程度相对较高的业务循环往往是企业较快纳入共享服务范畴的业务,但随着AP处理中心的财务人员与业务前端人员的分离,一定程度上会同时带来业务沟通上的阻碍,如果业务缺乏必要的财务意识,仍然停留在围绕本地化发票入账、资金支付业务处理的模式上,无法融入BU财务与FSSC财务异地化分离但是却又在流程上紧密集成的新模式,那么共享服务所带来的就不是效率的提升,反而会成为业务的掣肘。

(4)缺少标准化套装软件的支持,选择了不适当的产品或者开发平台。总体上,市场上缺少具备高度可配置型并且具备较强业务场景可适应性的财务共享服务配套信息系统,尽管部分软件业务标榜其自身具备一定程度上的可配置型或者已经预留了一些标准化、相对成熟的功能模块供企业的FSSC直接拿来使用,但是我们应当同时看到,这些功能往往被限定在FSSC内部的运营和服务的管理中,缺乏对业务前端的深入,虽然能用,但是远远达不到财务共享服务对全流程业务服务目标的功能支撑用途。

另外,也有相当部分的财务共享软件是以网上费用报销系统、OA软件为蓝本进行改造的,其功能和流程可适应性存在一定的局限性,企业在选择此类型的软件时应当慎重进行综合的评估,尤其是面对一些源码封闭的软件,更应当要考虑本地化开发过程中的自有源码所有权的保护以及未来开发过程中架构开放性。

(5)原型系统出来得太晚,导致需求提出得不充分,后续需求修改多。对于选择基于开发平台开发的FSSC系统,由于开发体量的巨大,部分方案在定稿过程中存在过多的反复,或者在蓝图设计的过程中缺乏系统作为参照,原型系统出来的时间过晚,导致蓝图规划与系统实现存在较大的差异,部分需求提出不充分,后续基于原型系统的需求调整与优化修改过多,系统稳定期短。

尽管在互联网时代，我们提倡软件开发与实现过程中的迭代，但是需要清晰认识到的是，迭代的前提是尽快完成原型系统，然后基于原型系统来进行迭代，如果原型系统出来的时间太晚，无论是按照传统的系统实施方法论还是敏捷开发，对于FSSC系统上线后长期、稳定的使用都是非常不利的。

（6）仅从财务的角度思考问题，未能从业务的角度换位思考。多数企业在实施财务共享服务中心配套信息系统的过程中，推动项目建设、参与项目方案讨论和确定的主要是公司的财务相关人员和IT人员，尽管财务人员是FSSC系统未来重要的使用者，但是并不是唯一的使用者或主要的使用者，在相关方案的确定过程中，如果缺少来自业务前端的人员参与，那么未来系统应用的过程中将可能暴露出一定的方案适应性风险，即如果不能从业务使用者的角度换位思考，财务人员固有的控制思维可能会在很大程度上妨碍信息系统在易用性、可适应性方面的提升。

因此，我们建议在项目推进的过程中，需要充分调动相关方面的参与，即使项目的主要推动者是财务，也要注意事先做好项目干系人（Stakeholders）的识别和影响评估，提前预计项目实施过程中和项目实施后将对哪些方面、哪些人员产生影响，提前做好应对预案，对于可能造成重大改变的业务使用部门则建议尽量将其纳入项目团队，让其成为项目的一员共同对项目的实施质量负责，降低变革对未来使用过程的冲击。

从图3-4可知，越早推动项目干系人介入项目越有利于项目的风险管理。

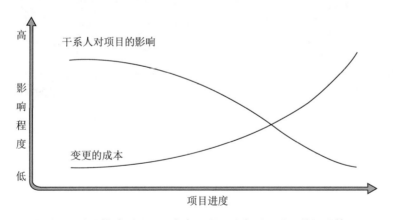

图3-4　越早推动项目干系人介入项目越有利于项目的风险管理

（7）系统上线后，缺乏有力的高层推动，导致系统应用阻力巨大。信息系统运行的逻辑基础是企业的各项管理制度、结构化的业务流程，因此信息的逻辑就是企业业务逻辑的信息化的表达，它体现企业对于业务管理的具体要求，尤其是面对财务共享服务中心这样一个具有显著业务流程变革特点的项目时，信息系统的在上线初期所面临的运行压力更多的是新的业务流程、新的管理要求所面临的变革推行压力，如果共享服务中心在设计初期即过于追求业务的管控和管理的颗粒度的细化，则毫无疑问会对业务的使用带来较高的要求,这些新的、更高的要求势必带来业务部门在使用上的抵触,这些抵触具体的体现就是对信息系统应用的抗拒。

面对这些困难,一方面,我们认为应当对业务变革进行充分论证的同时加强在系统规划前期和系统实施过程中的易用性、用户友好性设计;另一方面,我们认为更为重要的是充分调动企业高层对变革的支持力度,从企业的高级管理人员开始,熟悉变革后的业务流程,理解FSSC系统设计的逻辑并且去接受新的系统,建立信息系统应用的表率,站在更高的层面上推动企业从上到下接受新的变革,进而更好地促进变革价值的有效落地。

2. ERP等现有系统的改造

共享服务中心的建立必将导致企业原有业务流程、组织在一定程度上发生变更,配套ERP系统也需要因此做出支持性调整,以确保财务共享相关业务流程与业务单元、集团总部间的有效衔接,同时确保财务共享相关系统能够获取正确、及时的集成业务与数据支持。

对ERP现有功能改造实施的示例如图3-5所示。

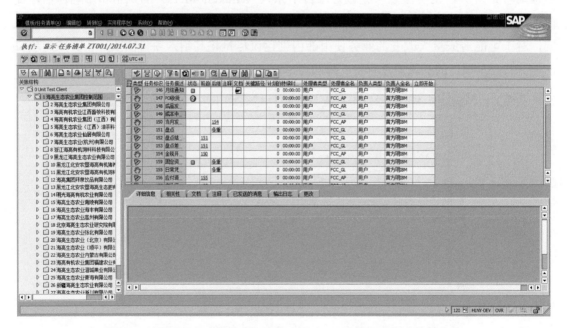

图3-5 对ERP现有功能改造实施的示例:SAP关账驾驶舱功能的实施

ERP等现有系统主要的改造点包括如下几个方面。

- **系统内业务流程的调整**:根据共享服务体系设计对现有业务流程进行"标准化""流程化"导向的调整,确保相关共享业务流程的顺畅地运行。例如,原有的资产调拨流程、计提折旧流程、资产差错处理需要调整为共享模式后的流程。

- **风控要点的强化**:基于财务共享内控梳理结果,将面向业务执行、业务导向的自定义业务检查、增强逻辑进行系统内固化，实现共享业务的风险控制的强化。例如，增加在集成资金支付的指令推送到银行系统前，再次由系统自动执行资金支付额度的检查等。

- 系统功能的改造：在现有ERP基础上，将影像、费控、报账等共享中心系统功能与ERP相关模块进行集成，同时强化相关流程处理的在线化，提供更好的功能支持。例如，在现有ERP凭证查询的功能基础上增加档案电子影像的在线联查功能等。

案例：益海嘉里财务共享中心

随着企业的发展，尤其是大型集团业务不断扩张，给企业财务带来相当多的挑战，不管是自建，还是并购、合资，都让财务人员数量不断增长，专业财务人员成本高。同时集团的快速扩展，也面临着业务众多，缺少标准统一的业务流程和实际操作指引手册，无法保障基础核算口径和作业流程一致，造成效率差、风险大等问题。对于各子/分公司，各地财务人员日常工作都集中在基础核算，处理报表等层次较低的事务性工作上，缺失或有待建立分析、预测、管控等工作体系。在新建或并购企业后，也面临着无法快速植入财务管理模式，管理成本上升，缺乏业务系统集成，系统架构不清晰，造成复制难、操作繁的问题。

作为公司高管，CFO应该成为集团或公司在日常运营中各产线、业务部门最好的合作伙伴，而不是把主要工作放在整合报表，处理日常应收应付费用上。那么如何能够快速植入集团标准的统一化模式，实现业务系统、财务系统、采购系统等ERP系统，甚至包括OA系统的整合代理。以上这些大型企业财务所面临的问题，益海嘉里都有经历过，因此我们今天将重点谈谈益海嘉里如何通过财务共享中心的模式解决这些问题。

1. 财务共享中心模式，凸显财务核心价值

IBM曾在2003年做过一个全球的CFO调查，数据表明，80年代的财务工作人员往往集中处理如报销、应收应付、公司固定资产等日常交易处理工作，蜕变到90年代的，开始关注到做决策支持和为企业提供专业的财务服务如税务，进入21世纪，财务组织更加注重更小，更敏捷，更迅速，更多的分析智能，体现价值经理和信息技术集成者。

由此可见，在新型的财务过程中，财务组织工作重点逐渐从过去交易处理，逐渐向控制活动转变，重视决策支持。将日常烦琐的事务性工作如处理票据、审查票据、

统计日常报表等工作外包,让集团具有专业财务水平、税务能力的专业人员成为业务真正的业务合作伙伴,为公司业务提供更具专业性的建议。

在益海嘉里,五年前就开始确定走财务共享中心的模式。通过对财务流程的专业化分工,将主要核算工作规范在共享服务中心,使得本地财务人员集中精力于决策支持与业务发展工作,逐步转变为业务合作伙伴,帮助业务持续改善。在决策支持方面,成为业务合作伙伴,体现管理及利用价值,提升投资者价值,持续业务改进,达到战略支持,职能转变的目的。在流程优化及标准化方面,将数据转化为决策信息,强化管控,提高合规性和可信度,实现流程重组,提高增值服务。在系统集成方面,实现信息收集口径统一、核算方法规范、标准统一,系统与财务流程整合,实现降低成本,提高效率的目的。

益海嘉里的财务共享中心典型业务范围有八大块内容,包括销售到收款核算、采购到付款核算、资金管理、费用报销、税务管理、成本核算、在建工程与固定资产核算、总账管理与报表。做到包括资料与发票收发、凭证归档文件的传递和管理,在服务管理上,实现服务等级协议维护,内外部问题响应,实现影像系统,工作流系统支持。改变了以往各地分散管理的模式,实现集团管理专注于管控指导和绩效考核等,当地财务将转向财务分析和高级战略决策支持职能,实现由侧重交易处理向重视决策支持的转变。

在这里,我特别要强调的是,财务共享服务中心不仅仅只是一个IT系统,还是一次真正的管理财务思路转型过程,改变以往各地分散管理的模式,由侧重交易处理向重视决策支持的转变,实现集团管理专注于管控指导和绩效考核等,当地财务将转向财务分析和高级战略决策支持职能,实现预算、报账、核算、资金,横向一体化,纵向集中化。

2. 财务共享服务中心需要强有力的IT支持

在财务共享服务中心建立过程中,IT提供了强有力的支持,中心初步构建完成后,考虑共享服务效率的不断优化与改进,由相应系统提供支持,建立一系列的财务共享服务中心所应用的综合支持工具,通过公司现有的各类系统,如邮件系统、OA、文件管理系统等,进行整合应用。通过筛选供应商,选择IBM FileNet工作流管理平台和内容管理平台,提高业务流程自动化程度,加强自助服务,完善商业智能系统,实现银企直联,并实现与SAP系统方案优化与统一。

财务共享中心涉及的系统有影像采集、内容管理、电子表单、流程管理、规则管理、SAP系统接口、HR系统接口、资金管理系统,将公司核心系统进行深度整合,实现自动识别单据关键信息并自动生成索引信息,自动完成结构化与非结构化文档管理，并能为其他系统提供文档调阅，还能实现业务流程各环节电子化，完成相关审批流，业务流程各环节实现无缝直通式连接，并与手机、邮件集成，实现多端反馈机制，及时反馈业务流程各环节信息。

从业务流程管理步骤来看，主要包含六个步骤，第一步是用户在集中核算系统发起流程，填写单据，单据数据通过接口与SAP中部门预算进行实时校验；第二步是用户在集中报账系统中提交报销单据，并以附件形式由本人或者财务初审在申请单中保存图像信息，各级领导按照预设的流程进行审批，可实时查询最新预算；第三步是总公司的核算中心统一复核处理报销凭证；第四步是审批结束后系统自动调用SAP财务凭证接口进行预制凭证创建，并记录SAP返回的凭证号码，可在SAP系统中查询审批记录和申请内容；第五步是在SAP系统生成凭证后，会自动扣减部门或项目预算，第六步是集中核算系统自动生成相关付款信息并发送给出纳。

在共享中心的业务规则方面，主要遵循审批规则、账务管理规则、核算规则、风控规则等业务规则，其中规则引擎能够与流程引擎无缝集成，动态管理审批路径及任务分配等处理逻辑，管理用户操作界面、可固化的风险监控规则、统计分析等业务规则。

3. 财务共享服务理念

在益海嘉里整个财务共享服务中，有三个重要理念，其中，第一大块就是组织结构，在系统中需要建立集团的组织结构，我们会从集团的HR系统中获取完整的组织结构图，整个流程审批会按照组织结构进行流转，审批节点是组织架构中对应的职位，而不是具体的人，因此减少因集团组织结构变化而引起的流程节点调整工作。

第二大块就是大量的业务流程，不管是日常费用还是各种跟金额有关的，比如日常费用报销、出差申请单、车辆维修申请单、外训申请单、借款申请、费用报销等流程，还有应收应付的各种流程，如预付款流程、付款流程、超损耗审批流程、发票至付款流程、关联方发票到付款流程等。大量的流程都需要梳理，在益海嘉里公司有一个专门的业务流程管理小组，从最高层面上去统一定制标准流程，在整个财务共享中心建立的前两年，基本上都在做业务流程的梳理工作，足以可见业务流程梳理的重要性。

第三个是技术实现。在复杂的业务流程梳理后，对于IT来说，需要将高度的抽象具体成可实现的模块，系统由主数据管理模块、业务流程模块、接口模块、费用审核平台、系统管理模块、报表模块等构成，同时要关注与外围系统集成，包括SAP、SSO、邮件系统等。

从整体流程上来看，尽可能实现自动化，通过预设的财务审核规则确定流程的下一个节点，实现业务更快速流转。各级领导审批流程于是变成了一个公用的子流程，利用规则表动态给流程的节点赋予业务岗位，当增加某个费用明细，其审批岗位有变化时，不需要再增加新流程，只需在规则表中维护相应规则，极大地减少了工作量及未来流程的维护量。有的节点还跟第三方接口系统实现对接，比如通过短信及时通知有待办审批的领导，加快审批流程。

在财务共享中心平台上，还能提供的流程管理有可视化的流程编辑创建，流程作为组织的重要资产，需要版本控制与变更管理，流程实例数据设置定期归档，保证流程引擎的处理速度。当用户在申请单确认职能后，费用类型的选择范围也确认了，用可视化、业务语言的规则库设置管理规则，并对规则版本和权限进行控制。

综上所述，益海嘉里财务共享中心是集团非常核心的平台，它不同于业务、采购或生产等运营型的系统，这是对专门针对财务工作模式转化的，将大量的事务性的工作放在财务共享服务中心，实现集团各级工厂财务人员的整合。采用规范的流程和标准模板、报表格式，依靠坚实可靠的IT系统支撑，帮助用户处理来自各业务线的各种财务问题，特别是费用上的相关流程，通过与OA系统整合，电子文档的实现，让管理层的审批流程更便捷快速。更重要的是帮助各工厂财务总监、财务经理摆脱烦琐的日常事务，更专注于系统产出的整合报表，为生产、经营提供有效的分析数据，真正成为业务部门的合作伙伴。

来源：IBM-C suites，《益海嘉里财务共享中心案例分享》作者是丰益咨询全球技术咨询总监林勇，2013-09-28

3.2 FSSC系统架构的最佳实践

根据企业前端业务、FSSC业务、FSSC组织与运营的基本划分，结合笔者在共享服务的运营和客户服务、系统建设方面的实践经验，本书建议未来的IT支持架构从如图3-6所示三个层面分别来进行布局以支持不同类型的业务协同和共享服务的输出。

在该架构布局下，三类平台的其中每一个平台都分别对应了企业的核心前端业务、FSSC核心业务、FSSC内部组织与运营三大领域对应的业务处理与管理工作重点，同时也将有利于FSSC项目在建设过程中清晰地识别每一块系统平台的建设目标、建设步骤以及与其他平台之间的关系定位。

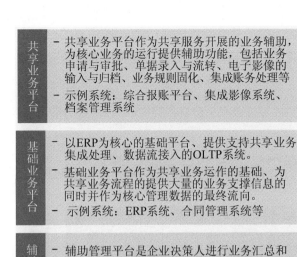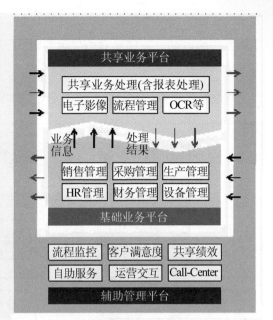

图3-6 FSSC信息系统架构与系统分类

3.2.1 共享业务处理平台

共享业务处理平台作为共享服务开展的业务辅助,为核心业务的运行提供辅助功能,包括业务申请与审批、单据录入与流转、电子影像的输入与归档、业务规则固化、集成账务处理等。

1. 综合报账平台

综合报账平台借助基于SAP NetWeaver或者Java开发平台的共享服务中心综合报账平台的实施,实现共享服务中心相关业务处理的单据化、流程化和在线化处理,通过相关业务规则的预置,提高共享服务中心业务运转效率的同时提升财务记账的准确性与内控的有效性。

对于已经实施ERP、HR、CRM等业务系统的企业,占业务占比较高的供应链、营销、HR等已陆续完成了业务与财务的一体化集成,这为共享服务中心的基础业务运营提供了较强的业务流程性与功能性支持,但除上述业务之外,仍然有相当一部分的业务未能有效实现业务的集成化改造,比如一般总账业务处理、部分的资产业务处理、资金零星支付等,因此随着由FSSC建设所推动的业务标准化和流程化改造,这一部分业务也逐步纳入了一体化的范畴。

综合报账平台提供完整的业务模板与流程配置功能,能够对上述非集成业务进行系统化落地,借助标准化的系统集成接口实现95%以上财务业务的单据化和过账的集成化,在许多已经实施了成熟的综合报账平台的企业,这一指标甚至能够达到100%,即所有的财务会计凭证均能借助一体化规划的单据和流程实现自动的记账,财务在此过程全面转型到业务的审核和财务的管理。

综合报账平台基于SAP NetWeaver搭建的FSSC综合报账平台典型架构示例如图3-7所示。

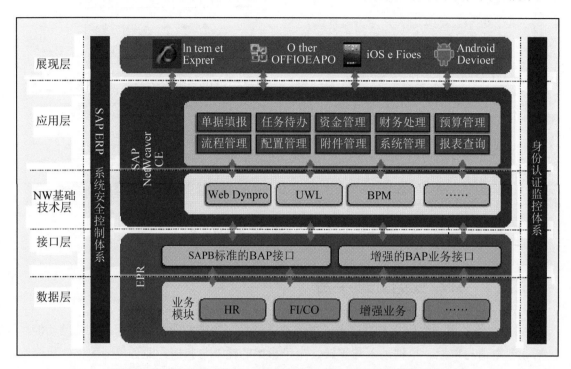

图3-7 基于SAP NetWeaver搭建的FSSC综合报账平台典型架构示例

FSSC综合报账平台作为FSSC日常业务处理主要依托的系统,其架构的科学性、与业务需求的匹配度、系统的易用性对FSSC业务操作效率、用户体验都将带来非常直接的影响,缺乏规划、未能有效推动业务标准化、功能与业务要求匹配度欠佳的FSSC综合报账系统将成为未来FSSC运行阶段严重的掣肘,因此在软件选型、系统架构规划与具体功能实现阶段务必要慎重考虑并确保充分的资源投入(含时间周期、人力资源、成本等)。

案例:蒙牛集团基于SAP NetWeaver CE打造的FSSC综合报账系统

FSSC综合报账平台要上线了!小伙伴你准备好了吗?

大家好!我的名字叫财务共享服务中心综合报账平台,大家也可以简单称呼我的另一个名字——CE(SAP NetWeaver Composition Enviroment)。我是SAP大家庭中重要的一员,遇到业务申请与审批、单据录入与流转、电子影像的输入与归档、业务规则固化、集成账务处理等问题都可以来找我，我会支持并协助大家一同完成。

我的加入可以逐步实现财务共享服务中心相关业务处理的单据化、流程化和在线化处理。通过相关业务规则的预置，提高共享服务中心业务运转效率的同时也提升财务记账的准确性与内控的有效性，可以说是省时又省力。

作为一名有志青年，我的目标是帮助大家将所有需要报销、付款的单据实现系统自动审批和付款，同时助力于财务职能全面转型！

说说我的过人之处吧！首先来说就是线下变线上，手工变自动。顾名思义，就是我们以前通过口头、纸板、邮件等线下事前申请通过整合在系统上完成，不仅节省了时间，也方便大家可以移动办公；部分需要会计手工填写再传输SAP的凭证现在我就可以在审核完成后直接在SAP自动生成报表凭证；还有就是，通过在SAP建立成本中心组和预算责任单元的对照，实现线上控制预算，自动核减预算。还有之前在AMT中没有应用到的资产业务，我也是全新上线，除PM的机器设备、检验设备等零星采购外，其他所有资产均要由我来把关。一起向着自动化、标准化、简单化的目标前进。是不是很厉害？

另外我也是一个很严格的人，高效省时的同时加强了管控力度，退回单据可是需要重新走审批流程的哦！所以小伙伴们要认认真真做好每一次的工作呦！员工信用评价也是我的主要特点之一，我们的评价分数有奖有惩，目的就是希望使业务规范化、系统标准化、提高工作效率，方便你我他。在日后的合作中小伙伴们一定可以发现我在票据粘贴和流转、合同信息等方面更多的闪光点！

对于我的到来，小伙伴们是不是既激动又紧张？千万不要抵触，将自己的工作、职责梳理清楚，试着多多了解我，多多和我沟通，观念转变一下接受我这个新朋友。我会和你一起面对挑战，齐心协力解决问题，一同成长。新的开始我准备好了，你呢？

来源：中国蒙牛，蒙牛之声，2015-10-13

2. 集成影像扫描、OCR与档案管理系统

近年来，以发票电子化为代表的影像管理软件的应用在企业业务处理过程中逐步开始扮演重要的角色。PayStream Advisors是国际范围内在影像、发票自动化、AP领域有着领导地位的咨询与市场研究公司，PayStream 2015年最近一期的Invoice Workflow Automation（IWA）报告显示，41%被调研的企业已经使用了以影像管理为核心的IWA解决方案，另有19%的企业计划在接下来的12个月内实施IWA相关方案。

对于财务共享服务中心而言，采购到应付（Procurement to Payment）和费用管理

（Expense Management）两大流程循环具有非常突出的代表性，这两大流程循环的日常业务交易处理的基础均是庞大的发票类单据，且这类发票处理业务往往能够占到核算型财务共享服务中心日常交易处理量的80%以上，特别是当FSSC组织架构和系统流程调整完成后面对集中办公与原始凭证分散的矛盾时，高效的影像管理系统和配套流程建设将是十分必要的。

PayStream Advisors 2015 IWA全球范围调研结果统计如图3-8所示。

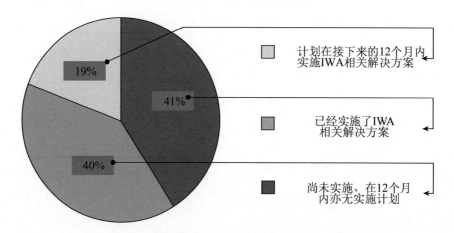

图3-8　PayStream Advisors 2015 IWA全球范围调研结果统计

驱动企业规划与实施发票电子化的因素如图3-9所示。

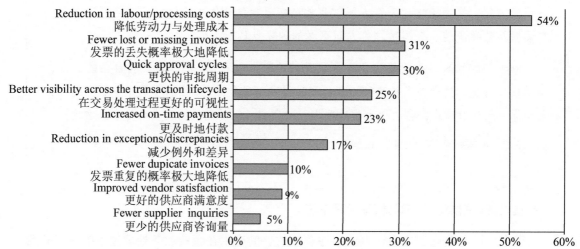

图3-9　驱动企业规划与实施发票电子化的因素

另外，根据2015安永财务共享服务调查报告统计，在财务共享服务中心的企业中，除了会计核算系统以外，应用最为普遍的系统是电子报账系统（83%），其次是影像管理系统（64%）和资金管理系统（64%）。

FSSC建成影像管理系统后,共享服务中心所服务的各公司业务往来所产生的原始凭证可以基于扫描的客户端、扫描中心异地或集中的方式扫描形成电子化文件,并直接借助网络传送至财务共享服务中心,一方面实现原始发票文件与综合报账单的准确衔接,另一方面也有效地解决了实物文件在传递的安全性、准时性以及文件审阅的方便性方面的问题。

影像管理系统的建设对财务共享服务中心业务的异地化处理和规模效益提供了有力的支撑,使企业能够在较低的成本和较小的风险下,扩充业务处理能力(特别是异地化业务处理能力),提高运营效率。例如,借助OCR技术的引入,能够在一定程度上降低人员的录入工作量,提高流程处理的时效。

基于集成影像扫描系统的单据管理过程示例如图3-10所示。

图3-10　基于集成影像扫描系统的单据管理过程示例

影像管理与归档软件应用案例:OpenText

案例1　McKesson(美国):差旅发票管理

McKesson公司的系统管理员这样评价——"在过去,我们经常面对发票丢失带来的问题,这源自于我们对纸质报销报告的过分依赖。现在所有的事情都可以在电子邮件中完成。发票作为附件存放在电子邮件当中,使得经理可以即时打开,检查,并批复发票。这导致了针对差旅话费的审计周期的缩短,并显著地缩短了花费支付的时间。"

1. 企业背景/业务背景

McKesson公司是北美洲最大的制药零售企业,并且拥有业界领先的医疗水平,拥有9900名McKesson员工使用SAP差旅模块来进行费用提交与批复。

2. 面临的挑战

财务部门每月需处理11 125个费用报告,而且由于这些发票缺乏有效的影像管理,相关业务、财务的审批者难以获得,缺乏自动的差旅批复通知,同时还面临着较长的针对差旅报销的审计周期。

3. OpenTEXT解决方案

在SAP交易中打印二维码封面用以控制发票的提交,扫描和向OpenText的归档,差旅批复工作流集成SAP工作流引擎并配置电子邮件批复功能,基于OpenText文档访问的差旅审计。

4. 应用收益

差旅批复时间显著降低,更高的公司卡报销,更高的年优惠,更高的流程效率与控制。

案例2 World Kitchen (美国):应收账款方面的成功应用

Randall Peterson,VP of Information Technology 这样评价——"文档访问使得我们能够将电子文档存储在一个可以被广泛访问的系统当中,并且这个系统已经为我们的装货,信用和应收账款业务部门带来了显著的流程改善……在这个业务场景中获得成功的关键是将所有信息公之于众,这样我们可以很快地响应客户的问题,因为如果这些信息的缺失拖了后腿,那么几乎你的经济损失就无法挽回,即使这是不公平和非法的……"

1. 企业背景/业务背景

World Kitchen是一个拥有2800名员工的美国消费品制造企业,生产设施遍布美国和亚洲,并在全世界拥有配送中心。

2. 面临的挑战

需要一个更好的方法来管理业务文档提供简洁的电子化存储和访问能力,同时需要改善相关业务流程以获取优化的客户响应速度。

3. OpenTEXT解决方案

启用OpenText归档与文档访问，360°客户信息展现以及借助文档访问存储的基于order-to-cash流程的所有客户文档信息。

4. 应用收益

客户响应速度提高25%，通过流程效率的提高获取一年50万美元左右的节约成本。

3. 流程管理系统 BPM

业务流程管理（Business Process Management，BPM）不仅是一个IT术语，它既是一个概念、一门学科，又是一种方法论体系，其本身并没有明确的定义，它更多的是一种概念的集合，这个概念的产生来源于企业对众多业务系统进行更深度整合的需求，包括数据整合、流程整合等。BPM的出现正是为了解决企业流程实时改变所带来的敏捷性、实时效果评估、资源整合与优化等问题。

我们通常理解BPM会从以下两个视角来看。

第一，BPM应该是一种业务流程的管理理念。在这种理念下，业务流程不能被固化在系统底层代码中，需要把其逻辑抽取出来，让管理人员可以直接进行设计和改变；业务流程能够随着商业环境的变化而方便迅速地进行改变，从而更好地响应企业中业务的调整，防止由于系统中流程的滞后出现执行层面的低效率延迟。

第二，从技术角度来说，BPM是一种支持上述管理理念的IT工具和技术，它包含了业务流程设计与建模、流程的自动化执行、系统集成、流程的监控与分析以及业务流程的改进与优化等主要部分。其中业务流程设计与建模是基础，流程自动化是实现手段，系统集成是拓展，流程监控是实现过程，流程的优化是目标。

BPM软件示例：SAP BPM系统架构简介

讲到BPM和流程设计，基于本书所选择的软件平台，就要简要介绍一下SAP BPM。众所周知，SAP NetWeaver是一个集成技术平台，而SAP BPM则是SAP NetWeaver集成平台中以面向业务流程管理为中心的一个重要组成部分，侧重于流程的优化、再造、监控和管理，SAP NetWeaver BPM平台能够以系统化的方法来帮助企业标准化和优化业务流程并推进企业流程的信息系统固化，在提高运营质量的同时兼顾流程的敏捷性，降低企业流程管理相关的综合运营成本。

SAP NetWeaver作为集成技术平台，其中包括了用户生产力、商务智能与信息管理、业务流程管理、定制开发、应用程序生命周期管理、安全与身份管理和SOA中间件。其中SAP BPM NetWeaver技术平台的一部分，提供了用于业务流程管理所需要的系统工具和技术，包括流程的设计、执行和监控等，同时结合IDS Scheer的ARIS for NetWeaver实现流程的优化管理的能力。

SAP NetWeaver BPM的策略可以归结为标准化(standardize)、集成性(integrate)和创新(innovate)。标准化是指流程自动化的逻辑内置在SAP商务套件中，用于核心的应用流程设计；集成性是指NetWeaver Process Integration产品，能够提供工具和服务使各种流程加以串接；创新是指在NetWeaver Composition Environment中，可以快速地对流程进行更改和优化。

1. 应用程序的核心流程（Application Core Processes）

应用程序的核心流程代表着核心的业务操作，它们被包含在SAP商务套件中。SAP Business Workflow是内嵌在SAP Web Application Server中的工作流引擎，基于工作流的SAP系统中预定义了很多业务流程，同事也可以被定制化修改，SAP ERP、PLM、SCM、CRM和SRM等系统中均使用了SAP Business Workflow。SAP工作流和企业的组织机构的整合，让业务流程的每一个处理环节都变得清晰透明。

2. 组合业务流程（Composite Business Processes）

组合业务流程指的是由业务需求所驱动，在核心流程基础上结合个人、合作伙伴以及第三方系统的流程。

在NetWeaver CE7.1中，建议采用新的BPM解决方案来实现流程的建模、执行和监控——BPMN（Business Process Modeling Notation）。BPMN可以看成是GP的升级版，由于它功能较新而且强大，同时比较有代表意义，所以NetWeaver BPM有时也会特指该工具。

Process Composer是基于BPMN的模型设计工具，包括流程建模等功能；Process Server是基于Java的流程执行引擎；Process Desk特指NetWeaver Portal中用户查看、处理流程的界面；BRM（Business Rules Management）是基于流程的规则管理。

3. 流程建模

流程建模主要采用Process Composer，它是基于NetWeaver Developer Studio的图形化建模工具，可以通过参数的传递使得每个独立的跨组件的流程节点可以相互通信。

4. 用户界面

用户界面统一使用NetWeaver Portal作为入口点，使用EP中的通用工作清单（Universal WorkList）来展现所有流程的处理条目。同时，每个工作条目的处理可以采用WebDynpro for Java的界面技术，使得处理界面风格统一，通过调用Enterprise Service来实现每个步骤可以和不同的后台系统进行数据交互。

5. 业务规则管理

Business Rules Management用来定义流程中的处理规则，根据事先设定的规则表来判断当前流程的走向。

6. 流程的监控与分析

BPM提供了流程的监控和分析工具，使得流程的整体情况一目了然。

3.2.2 基础业务管理平台

以ERP为核心的基础平台，是提供基础业务数据流接入、支持共享服务业务进行在线集成处理的OLTP系统。基础业务平台作为共享业务运作的基础，为共享业务流程提供大量的业务支撑信息的同时并作为核心管理数据的最终流向，比如无论FSSC系统架构和数据流如何规划，所有的财务核心数据均应当存储在ERP系统中。

1. ERP系统

相信随着近一二十年来ERP系统建设在中国的全面铺开，读者应该对ERP系统有了更加全面且深入的了解，ERP作为一种主要面向制造行业进行物质资源、资金资源和信息资源、人力资源集成一体化管理的企业信息管理系统是企业资源管理的核心系统，除了为企业的供应链、财务、营销、人事管理提供最基础的功能与流程性支持之外，也能够为共享服务中心提供相应环节的业务信息和流程信息以支持FSSC在提供标准化服务过程中更好的数据与功能支持。

ERP核心模块（以SAP ERP为例）与FSSC相关系统主要的衔接点。

- 财务模块（FI/CO）：包含总账会计、应收会计、应付会计、资产会计、成本要素会计、成本中心会计、产品成本核算、盈利性分析等。毫无疑问，ERP中的财务会计、管理会计模块都将和FSSC相关业务与流程发生紧密的衔接，FSSC综合报账系统的相关数据也将最终进入ERP的财务模块。

- 销售与分销模块（SD）：包含销售订单创建、销售拣配与发运、销售发票业务处理等产生销售收入与成本、应收记账等的主要销售业务节点都将与FSSC的应收、收入相关流程发生衔接,上述相应节点的单据也将作为基础业务信息输入到FSSC业务平台。

- 采购与库存管理模块(MM):包含采购订单创建、仓库出入库、采购发票业务处理等产生采购成本、应付记账等主要业务节点都将与FSSC的应收、成本费用相关流程发生衔接,上述相应节点的单据也将作为基础业务信息输入到FSSC业务平台。

- 生产计划与执行模块(PP):包含生产订单收发料、订单成本核算等主要业务节点都将与FSSC的成本费用相关流程发生衔接,上述相应节点的单据也将作为基础业务信息输入到FSSC业务平台。

- HR模块:HR的组织与人事信息作为FSSC业务审批、专业审批的基础,相关信息也将以一定的形式传输到FSSC业务支持系统。此外,对于已经实现基于HR模块的薪酬福利费在线计提和发放的企业,薪酬福利费等相关数据也将实现从HR到FSSC业务支持系统的数据传输和后续的财务审批以及过账。

如图3-11所示,ERP将作为企业管理的核心系统为FSSC提供集成、统一、共享的基础数据。

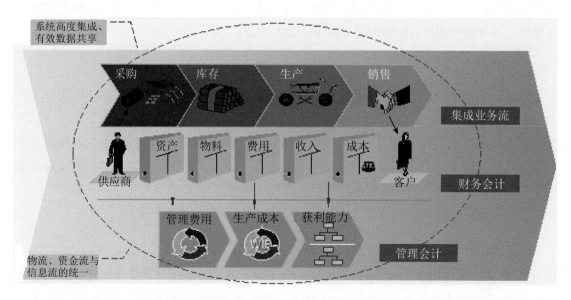

图3-11 ERP将作为企业管理的核心系统为FSSC提供集成、统一、共享的基础数据

2. CRM系统

借助在流程与功能方面的支持,CRM(客户关系管理)系统在市场营销过程中可以有效帮助市场人员分析现有的目标客户群体,如主要客户群体集中在哪个行业、哪个职业、

哪个年龄层次、哪个地域，等等，从而帮助市场人员进行精确的市场投放。客户关系管理也有效分析每一次市场活动的投入产出比，根据与市场活动相关联的回款记录及举行市场活动的报销单据做计算，就可以统计出所有市场活动的效果报表。

客户关系管理的功能可以归纳为三个方面：市场营销中的客户关系管理、销售过程中的客户关系管理、客户服务过程中的客户关系管理，以下分别简称为市场营销、销售、客户服务，以上三方面均可能与财务共享服务发生紧密的业务集成，比如市场营销过程中的相关销售费用的报账以及费用报账与财务共享服务中心集成平台的业务流程协同以及数据协同。

3. SRM系统

供应商关系管理（Supplier Relationship Management，SRM）的相关信息系统也关注于基于信息技术平台实现企业与其上游供应商建立和维持长久、紧密伙伴关系的管理思想和软件技术的解决信息化方案。

SRM系统的实施范围围绕企业采购业务相关的领域，其目标是通过与供应商建立长期、紧密的业务关系，并通过对双方资源和竞争优势的整合来共同开拓市场，扩大市场需求和份额，降低产品前期的高额成本，实现双赢的企业管理模式。SRM系统的基本内容包括以下几点。

- 准确、及时的需求分析。这是企业决策制定的一个先决条件，SRM能够整合内部和外部资源，建立起高效能的组织采购，对自身业务关键性材料或者服务的需求进行战略部署，以减少日常生产运作中意想不到的问题。

- 供应商的分类与选择。对所有供应商进行评估和分类，针对不同类型的供应商，制订不同的管理方法，实现有效管理。SRM可以综合考察供应商各个方面的因素，帮助企业做出准确的分类与选择。

- 与供应商建立合作关系。确定对各类供应商采用何种关系和发展策略，包括建立供应商的管理制度；供应商绩效管理；供应商的合同关系管理；采购流程的设计与实施。SRM能够使采购流程透明化，并能提高效率和反映能力，降低周转时间，提高买卖双方的满意度。

- 与供应商谈判和采购。SRM能够帮助企业跟踪重要的供应商表现数据，以备谈判之用。SRM在采购过程中还可以实现公司内部与外部的一些功能。公司内部的功能包括采购信息管理；采购人员的培训管理和绩效管理；供应商资料实时查询；内部申请及在线审批。公司外部的功能包括(与供应商之间的)在线订购；电子付款；在线招标等。

- 供应商绩效评估。这是整个供应商关系管理的重要环节。它既是对某一阶段双方合作实施效果的衡量，又是下一次供应商关系调整的基础。SRM能够帮助企业制定供应商评估流程，定期向供应商提供反馈。

SRM系统是一种以"扩展协作互助的伙伴关系、共同开拓和扩大市场份额、实现双赢"为导向的企业资源获取管理的系统工程。同时又是以多种信息技术为支持和手段的一套先进的管理软件和技术，它将先进的电子商务、数据挖掘、协同技术等信息技术紧密集成在一起，为企业产品的策略性设计、资源的策略性获取、合同的有效洽谈、产品内容的统一管理等过程提供了一个优化的解决方案。构建企业SRM系统是信息化助力生产经营的一种重要手段，不仅使得企业管理更加规范有序，而且为企业与其供应商伙伴加强合作，提高综合效益提供了便捷、高效的协同平台，为企业创造巨大价值。

3.2.3 共享服务管理平台

辅助管理平台是企业决策人进行业务汇总和财务核算一体化管理控制的系统平台。在FSSC建设后期、迁移阶段必须逐步强化辅助管理的业务运营的支持。

1. FSSC管理系统

定位于FSSC管理系统的SAP SSF功能范围一览图如图3-12所示。

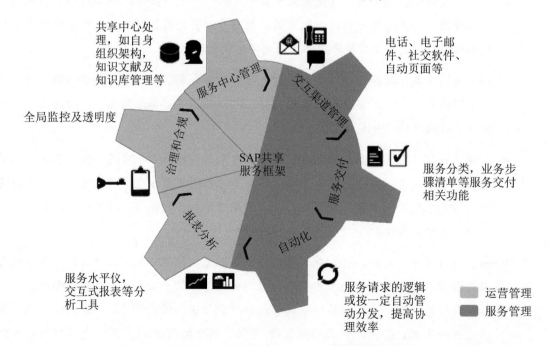

图3-12 定位于FSSC管理系统的SAP SSF功能范围一览图

共享服务的核心是流程化与标准化的服务的提供，共享服务运营管理的主要对象是产品化的服务提供过程中服务的发起、接受与提供全流程的业务信息传递、任务分配、系统集成、权限管理、满意度管理、用户交互、流程绩效等，如何进行高效的业务信息、服务信息、服务流程信息的采集与传递，如何进行有效的任务分配和用户交互等在共享服务中心运营过程中均成为了迫切需要解决的问题。

基于以上需求背景，FSSC管理系统应运而生，FSSC系统提供的诸如自助门户、服务请求管理、服务交付管理、沟通管理、SLA管理、服务分析等功能为FSSC的运营提供了强有力的辅助性支撑工具。

2. 基于BI等的绩效管理系统

SAP BW/BO、IBM Congonos等商业信息数据仓库、商业智能软件的应用，为FSSC系统的运营情况分析提供了便捷、高效的工具，考虑许多企业的财务共享服务输出的服务涉及了包括综合报账平台、FSSC管理系统、ERP、CRM、SRM等在内的诸多系统，有效的服务信息和流程信息的整合对共享服务中心绩效统计以及持续的共享服务中心服务水平和客户满意度提升都是十分重要的。

如图3-13所示，为基于SAP BO设计完成后的FSSC可视化指标示例。

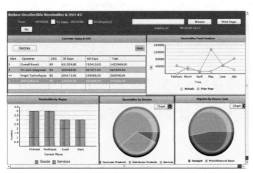

发票的平均处理周期

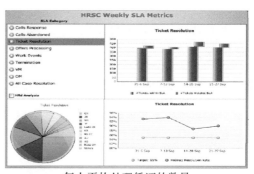

每人平均处理凭证的数量

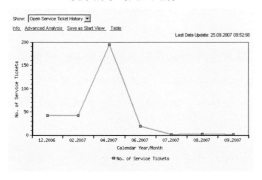

销售开票错误的比率

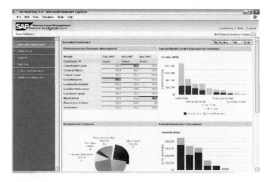

应收账款平均回款周期

图3-13　基于SAP BO设计完成的FSSC可视化指标示例

案例：海亮集团财务共享服务项目咨询到实施简介

海亮集团财务共享服务为运营助力

海亮集团是一家创建于1989年，经过多年发展，逐步确立了以有色金属、地产建设、农业食品、环境保护、基础教育为主体，涉足金融、物流等领域，多元并进、专业化发展的经营格局，成为拥有员工1.2万余人的综合性特大型国际化民营企业集团，旗下拥有浙江海亮股份有限公司（股票代码：002203）和四川金顶（集团）股份有限公司（股票代码：600678）两家上市公司。海亮集团综合实力位居中国企业500强第151位，中国民企500强第15位。

海亮集团2012年全面进军生态农业及安全健康食品行业。通过自主建立生产、加工、储运、销售的精细化食品生产体系和全程可追溯的信息化管理模式，海亮农业集团和海亮食品集团将为消费者提供可信赖的高品质健康食品。海亮健康食品与有机农业已在全国建立了20多个区域农业种植养殖生产基地，在北京、上海筹建了配送中心。

海亮集团财务共享服务项目涵盖主要范围包括海亮生态农业和健康食品两个大业务板块。项目分为两个阶段，分别为财务共享服务咨询阶段和财务共享实施落地阶段。

1. 农业基地的业务刚刚起步，通过搭建财务共享服务提升财务核算能力

财务共享服务咨询主要包括集团财务共享组织结构搭建和财务共享业务流程梳理和再设计。

FSSC项目涉及海亮集团的生态农业和健康食品两个子集团，其中生态农业集团包括农业集团总部和26个分散在全国各地的农业基地公司。基地公司业务作业和财务核算的基础比较差，专业人员素质较低，又因地处偏远山区或农村，集团财务很难控制基地作业和财务核算，所以农业集团迫切需要通过尽快建立财务共享服务，将基地的基础财务核算（如应收、应付、资产、总账、费用报销等）业务能够拿到集团财务共享服务中心作业，实现集团统一的财务控制核算管理，减轻基地人员素质带来的核算压力，减少财务基础核算成本，提供作业效率。

其实这个原因也正是该集团在业务开展之初进行共享服务项目实施的原因，通过财务共享服务中心让集团内新生的业务板块有共享服务的支持，从而减少企业在人员招聘、业务跟踪及未来作业品质上的压力和危机。

2. 健康食品经营业务尚未展开，就搭建全新的财务共享服务体系实现财务集团管控

健康食品新开展的业务，正处于筹建阶段，尚未有食品零售门店营业，业务流程尚未成熟，因地处上海，财务人员都是招入各大零售超市（如家乐福、沃尔玛、乐购、百安居等零售巨头）有丰富经验的财务人员；同时也因海亮食品业务流程尚未成熟，每个财务人员又有各自的经验和想法，所以在组织设置和流程梳理过程中，经常因为各自较大分歧，需要不断地磨合、沟通和讨论，甚至是头脑风暴，共同设计出合乎食品集团管理要求的财务共享服务流程。

3. 农业和食品搭建统一的财务共享服务平台，实现不同行业大财务共享服务

项目实施过程中建议海亮集团领导考虑未来集团大财务共享服务，在财务共享选址（目前考虑将财务共享办公地址放在上海金山基地；未来2年后迁址到尚在建设中的杭州总部大楼）；农业和食品虽然行业不同，业务操作和财务核算差异比较大，但考虑未来整个集团的财务共享，在组织机构和流程梳理设计过程中，充分考虑能够合并统一的组织和流程设计成集团大共享通用组织和流程。

4. 设计具有集团管控职能的财务共享服务中心组织结构

海亮财务共享中心主要服务于集团内部各业务单位，实现的是集团内部的财务共享，需要建设具有海亮运营管控特色的财务共享中心组织，规范统一海亮财务共享服务作业及核算。

海亮集团财务共享服务模式下组织架构方案

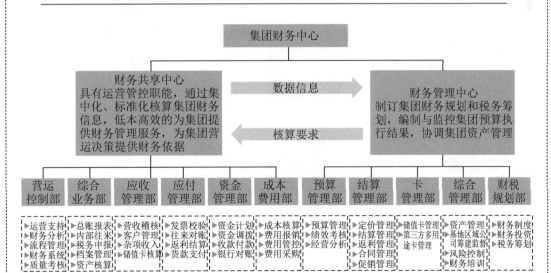

5. 设计符合财务共享服务的财务共享业务流程

按"端到端"的8大业务循环进行四级明细的流程梳理，因农业和食品在很多业

务处理上不同,所以把4级流程分成3大类;农业和食品能够共用的流程共梳理出来46个,食品专用流程55个主要集中在采购到付款和门店零售的流程上,农业专用流程17个,主要集中在采购到付款流程上。

流程	通用	食品	农业	流程总计	核心流程	OA相关	OA与SAP接口
二流流程	8	0	0	8	8	0	0
三级流程	41	0	0	41	33	0	0
四级流程	46	55	17	118	67	44	37

6. 通过影像扫描实现费用报销和发票校验的集中账务处理、统一的资金支付

费用报销申请单打印,粘贴原始单据,一同扫描产生影像文件,传递报销系统和SAP记账系统,财务共享中心根据影像进行审核记账,申请资金平台付款,并记录传输付款状态。

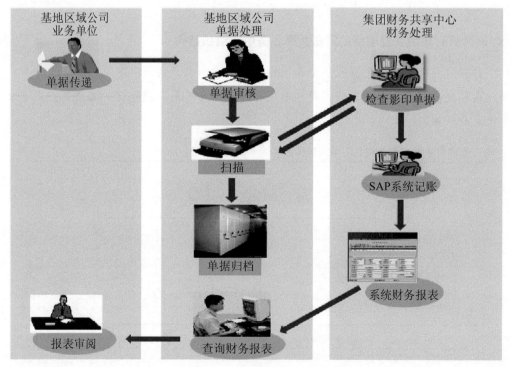

因为农业基地大多处于偏远地区,如果采用单据集中处理则周期较长,容易丢失;所以费用报销采用了"分散扫描,集中记账,定期归档"的方式。

食品公司因为大多处于一、二线城市,单据传递比较方便快速,所以费用报销采用了"集中扫描,集中记账,集中归档"的方式。

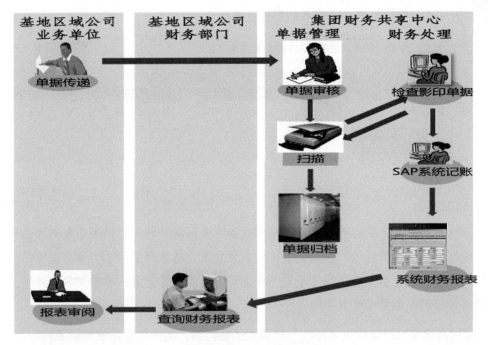

财务共享服务整体解决方案6——资金管理自动付款解决方案

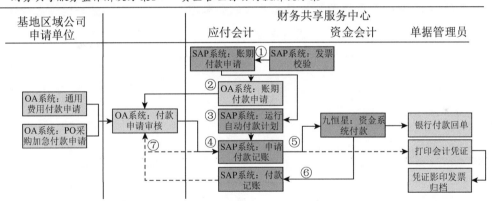

通过采购订单收货并发票校验的账期应付，通过SAP系统自动产生付款计划记账；而没有采购订单的通过费用报销或采购订单未到账期紧急付款需要通过OA做付款申请，做付款申请记账，接口资金平台付款，并回馈付款状态。所有采购订单付款申请来自SAP系统，其他均来自OA申请，通过SAP记账，再通过SAP接口到资金付款，并回馈SAP状态并记账，再由SAP返回付款状态给OA系统。

因为农业基地财务将采购订单、收货单和发票收集做三单匹配，在系统做SAP的预发票校验；基地财务扫描影像后归档，影像传输到集团共享财务中心，共享财务应付会计根据影像审核并做发票校验过账；食品供应商比较规范，发票直接寄送到共享财务中心，财务根据业务单位提供的采购订单和收货单匹配发票后，单据中心影像扫描并传输SAP系统，共享中心应付会计根据影像审核并做系统发票校验。

7. 设计搭建完整的财务共享服务的票据管理循环

财务共享服务整体解决方案8——票据管理解决方案

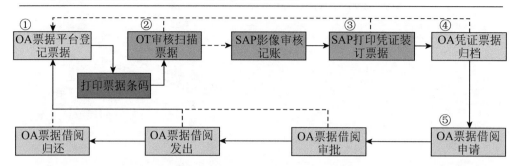

海亮集团所有财务记账需要的原始单据都需要做票据管理，通过影像扫描做电子档案管理，包括费用报销的原始凭证（如住宿发票、交通发票等）、供应商发票、采购合同，等等。票据平台做档案登记并做条形码打印扫描管理，票据在各流转环节都是通过扫描其条形码进行管理的。

8. 通过月结账驾驶舱实现集团统一的月末结账控制，提升整体结账的效率

通过FSSC财务月末驾驶舱把财务月末结账各项步骤设置到驾驶舱的任务项中，通过系统先后顺序和权限设置，及任务状态管理，能够帮助财务共享中心统一专人管理控制集团所属各公司财务按统一的要求和节奏进行财务月结账。

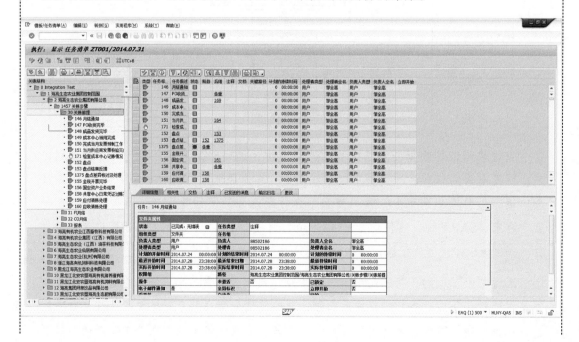

3.3　本书后续章节相关方案采用的软件平台

基于以上FSSC运营支持性系统架构的最佳实践，在接下来的第4章中，本书按照不同的业务领域依次对FSSC实施落地过程中的核心领域的系统实现的基本方法、关键要点进行重点介绍，这些核心领域涵盖了主数据管理、BPM结构化流程设计、在线预算管理、在线业务规则管理、集成资金管理、集成商旅平台应用、电子影像与档案管理、集成的税务管理、基于财务共享服务的资产管理、员工与部门信用管理、月结与关账12大领域。

本书财务共享服务系统搭建方案阐述过程所涉及的系统平台中，如果没有特别说明的将主要基于表3-1软件进行。

表3-1　本书相关方案基于的软件平台一览

平台定位	平台名称	软件产品	版本	主要功能与定位
共享业务处理平台	综合报账平台	SAP NetWeaver CE	7.5	FSSC综合报账
	集成影像扫描与管理系统	SAP OpenText	10.5	FSSC扫描与影像
	流程管理系统 BPM	SAP NetWeaver BPM	—	业务流程的系统化实现的核心引擎
FSSC基础业务平台	ERP系统	SAP ECC	6.0	核心企业管理系统
共享服务管理平台	FSSC管理系统	SAP SSF		FSSC内部绩效等
	绩效报表系统	SAP BW/BO		FSSC绩效报表生成平台

3.4　本书系统相关主要解决方案框架

本章主要介绍系统落地的基本方法，系统落地的相关领域我们仍然需要讨论具体的系统实现关键点，表3-2是本书系统落地主要解决方案构成的框架，通过这个框架我们不难看出财务共享服务涉及的内容仍然相当广泛，特别是在系统落地实践中，一些特殊的业务需求将导致我们可能会花费大量的时间进行方案的论证。也希望在呈现一个较为完整的系统解决方案的同时能够给读者带来一定的启发。

表3-2　本书系统相关主要解决方案的框架

关键领域	要点	说明
FSSC主数据	主数据申请单	当发生FSSC相关主数据异动时允许主数据申请人在线填写主数据申请单
	主数据接口	实现FSSC综合报账系统主数据与MDM、ERP、相关业务系统进行主数据的接口集成（包括基于主数据申请单的接口集成）

续表

关键领域	要点		说明
FSSC报账单	申请单类	业务申请单类	对于企业重点管控的业务，允许用户在线进行业务发生前的事前申请，提高对业务事前的管控，申请的内容可以根据具体业务进行细分
		差旅申请单类	对于需要事前申请的差旅业务，允许用户在线填写差旅申请单，申请的内容可以根据具体的需要进行详细的定义，例如申请的交通方式、地点、预计金额等
		共享服务请求单类	主要面向业务单元到财务共享服务中心的服务请求，当BU需要共享服务中心提供相关财务服务时，BU相关人员可以主动发起共享服务请求单
	报账单类	费用报账单类	支持各类成本、费用的在线报账，允许业务人员在线填写费用的各项详细信息、金额，后续系统能够基于这些信息结合凭证生成规则自动产生会计凭证
		资金请求单类	对于对外各类资金支付、调拨等，允许在线填写、提交各类型的资金请求单，对于资金支付等业务允许进行相关账务的勾稽和检查，对于存在清晰账期管理的业务允许进行自动资金支付的建议和推送
		总账报账单类	支持可以结构化的一般总账业务由业务人员在线填写、提报总账报账单，允许业务人员在线填写业务的详细信息、金额，后续系统能够基于这些信息结合凭证生成规则自动产生会计凭证
		资产报账单类	对于资产采购、调拨、报废、销售等业务支持业务人员在线填写、提报资产报账单，允许业务人员在线填写业务的详细信息、金额，后续系统能够基于这些信息结合凭证生成规则自动产生会计凭证
	集成凭证接口	凭证规则配置	对于结构化的报账业务可以进行凭证过账规则的配置，包括凭证的借贷方、会计科目、辅助核算项目、接口例程等信息，允许后续系统能够基于规则自动产生会计凭证
		凭证接口	将凭证过账所需要的信息（包括经过接口例程转换的信息）通过接口传输到对应的账务系统，例如ERP的财务会计模块
预算管理	预算主数据		主要包括预算组织、预算科目以及预算主数据与核算主数据的对应关系等
	预算控制规则	部门预算控制	按照部门（通常是成本中心）的预算控制规则的设置，包括预算的容差、预算控制规则参数、核算成本中心与会计科目到预算组织、预算会计科目的对应关系等，包括承诺预算和实际预算
		项目预算控制	按照项目（工程、专项）等的预算控制规则的设置，包括预算的容差、预算控制规则参数、核算项目与会计科目到预算组织、预算会计科目的对应关系等，包括承诺预算和实际预算
	预算报表		支持在线预算、实际比较，预算的承诺和实际的构成比较，初始预算和调整预算的比较等
资金管理	银行账户管理		支持银行账户的在线管理，包括开立、变更和删除冻结等，同时支持银行主数据与账务系统的会计科目、银行信息的对接
	资金计划管理		支持在线进行资金计划的提报（包含资金计划分类主数据等）以及资金支付过程的资金计划的控制
	银企直联		支持从资金管理模块到银行的银企直联，允许从资金管理模块推送相关资金支付指令到银行系统在线完成资金的支付
	电子回单管理		自动接入银行的电子回单并且实现电子回单与资金相关会计凭证的自动衔接
	票据管理		支持票据的在线、集中管理，能够对票据的到期、贴现等提供较好的系统功能支持
	银企对账		支持对企业银行存款日记账和银行日记账之间的高效核对并能够生成银行余额调节表

续表

关键领域	要点		说明
结构化审批流	审批流主数据		支持用于系统审批流生成的组织主数据（含层级关系）、人员主数据等审批流相关主数据的在线管理
	审批规则设置		允许对业务审批规则进行结构化的在线维护，满足后续灵活的配置调整需求
	审批时效报表		提供审批流程时效报表支持对流程分阶段的时效统计，例如按照业务审批、财务审批、人员等分别统计对应的处理时效
业务规则检查	报账单业务规则	费用报账单类	支持对费用报账单填写过程的业务规则的检查、提醒，提高单据填写效率和准确度，例如对组织、金额等的检查等
		资金请求单类	支持对报账单填写过程的业务规则的检查、提醒，提高单据填写效率和准确度，例如资金付款单付款金额与应付余额的勾稽检查等
		总账报账单类	支持对报账单填写过程的业务规则的检查、提醒，提高单据填写效率和准确度，例如总账账务结转过程的余额检查等
		资产报账单类	支持对报账单填写过程的业务规则的检查、提醒，提高单据填写效率和准确度，例如检查资产的属性等
		业务申请单类	支持对报账单填写过程的业务规则的检查、提醒，提高单据填写效率和准确度，例如对组织、金额的检查等
		共享服务请求单类	支持对报账单填写过程的业务规则的检查、提醒，提高单据填写效率和准确度，例如对组织、金额、业务类型的检查等
	其他业务规则		支持FSSC报账系统其他功能组件中的业务规则附加，例如接口例程等
商旅平台集成	主数据集成		商旅订票平台与FSSC综合报账系统的主数据集成，例如组织结构、人员、银行账户等
	商旅预订集成		支持从FSSC综合报账系统到商旅预订系统的跳转并支持商旅等的预订和预订结果、票务信息的接入
	商旅综合分析报表		能够基于商旅反馈的预订结果、票务信息进行在线的报表分析
扫描与电子影像	文件扫描子系统		支持对报销单据、发票等纸质文件的扫描和扫描影响的处理，例如条码的识别、影像文件的分组等
	影像管理子系统		支持对来自于文件扫描子系统的影像文件进行归档、读取、分发等处理
	电子签名		使用电子签名技术对影像文件进行签名，保证数据的完整性和可靠性
档案管理	会计凭证类档案	报账单集成凭证	支持基于报账单自动生成会计凭证及相关凭证的附件进行实物的归档，支持归档过程的在线管理
		非报账单类凭证	支持对手工完成制证的会计凭证或来自于其他系统的会计凭证及相关凭证的附件进行实物的归档，支持归档过程的在线管理
	非会计凭证类档案		对于会计报告、合同等非会计凭证类的档案，支持对其归档过程的在线管理
集成税务管理	发票协同平台		提供与供应商、客户的税务核对、开票和发票认证等流程的在线功能支持
	发票电子影像		支持增值税票等的扫描和影像化
资产管理	资产条码		可根据预先设定的编码规则生成资产条形码，并支持手持设备对条码的读取
	基于条码的资产盘点		使用条码技术对资产盘点过程提供辅助，提高资产盘点效率
	IT资产解决方案		通过IT资产端的监控程序实现对资产使用状态等的监控

续表

关键领域	要 点	说 明
员工与部门信用管理	信用主数据	支持对信用评分标准的在线定义
	信用评分、评级计算规则	允许在设定的流程节点进行针对单据的信用评分,并可以根据预先设定的规则基于评分结果进行评级计算规则计算并更新信用档案
	信用评分报告	支持在线的信用评分报告的生成
月结与关账	关账协同:关账驾驶舱	对月结关账流程提供必要的功能支持,实现对月结业务处理的监控并提供相关协同功能支持
FSSC服务管理	服务请求	支持服务请求的在线管理,允许进行跨系统、跨平台的服务请求接入
	服务分配	能够基于一定的任务分配规则进行服务请求到服务人员的分配和管理
	服务跟踪与记录	支持对服务过程和服务结果的跟踪与记录
FSSC运营管理	FSSC组织管理	能够满足FSSC日常内部组织管理的要求,能够实现组织结构的搭建和日常的维护,例如小组划分等
	FSSC人员管理	支持对人员的日常管理,例如在岗状态设定等
	FSSC绩效管理	支持组织、人员的绩效计算和绩效结果的录入、跟踪与管理
	SLA管理	能够服务进行SLA的在线管理

第4章
FSSC核心管领域的系统落地方法

4.1 FSSC标准化主数据管理

主数据（Master Data，MD）是指系统间相互共享但在一定的时间范围内相对稳定的数据（因此又被称为静态数据，如客户、供应商、账户和组织部门相关数据），与记录业务活动、变动较为频繁的交易数据相比，主数据（又称基础数据）变化频度相对较低。在通常关系数据模型中，交易记录（如订单行项）可通过关键字（如订单头或发票编号和产品代码）调出主数据。主数据必须存在并加以正确维护，才能保证交易系统的参照完整性。

作为财务共享服务中心业务运行的基础，标准化的共享服务中心主数据管理方案将为持续的共享服务中心服务水平提升奠定坚实的数据基础。

财务共享服务中心常见系统涉及的主数据如图4-1所示。

ERP系统	报账系统	资金支付系统	HR系统	预算系统	商旅平台
公司代码	公司代码	公司代码	员工主数据	产品	法人单位
利润中心	利润中心	利润中心	组织主数据	品牌	员工编号
成本中心(组)	成本中心(组)	成本中心	组织层级关系	品类(财务)	……
会计科目	供应商	供应商	人员汇报线	物料	
内部订单	客户	客户	……	科目	
物料	银行信息	银行信息		事业部	
资产	货币	……		系统/中心/部门	
银行信息	原因代码			营销区域-行政省	
供应商	员工			专项费用项目	
客户	资产			……	
员工	酒店				
货币	航空公司				
原因代码	地区				
在建资产	投资项目				
税码	合同主数据				
……	税码				

图4-1 财务共享服务中心常见系统涉及的主数据

财务共享服务中心在建设与运营阶段，不仅面对大量的系统流程与功能的整合，同时还面临广泛的数据对接，因此主数据管理平台在此过程中将具有十分重要的作用。

为了保障财务共享服务中心建设与运营阶段相关企业主数据标准、编码维护流程能够被有效落实，并确保企业范围内主数据的一致性，促进主数据共享，必须建立企业集中统一的主数据编码管理平台（Master Data Management Platform，MDM）。

MDM建设对FSSC建设与运营的意义。

● 有利于建立集中统一的财务相关主数据编码规范和管理维护流程，实现主数据编码整个生命周期的全过程管理。

- 有利于建立支撑主数据编码规范和管理维护流程的主数据编码管理平台，集中统一管理主数据编码数据库，实现财务共享范围内主数据的有效统一。
- 有利于为企业和各级单位提供集成、全面、准确和及时的主数据服务和信息化基础工作的支持，促进相关业务、财务流程在基础数据方面的一致性。

主数据管理的实质是适时地将正确的信息以正确的视图提供给正确的对象。这才是主数据管理（MDM）的目标。主数据管理描述了一组规程、技术和解决方案，这些规程、技术和解决方案用于为所有利益相关方（如用户、应用程序、数据仓库、流程以及贸易伙伴）创建并维护业务数据的一致性、完整性、相关性和精确性。

典型的主数据管理、发布和应用架构示例如图4-2所示。

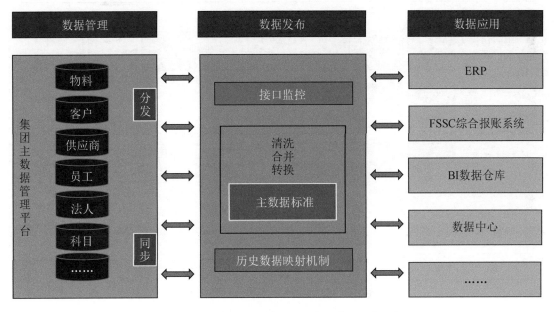

图4-2 典型的主数据管理、发布和应用架构示例

主数据管理的关键就是"管理、发布和应用"。主数据管理不会创建新的数据或新的数据纵向结构。相反，它提供了一种方法，使企业能够有效地管理存储在分布系统中的数据。主数据管理使用现有的系统，它从这些系统中获取最新信息，并提供了先进的技术和流程，用于自动、准确、及时地分发和分析整个企业中的数据，并对数据进行验证。

一个好的主数据管理解决方案具有以下特性：

- 在企业层面上整合了现有纵向结构中的客户信息以及其他知识和深层次信息；
- 共享所有系统中的数据，使之成为一系列以客户为中心的业务流程和服务；

- 实现对于客户、产品和供应商都通用的主数据形式，加速数据输入、检索和分析支持数据的多用户管理，包括限制某些用户添加、更新或查看维护主数据的流程的能力；
- 集成产品信息管理、客户关系管理、客户数据集成以及可对主数据进行分析的其他解决方案。

由于和主数据管理关联的方法和流程的运行与企业的业务流系统及其他系统彼此独立，因此这些方法和流程不仅能检索、更新和分发数据，还能满足主数据的各种用途。主数据管理通过将数据与操作应用程序实时集成来支持操作用途。主数据管理还通过使用经过授权的流程来创建、定义和同步主数据来支持协作用途。最后，主数据管理通过事件管理工具事先将主数据推送至分析应用程序来支持分析用途。

主数据管理平台典型功能架构如图4-3所示。

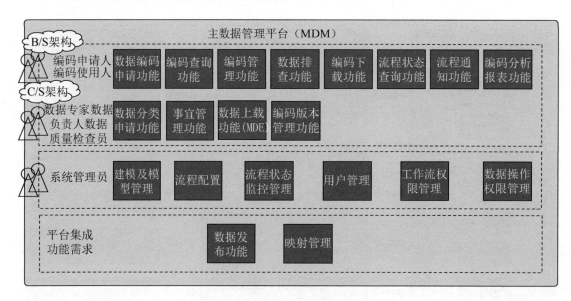

图4-3　主数据管理平台典型功能架构

4.2　FSSC报账单据设计

"业务单据化、单据流程化、流程信息化、信息网络化"言简意赅地讲明了企业信息化的主要工作内容，作为FSSC业务的主要承载要素之一，FSSC报账单据是相关业务流转的基础，单据的设计也将直接体现业务设计的思想。

从业务流程节点大致分类出发，FSSC综合报账平台涉及的报账单主要可以划分为业务申请单、业务报账单、资金申请单三大类,这三类单据也符合业务流程的先后顺序,即一个完整的常见业务流程一般是由业务申请、业务报账、资金支付申请三部分构成的。

从系统实现的角度来看,上述单据均可以理解为由单据的抬头部分和单据的行项目两部分构成,在进行单据设计时也需要分别考虑这两部分的字段以及逻辑关系。

一般单据抬头部分主要记录的是业务的基本、通用属性,例如单据的提交时间、单据的提交人、提单人所属的法人、账套、单据的分类信息等,这些信息对于整张单据都是一致的、共性的。

FSSC综合报账系统单据分类如图4-4所示。

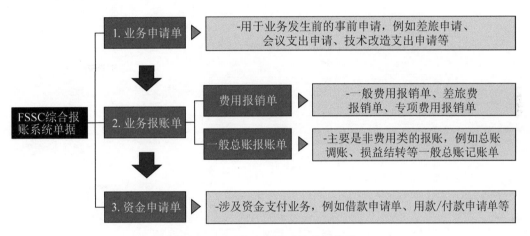

图4-4　FSSC综合报账系统单据分类

报账单抬头信息示例如图4-5所示。

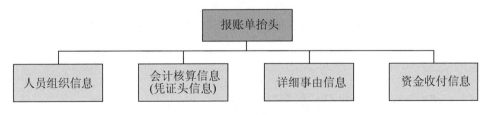

图4-5　报账单抬头信息示例

报账单行项目信息示例如图4-6所示。

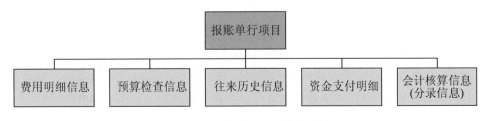

图4-6　报账单行项目信息示例

而单据的行项目信息则主要用于业务逐行的详细信息的记录，这些信息通常是行与行之间由于业务的差异而生成的，例如在填写差旅费报销单的时候，每一行的差旅费费用的明细、差旅的地区与时间等均存在一定的差异。

对于一些较为复杂的报账单，如图4-7所示的在建工程进度报账单，由于字段较多、需要填写的信息之间有着一定的勾稽关系，在此情形下。合理的字段位置设计、实用的Autofill功能和必要的界面字段逻辑校验关系设置将对准确、快速的填写带来极大的帮助。

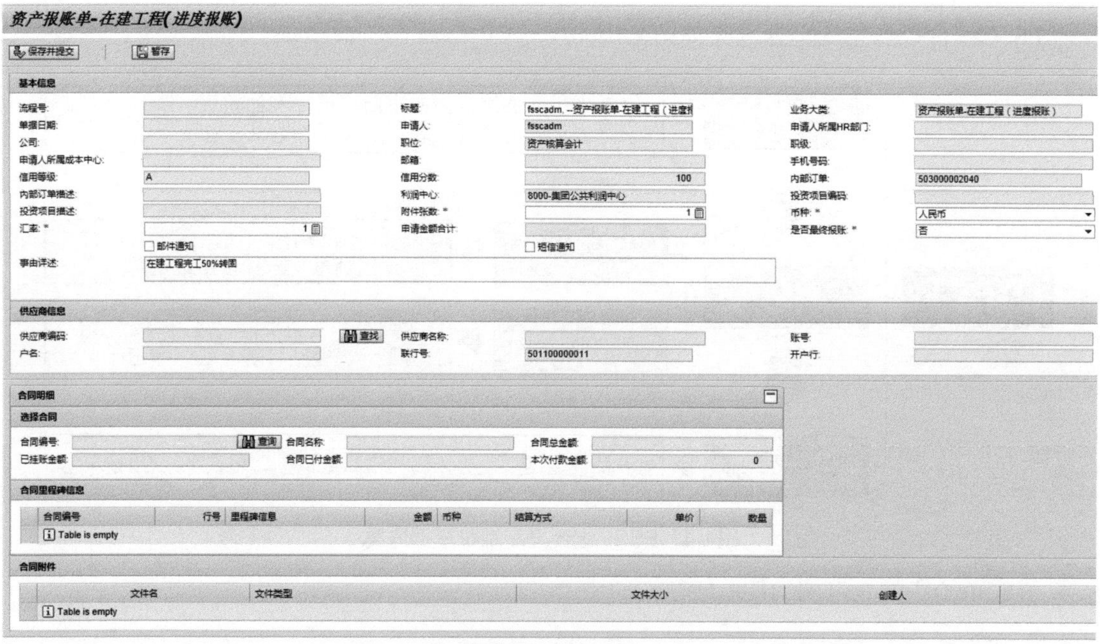

图4-7 某企业在建工程报账单界面设计示例

4.3 BPM结构化流程设计

共享服务的核心之一是由集中的某一组织或多个组织为该组织之外的其他组织单元提供共享的、基于流程的服务，因此共享服务中心的建设通常会导致企业组织的变革和流程的再造，因此在探讨共享服务相关业务流程以及共享服务运营流程的时候必将不可免地要对企业流程的管理方式进行重点的梳理和优化，并借助一定的流程管理方法、信息系统工具实现相关业务流程、共享运营流程的体系化、标准化和在线化。

4.3.1 结构化的BPM流程梳理方法

业务流程的复杂性通常是由企业业务的复杂性决定的,面对复杂的股权结构、多元化业务经验诉求、集团管控的要求等,如果缺乏有效的流程管理系统的支撑,集团性企业往往存在业务流程标准化实施困难的问题,而信息系统内的流程管理方案的实施过程则要求企业必须推进业务流程的标准化,因此在此情形下,本书推荐使用以下方案逐步推进企业基于BPM的流程梳理工作以实现信息系统内可运行、结构化的审批流。

系统内结构化的审批流方案的实现依赖于有效的数据基础和相关流程规则的结构化,同时在结构化的过程中充分考虑方案的灵活性、可扩展性、易配置等原则。因此我们总结认为,结构化的BPM流程应当从"基础数据、业务审批策略、系统审批流生成方式"三要素入手逐步进行梳理,具体如图4-8所示。

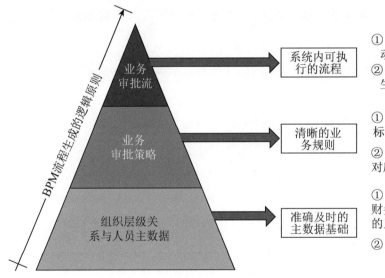

图4-8 BPM结构化审批流程梳理的三要素

我们始终认为审批流程梳理的三要素是构建企业高效在线业务流程的基础,只有真正清晰的数据基础、结构化与体系化的业务审批策略与合理的信息技术的紧密结合才可能催生自动、准确、智能的业务流程。

- 基础数据,主要是组织层级关系及人员主数据,梳理的目标是借助清晰的组织层级关系(HR组织层级关系、财务组织层级关系)以及组织与组织责任人相关信息的维护、清晰的人员与组织对应关系保证用于BPM审批流生成的准确、及时的主数据基础。
- 业务审批策略,即用于审批相关的业务逻辑规则,目标是构建企业清晰、可执行的审批规则库,并建立业务类型与审批规则库之间清晰的对应关系。

- 系统审批流生成方式:系统根据预先设定的规则自动取得相关组织、人员信息,结合业务类型与审批规则对应关系,由相关流程引擎生成系统内可执行的审批流。

以下,我们将按照上述三要素的方式逐步展开信息系统内的BPM结构化业务梳理和建模方法。

4.3.2 基础数据

FSSC综合报账系统BPM运行的核心基础数据是组织层级关系及人员主数据,集团性企业涉及的组织和人员数据通常体量都比较大,但好在随着近年管理信息化的深入,多数集团性企业已经建立了专业的人力资源管理系统,对企业HR管理领域的组织、人事、考勤、薪酬等基本模块都实现了在线的管理,获取相对规范的组织和人事数据还是比较便捷的。

某企业基于SAP HR模块的人事管理系统中部门创建的界面示例如图4-9所示。

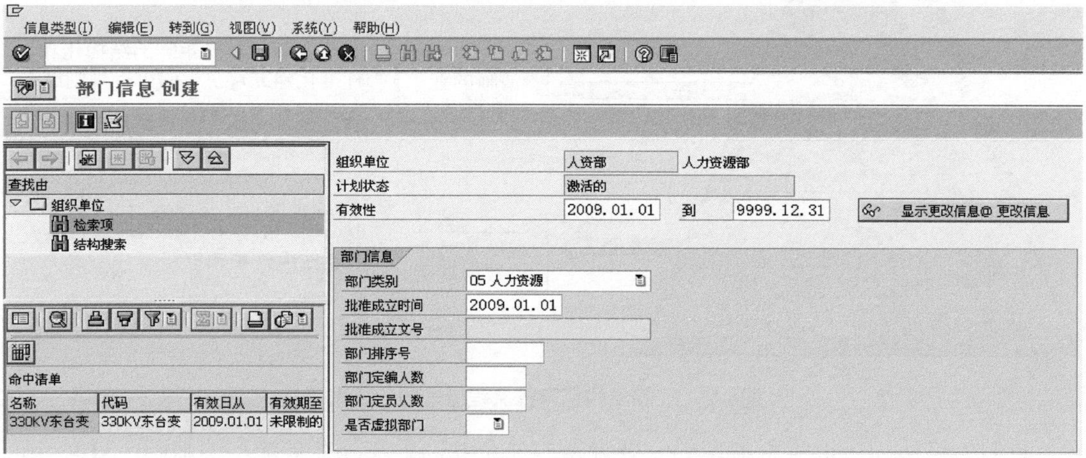

图4-9 某企业基于SAP HR模块的人事管理系统中部门创建的界面示例

考虑到HR系统通常对组织异动、人事异动均能保持相对较为及时的、维护同时有相应完整的管理制度、管理流程予以保证,因此,对于已经实施了人力资源管理信息系统的企业,我们建议FSSC综合报账系统用于BPM流程匹配、生成的组织、人员主数据均应当优先取自HR系统。

在获取HR系统相关组织与人事主数据的过程中,对于不同的接口方式,可能还需要详细探讨接口的数据规范、对接频度等,以及在数据同步的规划方案中如何保证人员主数据与财务账务系统中人员主数据建立对应关系等。

某企业通过接口对接的方式实现HR系统与FSSC系统组织、人员主数据的集成如图4-10所示。

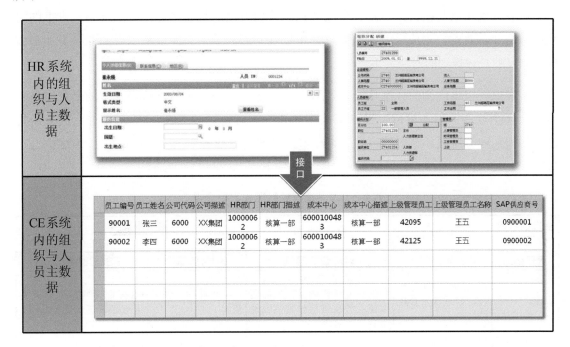

图4-10　某企业通过接口对接的方式实现HR系统与FSSC系统组织、人员主数据的集成

某企业FSSC与HR系统人员接口字段示例如表4-1所示。

表4-1　某企业FSSC与HR系统人员接口字段示例

字 段 名 称	FSSC综合报账系统字段	HR系统字段	示 例 值
用户编号（与LDAP登录账号相同）	employeeno	emplid	27010001
用户姓名	name	name	陈子谦
主岗	mainstation	position_nbr	FSSC档案管理员
部门	orgid	deptid	
员工类别	workstatus	empl_class	管理培训生
人事状态	hrstatus	hr_status	1
职级	stationgrades	joblevel2_fld	9
岗位级别	jobgrades	joblevel_fld	一般员工
直接上级	firstlinemgr	firstlinemgr	27010011
身份证号	identity	national_id	360××××××××04
电子邮件	email	email_addr	abc@defg.com
移动电话	telphone	phone2	185×××8989
性别	gender	sex	Male
开户行（联行号）	bankl	bank_cd	3101×××××
银行账号	bankn	account_ec_id	65272×××××93
创建日期	creatdate	creatdate	20150201
最后更新日期	modifydate	modifydate	20150430

4.3.3 业务审批策略

业务审批策略是指依据审批、审核的标准分类方法对企业包含的审批类型、审批的路径进行梳理和总结,形成企业集团完整的审批规则库,并建立涉及范围内的业务类型与审批规则库中具体规则的对应关系。

从审批、审核规则的标准化分类角度出发,参考相关企业BPM流程管理的最佳实践,本书建议企业在梳理本单位审批、审核规则的分类时可以参考表4-2所示标准化的分类方法,将相关业务流程环节中的审批、审核节点划分为"业务审批、专业审批、财务审批/审核"三大类,并基于这三类具体探讨每一分类中的审批规则的实现方法。

表4-2 本书推荐的标准化审批分类

标准的审批分类建议	业务审批	专业审批	财务审批/审核	
			BU财务	FSSC财务
责任部门	业务部门	对应归口部门	BU财务部门	FSSC财务部门
职责	审核业务的真实性、合理性、合规性	对特定的业务/费用,从专业的角度或集团管控的需要审核业务发生与付款情况是否合规、合理	业务单元财务预审核	FSSC财务终审并形成凭证过账、资金支付
对应审批、审核人员	申请人直线领导、业务部门负责人	相应归口部门专责、负责人	业务单元财务	FSSC财务
主要关注点	判断业务是否合理,费用、付款发生是否真实、合规	根据特殊业务的需求不同,关注点也不同	从财务角度审核政策合规性、单据、记账要素	审核财务合规性、支付要素、资金预算情况,安排资金支付进度
配置规则	业务大类 业务细类 组织类别 金额类别	业务大类 业务细类 组织类别 金额类别	业务大类 业务细类 组织类别 金额类别	业务大类 业务细类 组织类别 金额类别

在表4-2中,我们将审批流的配置规则的维度细分为业务大类维度、业务细类、组织维度、金额类别维度四大类,通过这四大类的划分我们可以实现系统内灵活的审批流的定义。

- 业务大类:不同业务类别的审批流不同,通常是某一类费用,例如"通信费"。
- 业务细类:隶属于业务大类,通常映射到具体的会计科目,同一业务大类下的细类具有一致的审批流规则,例如"通信费"业务大类下的"通信费——手机费""通信费——固定电话费"。
- 组织类别:相同的业务类型,对于不同的组织审批流不同,例如财务上的公司代码、利润中心、成本中心,HR组织中的部门等。
- 金额类别:相同的业务类型、相同的组织,对于不同的申报金额审批流不同,例如差旅费。

另外，对于"业务审批、专业审批、财务审批/审核"的划分，也可以通过配置表设置不同的业务大类下的审批流转节点选择，例如对于某些业务可以设置不需要专业审批，此外也可以在设置具体的审批分类的过程中以上述三类为基础设置更细的审批分类，例如图4-11在三类之外多出了"分管领导审批"一类。

业务类别	审批顺序				
	节点1	节点2	节点3	节点4	节点5
1001 一般差旅费报销	10 业务审批 ▼	20 分管领导审批 ▼	40 BU财务审批 ▼	50 FSSC 财务审批 ▼	
1002 土建维修费报销	10 业务审批 ▼	20 分管领导审批 ▼	30 专业审批 ▼	40 BU财务审批 ▼	50 FSSC 财务审批 ▼
1003 办公物耗费报销	10 业务审批 ▼	30 专业审批 ▼	20 分管领导审批 ▼	40 BU财务审批 ▼	50 FSSC 财务审批 ▼
1004 工程费用报销	10 业务审批 ▼	30 专业审批 ▼	20 分管领导审批 ▼	40 BU财务审批 ▼	50 FSSC 财务审批 ▼

图4-11 某企业系统内设置的业务审批节点示例

4.3.4 FSSC系统内审批流的生成设置

1. 配置系统内的审批流规则并读取

根据预先设定的规则，BPM可以自动生成对应业务类型的系统内审批流相关节点，但在生成审批流相关节点的过程中，BPM引擎主要需要读取以下信息。

- 提交的BPM表单信息：读取表单上记载的相关信息，例如业务类型、公司代码等，后续BPM将基于这些信息读取对应的流程配置表配置信息。
- 流程配置表信息：即指定的业务类型所设定的审批流规则，根据前一步骤中获取的业务类型、公司代码等信息取得对应审批流设置信息。
- HR组织或人员信息：根据审批流配置表中所配置的岗位信息、管理职级信息、组织层级信息取得对应的人员编码，即取得需要参与审批的目标人员编码。

毫无疑问，上述三大类信息对于任何自动的、可扩展的BPM模型来讲都是必需的，但是在具体建模的过程中，我们有多种方法来进行流程配置表的配置，以下我们将介绍三种常见的方法。

1）使用标准的岗位层级来进行业务审批流的设置。

如图4-12所示，在该模式下我们直接使用标准化的岗位来进行审批流的设计，例如图中所示的"A001 办公费"，对于"公司代码6000"而言，它所要求的审批顺序为"主管审批完后经理审批"。

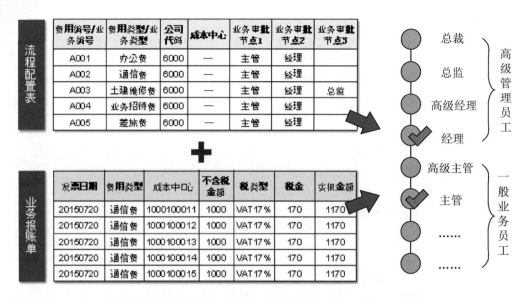

图4-12 使用标准的岗位层级来进行业务审批流设置的逻辑示例

2）使用浮动的审批层级来进行业务审批流的设置。

使用浮动的审批层级来进行业务审批法是一种更为广泛使用的审批方法，即每一种类型的业务仅需要指定向上浮动的层级即可，这种方式具有较强的灵活性。

如图4-13中所示的"A001办公费"，对于"公司代码6000"而言，它所要求的审批顺序为"向上两级浮动审批"，也就是说如果提单人为一般职员则需要的审批顺序为"主管审批完后高级主管批"。

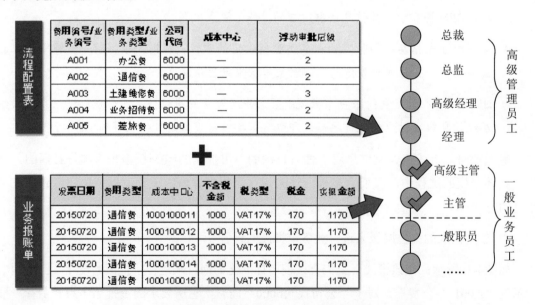

图4-13 使用浮动的审批层级来进行业务审批流设置的逻辑示例

3）使用组织层级定义审批层级实现业务审批流的设置。

考虑到一般企业部门的数量远小于人员的数量，特别是对于有些企业尚未梳理出清晰、规范的标准化岗位，那么可以采用组织层级定义审批层级的方式来配置审批流。

在该模式下，审批流的配置表中使用的审批节点对应的数据为发起部门组织层级关系上的上级部门的层级，例如图4-14中“A001通信费”对于“华北事业部”而言，所有隶属华北事业部的员工在提交费用报销单的时候均只需要四级部门的部门负责人审批即可，即在该案例下，只需要成本中心的负责人审批。

流程配置表

费用编号/业务编号	费用类型/业务类型	二级组织	三级组织	金额条件	发起部门层级	业务审批1	业务审批2	业务审批3	业务审批4
A001	通信费	海外事业部	-	≥1.5万元	4	4	3		
A001	通信费	华东事业部	-	<1.5万元	4	4			
A001	通信费	华北事业部	-	-	-	4			
A001	通信费	华南事业部	-	-	-	4	3		

＋

业务报账单

发票日期	费用类型	成本中心	不含税金额	税类型	税金	实报金额
20150720	通信费	1000100011	1000	VAT17%	170	1170
20150720	通信费	1000100012	1000	VAT17%	170	1170
20150720	通信费	1000100013	1000	VAT17%	170	1170
20150720	通信费	1000100014	1000	VAT17%	170	1170
20150720	通信费	1000100015	1000	VAT17%	170	1170

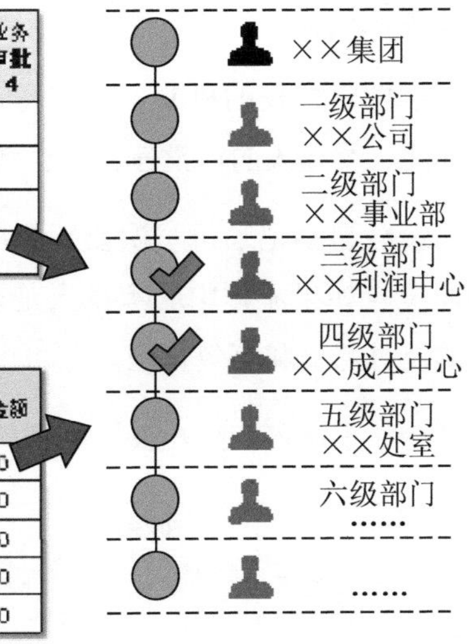

图4-14 使用组织层级定义审批层级实现业务审批流设置的逻辑示例

4）审批流设置的一些例外规则的设置方法。

每一个企业在设定BPM结构化审批流的时候难免会有一些例外，对于具有共性的例外规则可以通过设定默认的逻辑来实现一些集中的规则处理，例如以下默认规则的设置。

第一，如果在业务审批中没有找到预先设定的审批人怎么办？

如图4-12所示的“A001办公费”，对于“公司代码6000”而言，它所要求的审批顺序为“主管审批完后经理审批”，如果业务填单人所属的级别已经高于经理级别，即他所处的人事汇报线往上溯的话没有“主管”和“经理”这两个岗位角色，也就是说找不到流程配置表中所要求岗位的人员，那么BPM则应当设置对应的例外规则处理方法。

多数企业可能会选择“如果没有找到目标审批人，则默认取他的直属一线经理”，而另外一些企业则会选择“如果没有找到目标审批人，则表明该业务不需要审批”。无论企业选择何种模式，只要经过业务上的充分论证，我们认为都是合理的。

第二，如果目标审批人是自己怎么办？

如图4-14所示的海外事业部大于1.5万元的通讯费，如果发生时填单人员所隶属的部门即为四级组织，同时他也是该四级组织的负责人，根据流程配置表，该业务在提交后首先需要他所在组织层级关系中的四级组织的负责人进行业务审批，由于他就是该四级组织的负责人，那么在该业务场景下，是否还需要审批？

根据一般BPM的建模规则，如果审批线上出现自己，那么则应该进行过滤，即所有的业务均不应该由自己来进行审批。

2. 委托授权

采用指定授权的机制，即委托人选择并指定被委托人，直至超过委托有效期为止。在委托期间，委托人的审批任务都会转至被委托人的待办清单中。

系统会自动记录每一次委托和取消委托的动作，并在审批的流程历史中明确每一次审批的职责（如果流程中的审批人是被委托的，系统会带出委托人的信息），以达到对委托职责的及时监督和有效管理。

某企业系统内的委托授权示例如图4-15所示。

委托人	被委托人工号	被委托人	被委托人部门	被委托人公司	委托时间	结束时间	优先级	业务类型	金额条件	金额
张三	90001	李四	信息部	XX公司	2015-04-01	9999-12-31	90	10001 差旅费报销	<	10,000.00
张三	90002	王五	信息部	XX公司	2015-05-01	2015-05-31	80	-	-	-

图4-15 某企业系统内的委托授权示例

图4-15中，我们可以看到这里的委托被设置了一定的委托前提，这些我们可以根据需要在实际系统的设定中进行详细的定义，例如可以允许只有当服务一定前提条件（例如，在特定的时间范围内由特定的组织单元发起的特定类型、特定金额的业务）的情况下才能对具体的某一类业务进行授权委托。

另外，授权生效的时间差异，委托授权也可以分为事前委托和事后委托，例如以员工A处理一项审批为例。

- 事前委托：即当某一事件的流程尚未到达员工A时，员工A预先在系统内设置委托推责（如预计未来某一段时间的休假），当事件的时间落在委托生效期间内，则自动将该任务委托给员工B（系统可以设置在生效期间内员工A、B皆有权限进行审批）。

- 事后委托：即当这一事件的流程已经到达员工A时，由于某些原因员工A无法处理该项工作，可以临时将该一任务委托给员工B，由员工B作为员工A的代理完成审批。

3. 审批加签

对于部分业务流程，在业务发生的过程中由于业务自身的不确定性，为了规避可能的风险存在于流程的某些节点需要临时增加审批人的业务场景，在该业务场景下，系统允许业务提单人员或审批人员按照需要增加额外的审批人，这种需求我们称为"加签"，不同场景下的审批加签方式如图4-16所示。

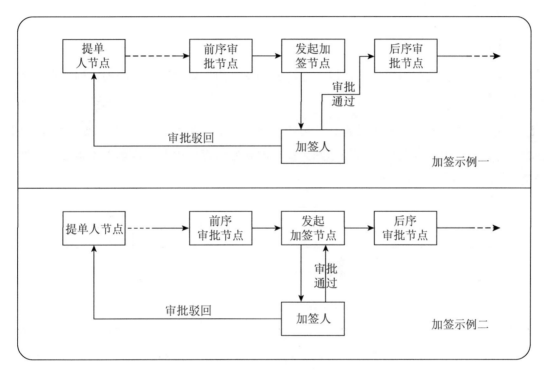

图4-16　不同场景下的审批加签方式示例

BPM引擎在处理流程时，当用户点击"加签"按钮，如果节点的权限中允许加签，则流程走到这个步骤时，加签功能是可用的，通常加签的具体应用方法如下。

- 加签完成到下一步：如到步骤"处理1"时加签，选择加签完成到下一步，如果"处理1"后面只有一个节点，则走下一个节点；而如果"处理1"的后面有多条分支，这样加签后是回到哪一步呢，需要根据用户所处的节点处理时的条件而定。
- 加签完成到本步：如到步骤"处理1"时加签，选择加签完成到本步，则加签完成后还是回到"处理1"。
- 加签的节点也可以再加签：如到步骤"处理1"时加签，而加签时的"是否继续加签"选择"是",这样加签节点就可以再回签。

- 加签节点有可能是会签：一般加签节点默认添加的是处理步骤，如果"是否会签"选择"是"，则加的节点就是会签节点。值得注意的是，会签节点应该是不能再加签的。

对于有的BPM引擎，某一流程如果在前一次执行过程中加过签，系统将自动记录加签的历史，当用户在此到达这个流程节点时，系统可以提醒用户"是否允许自动引用上一次加签的记录"，如果点击"是"按钮，则自动加签，如果点击"否"按钮，则自动取标准的审批节点。

4. 审批退回

单据的退回机制：当发生审批拒绝时，BPM支持将单据退回到流程的初始节点或者流程的上一节点。

模式一，退回到流程初始节点。该模式主要适用于业务审批环节的审批退回，即当业务合理性、合规性存在问题时应当退回到流程的初始节点，由业务提单人重新修改单据后提交，如图4-17所示。

图4-17　审批退回的模式：退回到流程初始节点

模式二，退回到流程上一节点。该模式主要适用于允许进行单据修改的审批环节的审批退回，即当业务合理性、合规性不存在问题，但单据中填写的部分信息有误时，允许退回到流程到流程的上一节点，由上一节点的审核人重新修改后提交，如图4-18所示。

图4-18　审批退回的模式：退回到流程上一节点

4.3.5　会签等复杂场景下的BPM系统实现方法

借助BPM引擎的强大功能，对于传统的类似会签的一些复杂业务场景也可以通过结构化的流程设计方法实现在线的业务流转，例如表4-3所示的场景。

表4-3 复杂场景下的BPM系统实现示例

会签场景分析	BPM流程图示
流程同时分发多人，只需一人完成就结束该步骤，由此人意见决定流程走向	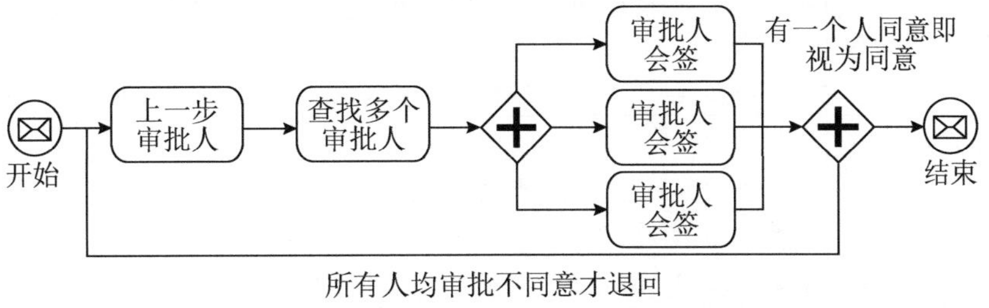 开始 → 上一步审批人 → 查找多个审批人 → + → 审批人会签/审批人会签/审批人会签 → 有一个人同意即视为同意 + → 结束（所有人均审批不同意才退回）
流程同时分发多人并行审批，需要全部审批完成后结束该步骤，所有人同意才视为该步骤审批结束（同意）	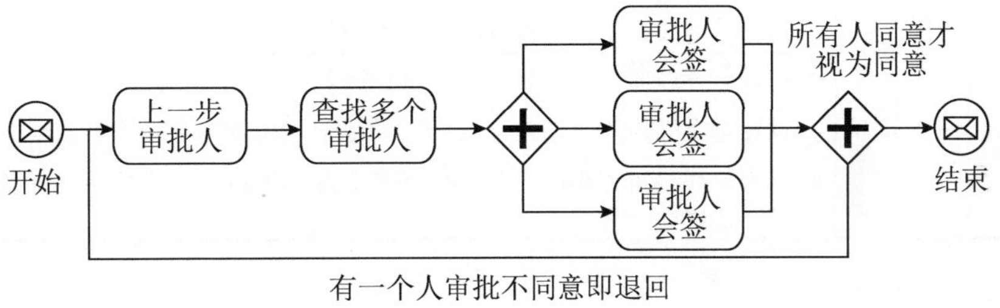 开始 → 上一步审批人 → 查找多个审批人 → + → 审批人会签/审批人会签/审批人会签 → 所有人同意才视为同意 + → 结束（有一个人审批不同意即退回）
流程同时分发同一岗位多人并行审批，需要全部审批完成后根据预先设定的规则结束该步骤，例如按设定的比例决定流程走向	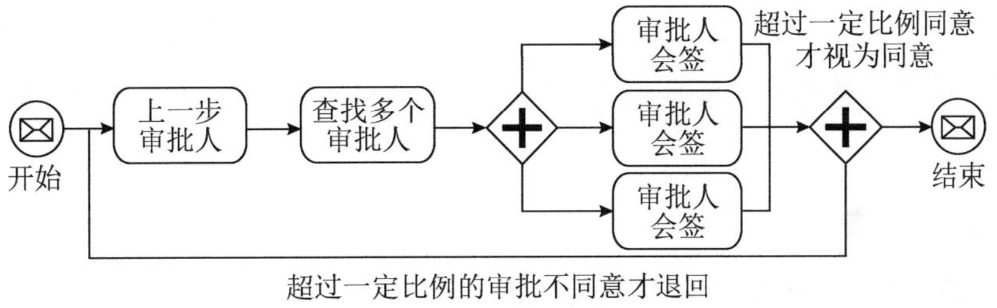 开始 → 上一步审批人 → 查找多个审批人 → + → 审批人会签/审批人会签/审批人会签 → 超过一定比例同意才视为同意 + → 结束（超过一定比例的审批不同意才退回）

4.3.6　FSSC任务分配模型

由于共享服务中心同一业务小组或岗位角色下通常有多个人员，在流程待办任务提交到共享服务中心后，则需要考虑应该由共享服务中心的哪个操作员来完成具体的业务处理，因此必要的FSSC内部任务分配模型就需要提前进行系统的设计和部署。

在进行待办任务分配时，支持根据预先设定的任务分配模型进行相关任务的分配。BPM支持多种方式的任务分配方法，例如以下常见任务分配规则中我们可以根据任务的负载、特定业务类型、特定组织类型进行任务分配方法的在线定义，也可以设置一定的操作用户抢单规则等，具体如表4-4所示。

表4-4 FSSC常见内部任务分配规则

任务分配逻辑 要素类别		简要逻辑说明
A类	工作负载 自动分配	● 取得权限范围内的用户名单 ● 取得每一个权限用户的指定期间（多为月度）的任务接单情况（含已处理、未处理完成状态） ● 根据负载情况筛选，取得WORKLOAD最低的用户名并进行任务的分配
B类	业务类型 指定分配	● 配置业务类型（如单据类型）与用户对应表 ● 根据业务类型取得具有权限的用户清单
C类	组织单元 指定分配	● 配置组织类型（如公司代码）与用户对应表 ● 根据组织类型取得具有权限的用户清单
D类	其他指定 分配方法	● 配置其他关键字段（如金额范围）与用户对应表 ● 根据其他关键字段取得具有权限的用户清单
E类	组内抢单 规则	● 仅将任务推送到目标小组（或用户组） ● 设定每个操作用户的抢单规则（如单个人超过10个未清单据则禁止接收新的任务单） ● 组内操作员可以根据自身工作任务分配情况进行自主抢单，任务一旦受理其他人则无法进行处理

在实际业务过程中，我们可以结合上述规则进行灵活的规则组合，例如我们推荐将抢单（主动认领）作为默认的规则，但是对于超过一定期限仍然没有FSSC操作员进行认领的单据则自动由系统根据一定的规则（如按照WORKLOAD工作负载均衡）进行任务的分配。

4.4 在线预算管理

共享服务中心的建设必然会导致企业在组织、流程方面的重组，而这也将必然导致相关业务在风险控制上的重点的变化，特别是在面对财务管理人员一定程度上从原有的业务单元剥离并集中到财务共享服务中心的情况下，及时、有效的业务风险控制在财务共享服务的模式下显得尤其重要。

预算作为衔接战略和业务执行的工具其本身也是业务风险控制的重要的手段，考虑由于共享服务中心建设引起的相关组织和流程重组，合理规划的预算的检查、控制和反馈机制对于推进业务从事后控制向事中、事前控制同时降低业务风险而言具有显著的价值，因此我们建议在进行共享服务中心流程变革以及配套信息系统的落地时，应当重点考虑在必要的业务环节增加相关业务的在线预算检查。

如图4-19所示，该流程通过预先设定的预算管理逻辑的全程检查，确保纳入预算控制范畴的业务在发生业务报账乃至提前到业务申请环节即可实时得到预算检查的结果反馈，在提高流程交互性的同时还能够有效地降低业务风险。

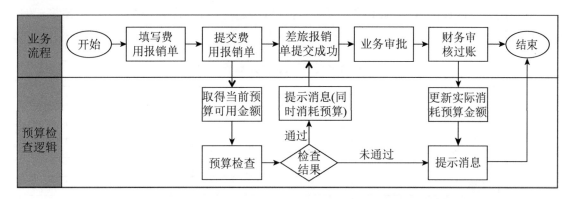

图4-19 典型的报销业务流程与对应环节的在线预算检查逻辑图示例

4.4.1 预算控制数据的来源

预算是企业战略规划到战略执行的重要的衔接工具，它作为组织营运的准绳，指导和规范企业相关业务的计划与执行，也用于组织资源运用实际效果与目标之间的比较、评价。因此，通常企业预算数据基本上是企业战略发展目标、相关业务领域的业务计划经过业务目标协同、财务数字化的结果。

对于已经实施了全面预算的企业，用于预算控制的预算数据毫无疑问均应当来自于企业基于战略目标设定的年初预算以及根据业务推进情况修正的调整预算。

从全面预算的视角看FSSC业务平台的预算管理重点如图4-20所示。

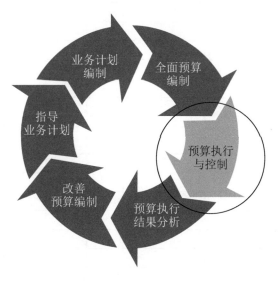

图4-20 从全面预算的视角看FSSC业务平台的预算管理重点

无论企业是否实施了预算编制的信息系统，在进行预算管理时都将基于一定的预算数据表格进行预算的编制和后续预算执行过程的扣减、监控和分析。因此，这里的各类型明细、汇总预算数据表格即为FSSC综合报账平台进行预算控制的数据来源，其费用预算示例如表4-5所示。

表4-5　某企业部门费用预算表示例

行次	项　目	2015年预计			2014年预算					增长率%
		1—9月实际	10—12月预计	合计	一季度	二季度	三季度	四季度	合计数	
	栏　次	1	2	3	4	5	6	7	8	9
1	职工薪酬									
2	工资									
3	职工福利费									
4	社会保险费									
5	住房公积金									
6	职工住房补贴									
7	工会经费									
8	职工教育经费									
9	商业保险费									
10	其他职工薪酬									
11	劳动保护费									
12	差旅费									
13	业务招待费									
14	会议费									
15	交通费									
16	邮电通信费									
17	办公费									
18	聘请中介机构费									
19	咨询费									
20	招标费									
21	检验费									
22	保险费									
23	展览费									
24	广告宣传费									
25	广告费									
26	业务宣传费									
27	市场开发费									
28	运输费									
29	材料消耗									
30	LVA摊销									
31	装卸费									

（行次13–31所属项目归类为"××中心管控费用"）

续表

行次	项目	2015年预计			2014年预算					增长率%
		1—9月实际	10—12月预计	合计	一季度	二季度	三季度	四季度	合计数	
	栏次	1	2	3	4	5	6	7	8	9
32	折旧费									
…	……									
	合计									

1. 手工的预算数据录入/导入

以手工的方式录入或者导入预算数据到FSSC业务平台是预算数据接入最基础的方法，根据预算数据录入和导入方式的差异，主要包括以下类型的预算录入/导入方法。

- 按照预算分录凭证的方式：以"预算责任单元+预算科目+分录凭证类型+分录凭证日期"的明细方式进行预算的录入，该方式具有最大的灵活性，包括SAP FM在内的预算控制系统均采用此模式。

- 按照预算汇总数的方式：直接以"预算责任单元+预算科目+预算类型+可用预算金额"（即类似表4-5中的费用预算数据表）的预算汇总数据的方式实现预算数据的录入，该方式直接以汇总数体现可用预算金额，操作简便、易于理解。

SAP基于分录方式的预算录入界面如图4-21所示。

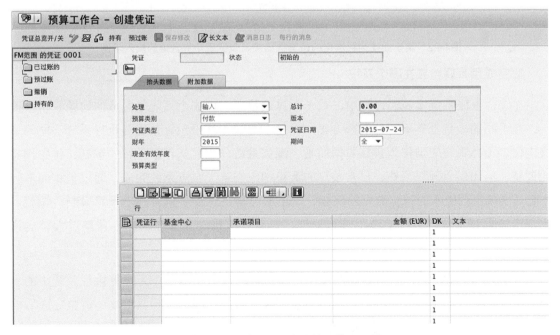

图4-21　SAP基于分录方式的预算录入界面

2. 通过系统接口的预算数据接入

随着包括SAP BPC/BPS、Hyperion等在内的预算系统在企业的广泛应用，全面预算编制过程已经逐步实现了系统内的固化，通过预算编制系统在预算主数据、预算模板、预算函数、预算流程以及历史预算数据、实际业务数据、实际核算数据等方面的功能与数据支持，企业预算编制准确性提升的同时预算编制的周期和成本也大幅降低，借助预算接口等工具，企业在预算编制到执行到反馈完整的业务循环的管理水平也有较大幅度的提高。

因此，对于已经实施了上述预算编制系统的企业，我们建议优先通过接口的方式实现预算数据到财务共享业务平台的数据接入，具体如图4-22所示。

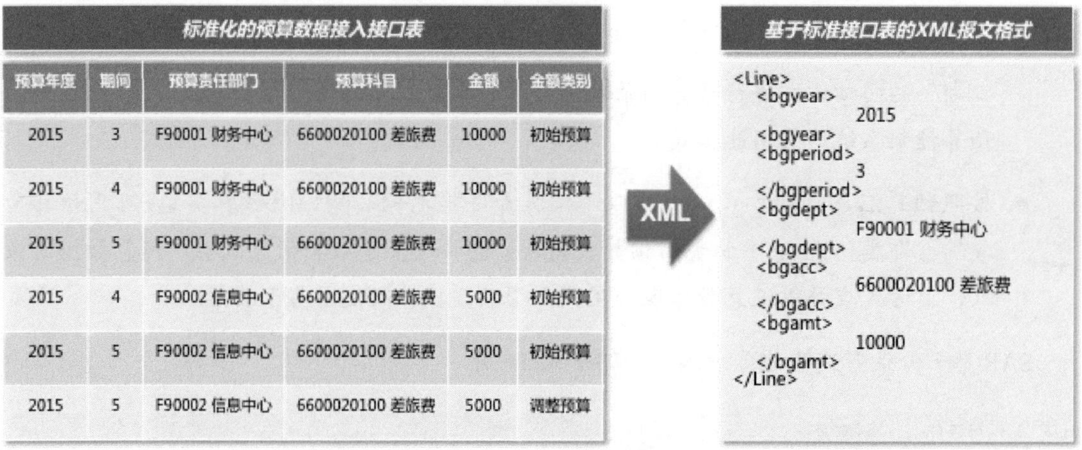

标准化的预算数据接入接口表

预算年度	期间	预算责任部门	预算科目	金额	金额类别
2015	3	F90001 财务中心	6600020100 差旅费	10000	初始预算
2015	4	F90001 财务中心	6600020100 差旅费	10000	初始预算
2015	5	F90001 财务中心	6600020100 差旅费	10000	初始预算
2015	4	F90002 信息中心	6600020100 差旅费	5000	初始预算
2015	5	F90002 信息中心	6600020100 差旅费	5000	初始预算
2015	5	F90002 信息中心	6600020100 差旅费	5000	调整预算

图4-22　某企业使用标准化的预算数据接入表实现预算数据的接入示例

3. 完成预算调整应在哪个系统

在综合报账系统实施的过程中，对于预算调整应当由哪个系统来完成的问题经常被提及，在不同的项目上有不同的解决方案，但是本书认为基于预算系统与执行系统不同的系统定位，预算系统应当作为预算数据的唯一源头系统，因此从年初预算的编制、年中预算的调整、集团层面预算调整、日常预算的调整均应当基于预算系统完成，通过预算的多版本管理实现不同版本的预算数据的保存、调用和分析，这样不但有利于预算编制、调整、反馈全流程基于预算系统的线上流程管理，也有利于推动预算在编制、调整过程中的谨慎性。

与图4-23中SAP推荐的预算管理最佳实践的管理理念相似，作为预算执行系统中的一类，综合报账系统仅接收最终用于预算控制的执行数据，即所有预算编制、调整完成后的数据通过接口的方式接入综合报账系统。

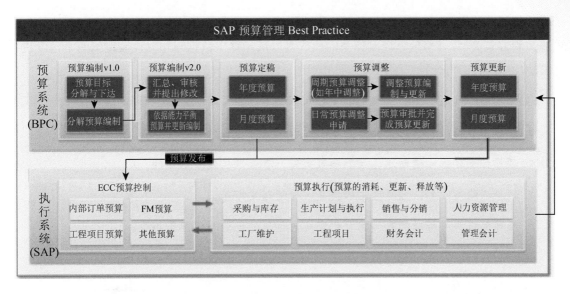

图4-23 SAP预算编制与执行的最佳实践

4.4.2 预算控制的系统实现方式

预算检查和控制的核心逻辑无外乎可用预算金额与当前申请金额的取得和比较，但在取得可用预算金额和当前申请金额的过程中往往涉及大量的数据计算，因此在进行信息系统逻辑固化时应当对相关计算逻辑进行充分的论证。

在基于SAP NetWeaver CE系统的FSSC共享业务平台的预算控制的系统落地时，通常可以借助SAP基金管理（Funds Management）的预算控制系统（Budget Control System）标准模块实现预算的检查与控制功能。

而对于一些复杂的更加具有个性化特色的预算检查与控制需求，则可以借助基于SAP CE的自定义开发的整体逻辑体系实现相应的预算功能，但可以借鉴FM的预算逻辑进行整体设计、实施。

1. 基于套装软件标准预算控制模块实现在线的预算检查与控制

包括SAP、Oracle等在内的ERP成熟套装软件均预置了标准化、可配置的预算控制模块用以实现针对部门等特定预算责任单元、预算科目给定的预算金额进行预算检查、控制的功能，这些功能普遍成熟度、稳定度高，因此在推进预算控制规则落地的过程中，可以优先考虑借助此类标准功能实现相关需求，下面我们以SAP ECC ERP为例说明预算控制在标准模块下的实现方案。

在SAP ECC中，FM（Funds Management）模块下的BCS（Budget Controlling System）

子模块能够为企业提供便捷、高度可配置的预算管理尤其是预算控制的功能，与一般软件预算控制方式类似，FM预算控制体系的构成可以从预算主数据与预算控制逻辑两个角度进行理解，后面我们将分别对这两部分展开阐述。

FM模块能够提供的预算管理功能主要包括如下。

- 预算主数据：包含基金、基金中心、承诺项目、基金程序等。
- 预算控制逻辑：借助预算控制参数文件、有效性控制规则等的。
- 预算冻结与发布：预算数据的提交、冻结与发布等。
- 预算的报告：标准的和可客户化定义的预算的计划与实际等报告。

以下将重点介绍SAP FM预算控制逻辑的核心构成，即预算主数据和预算的控制逻辑。

1）预算主数据。

在SAP FM预算控制中，被广泛用到的预算主数据主要有基金中心（Fund Center）与承诺项目（Commitment Item），基于基金中心+承诺项目的方式实现初始、补充预算数据的录入、耗用、可用预算管理以及预算执行分析等在内的复杂的预算管理功能。基金中心作为预算的责任单位，可以和成本中心架构保持一致也可以按需求进行差异化的设置。

基金中心是SAP FM中预算组织单元的核心，基金中心代表对预算的制定和执行负有责任的组织实体，在预算管理业务实践中它又被称为预算部门或者预算责任单元。

承诺项目与SAP FM中和财务收入、成本、费用科目对应的概念，在预算管理业务时间中它通常被称为预算科目，收入类型的承诺项目与成本、费用类型的承诺项目相对，收入增加预算，成本、费用耗用预算。

承诺项目在系统中承担了预算科目的角色，是一套平行的科目体系，可以和财务科目实现差异化的设置。另外，SAP系统可以按年设定不同的预算科目体系以满足企业不断变化的预算管理需求。

2）预算控制逻辑。

SAP FM模块可以满足对管理费用等的相对定额控制、绝对定额控制以及变动费用的弹性比例控制。同时，借助承诺预算与实际预算的概念引入，SAP FM模块能够提供深入到业务前端的预算可用性检查。

承诺预算的概念即为承诺发生但实际尚未发生的业务所对应的金额，随着业务的推进，承诺的业务最终转化为企业实际的费用支出和后续的资金支出，即表示承诺的预算占用转化为实际的预算耗用。

以采购申请与采购订单执行过程为例，承诺预算是指在采购申请和采购订单阶段就要对其进行管理控制，而对于非采购业务（如需要对费用报销的业务申请）进行承诺预算控制，SAP FM提供"基金预留"的方式来完成"承诺预算"的占用以及对应的预算可用性检查，这和SAP物料管理模块的"物料预留"具有一定的业务逻辑上的相似性，可以确保在业务发生之前即进行必要的预算控制。

由此可见，FM的预算控制逻辑可以实现对集成业务、手工凭证记账业务的在线检查和控制，也可以根据客户化需要进行一定程度的逻辑配置，图4-24是以采购执行环节的预算控制逻辑的简要示例。

业务流程			采购申请创建	采购申请审批	采购订单创建	采购订单审批	物资收货	物资发货到项目	发票校验
业务金额			申请金额 30 000	申请金额 30 000	订单金额 30 000	订单金额 30 000	收获金额 10 000	发获金额 10 000	入账金额 10 000
累计占用预算	承诺预算	采购申请	30 000	30 000					
		采购订单			30 000	30 000	20 000	20 000	20 000
		工程物资					10 000		
	实际预算	实际成本						10 000	10 000

图4-24　承诺与实际预算更新过程示例

- **采购申请创建**：本环节为采购业务的发起阶段，当采购申请经由业务经办人提出后，即由采购申请单占用30 000元的承诺预算，可用预算额度扣减对应的金额。

- **采购申请审批**：当采购申请通过审批后，承诺预算仍然由该采购申请单进行占用，占用的金额保持不变。

- **采购订单创建**：随着业务的推进，采购申请转化为采购订单后，在图2-24所示场景中，由于订单的金额和申请的金额保持一致，因此原来由采购申请单占用的30 000元的承诺预算更新为由采购订单占用。

- **采购订单审批**：审批环节由于不涉及金额的变更，承诺预算继续由采购订单占用，占用的金额不发生变化，依然为30 000元。

- **物资收货**：在本环节中，采购订单计划采购的物资已经完成部分的收货，收货的金额为10 000元，由于这部分收到的工程物资并没有完成实际的领用，因此仍然为承诺预算，但承诺预算占用的主体已经发生变更，承诺预算由采购订单占用20 000元，由工程物资占用10 000元。

- **物资发货到项目**：随着物资被实际领用，原来由工程物资占用的10 000元承诺预算转化为10 000元的实际预算。

- 发票校验：对应已收货的工程物资后续收到发票并完成了系统的发票校验动作后，由于本场景下的发票与原收货金额存在0.5元的差异，此时系统将更新实际预算的金额，由原来的10 000元更新为10 000.5元，对应承诺预算加实际预算的占用金额更新为30 000.5元（20 000 + 10 000.5）。

另外，SAP FM模块通过预算控制参数文件以及相关的系统配置功能可以实现灵活的控制方法的定义，以满足客户对于预算控制规则的灵活的、在线配置与调整需求。

例如，对以下费用预算的控制规则的配置如表4-6所示。

- 当可用预算＜90%时：系统允许全部的费用过账。

- 当可用预算≥90%但＜100%时：在执行费用过账时，系统提示警告消息（也可以按照需求配置自动的邮件发送），但仍然允许过账。

- 当可用预算≥100%时：系统直接提示报错信息，且不允许提交过账。

表4-6　SAP FM预算参数文件有关百分比的设置

容　差		SAP系统反应
可用预算＜90%		允许过账
可用预算＞＝90%且＜100%		系统提示报警，但仍允许过账
可用预算＞＝100%		系统提示报错，不允许过账

2. 基于自定义逻辑实现在线的预算检查与控制

该方案不需要启用独立的预算主数据（如基金中心、承诺项目），可直接使用ECC成熟的成本中心、成本中心组、会计核算科目、会计科目组实现灵活的预算数据录入和预算控制功能，通过建立成本中心组（预算控制责任单元）、会计科目组（预算科目）的方式实现相关基金中心、承诺项目相关功能的同时还保证足够的灵活性。

图4-25是预算控制与扣减逻辑简要示意，业务申请与报账金额均每次与可用预算金额进行比较，并基于设定的预算控制规则进行预算的检查和控制。

表4-6主要涉及的预算行为如下。

- 预算赋值：① 初始预算的录入；② 调整预算的录入。

- 预算占用：① 业务申请单提交（承诺预算）；② 费用报销单提交（承诺预算）；③ 费用过账（实际预算）。

- 预算转换：① 业务申请单转费用报销单（承诺预算更新）；② 费用报销单执行过账

（承诺预算转实际预算）。

- 预算释放：① 业务申请单审批退回；② 费用报销单审批退回。

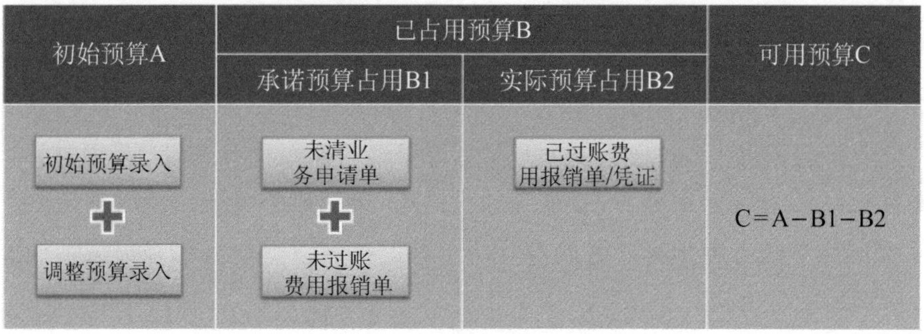

初始预算A	已占用预算B		可用预算C
	承诺预算占用B1	实际预算占用B2	
初始预算录入 ＋ 调整预算录入	未清业务申请单 ＋ 未过账费用报销单	已过账费用报销单/凭证	C＝A－B1－B2

图4-25　自定义的预算检查逻辑示意

1）预算相关数据表设计。

在自定义预算消耗与检查逻辑下，需要设计相应的初始预算与已消耗预算的数据表，通过计算并比较已消耗的预算金额和初始的预算金额的大小关系，确定在业务单据提交时是否超出预算，并将成功提交的业务单据对应的业务金额记入预算消耗数据表。

其中初始预算（包含追加预算）表作为预算初始的来源表存储来自预算编制系统或线外基于Excel表格的预算编制结果，这张表记录的预算金额即为初始可用预算金额，如表4-7所示。

表4-7　初始预算数据表设计示例

字段名称	字段类型	字段长度	示例值
年度	数值	4	2015
预算版本	字符	2	2010年年初预算版本
成本中心组	字符	8	G27010024 财务管理部
科目组	字符	8	660001000 办公费
预算金额01月	金额	15	1000.00
预算金额02月	金额	15	1000.00
预算金额03月	金额	15	1000.00
预算金额04月	金额	15	1000.00
预算金额05月	金额	15	1000.00
预算金额06月	金额	15	1000.00
预算金额07月	金额	15	1000.00
预算金额08月	金额	15	1000.00
预算金额09月	金额	15	1000.00
预算金额10月	金额	15	1000.00
预算金额11月	金额	15	1000.00
预算金额12月	金额	15	1000.00

在设计预算耗用表时，结合前面所谈及的预算行为，这里需要考虑的主要是承诺的预算表和实际耗用的预算表，其中承诺的预算表建议直接建立在FSSC综合报账系统中，而实际消耗的预算表则直接引用ERP系统中的成本费用实际过账汇总表（此处仍然以SAP ECC ERP为例）。

FSSC综合报账系统记录的是各类业务申请单和业务报账单，这些申请单和报账单又可以进一步划分为已清单据（Cleared Items）和未清单据（Open Items），其中已清单据占用的预算金额都已经转为实际预算的占用，因此可以直接从账务系统中获取其金额，而未清单据则仅以承诺的方式占用预算，因此需要基于单据在线取得，其综合报账系统预算消耗业务表设计示例如表4-8所示。

表4-8　FSSC综合报账系统预算消耗业务表设计示例

字段名称	字段类型	字段长度	示例值
单据编号	数值	13	3000000012313
单据行号	数值	3	001
成本中心组	字符	8	G27010024 财务管理部
科目组	字符	8	660001000 办公费
预算占用额	金额	15	3200.00
是否过账	字符	1	N 否
关联的申请单号	数值	13	1000000094321
所属年份	数值	4	2015
所属月份	数值	2	09

表4-8中的预算占用金额将在业务申请单、费用报销单的单据提交、修改环节中自动、实时进行更新，例如基于申请单提交费用报销单时，费用报销单自动进行预算的占用，而与其关联的业务申请单则自动减少其所占用的预算金额。

因此，只需要将FSSC综合报账系统预算消耗业务表依据条件进行金额的累加即可以获取这些未清业务单据的承诺占用金额。

而对于已清单据的预算占用金额，我们建议直接通过在线的Web Service等接口访问方式取得账务系统中的记录，例如以下直接基于SAP的成本费用记账汇总表（COSP表）取得相关成本中心、费用科目的实际过账金额（见表4-9）。

表4-9　SAP体现实际预算耗用的成本费用记账汇总表示例

字段技术名称	字段类型	长度	字段描述	示例值
MANDT	CLNT	3	客户端	800
LEDNR	CHAR	2	控制对象的分类账	0L

续表

字段技术名称	字段类型	长度	字段描述	示例值
OBJNR	CHAR	22	对象号（成本中心号码）	KS2700C270100001
GJAHR	NUMC	4	财年	2015
WRTTP	CHAR	2	值类型	4
VERSN	CHAR	3	版本	0
KSTAR	CHAR	10	成本要素	66000100002
VRGNG	CHAR	4	CO业务事务	BKPF
BEKNZ	CHAR	1	借/贷标记	S
TWAER	CUKY	5	交易货币	CNY
WTG001	CURR	15	金额（交易货币）01月	8495.00
WTG002	CURR	15	金额（交易货币）02月	2485.00
WTG003	CURR	15	金额（交易货币）03月	4635.00
WTG004	CURR	15	金额（交易货币）04月	2432.00
WTG005	CURR	15	金额（交易货币）05月	4560.00
WTG006	CURR	15	金额（交易货币）06月	2310.00
WTG007	CURR	15	金额（交易货币）07月	8073.00
WTG008	CURR	15	金额（交易货币）08月	1042.00
WTG009	CURR	15	金额（交易货币）09月	3068.00
WTG010	CURR	15	金额（交易货币）10月	5222.00
WTG011	CURR	15	金额（交易货币）11月	5421.00
WTG012	CURR	15	金额（交易货币）12月	3679.00
WTG013	CURR	15	金额（交易货币）13月	1115.00
WTG014	CURR	15	金额（交易货币）14月	6150.00
WTG015	CURR	15	金额（交易货币）15月	5596.00
WTG016	CURR	15	金额（交易货币）16月	2336.00

2）承诺预算占用金额的计算方法。

基于上述设计，FSSC综合报账系统记录的预算数据全部为承诺预算，因此仅需要根据条件加总所有未清业务申请单、业务报账单的预算占用金额即可。

承诺预算占用金额的计算步骤如下。

- 由于预算控制按照成本中心组+会计科目组的方式进行，因此首先需要将成本中心、会计科目转换成本中心组、会计科目组。
- 如果成本中心组、会计科目组有相同组合，则需要合并。
- 根据成本中心组+费用科目组取得指定年度全部未清业务申请单、全部未清费用报销单行项目所记录的预算占用金额，该金额即为FSSC综合报账系统全部的未清承诺预算占用金额。

3）实际消耗预算金额的计算方法。

承诺预算转为实际预算的标志为相关费用单据的金额全部过账完成，因此实际消耗预算直接通过在线的Web Service等接口访问方式取得账务系统中的记录即可，比如以下基于SAP ECC的计算逻辑。

- 在成本中心组主数据表中，取得成本中心组下全部的成本中心列表。
- 在会计科目组主数据表中，取得会计科目组下全部的会计科目列表。
- 根据成本中心+会计科目在ECC CO外部记账表COSP表中取得指定年度全部已过账的费用金额（值类型为4、版本为0），该金额即为实际消耗的预算金额。

4）可用预算金额的计算方法。

如表4-6所示，可用公式预算金额=初始可用预算金额-承诺预算占用金额-实际消耗预算金额计算。

- 初始可用预算金额：根据成本中心组+费用科目组在"初始预算数据表"中取得指定期间全部的初始可用预算金额。
- 承诺预算占用金额：参考前一章节相关逻辑的阐述。
- 实际消耗预算金额：参考前一章节相关逻辑的阐述。

当用户提交费用申请单或者费用报销单时，系统自动根据计算出的可用预算金额与提单的金额进行比较，若提单金额超出可用预算余额，则可以根据预先设定的规则提示相应的信息或者直接禁止此次业务单据的提交。

4.5 在线业务规则的固化

面对由于FSSC建设所带来的企业组织、流程方面的重组、相关业务在风险控制上的重点变化，对于一些具有明确规则的业务可以在系统建设的过程中提取相关逻辑并实现信息系统内的固化，当用户提交单据或者相关审批人在执行审批时系统将自动触发在线业务逻辑的检查，当不符合企业要求的业务规则时，提示相关消息或拒绝用户的请求。

以下我们以差旅申请与报销环节的差旅标准为例说明如何在系统内实现在线的业务规

则的固化,具体如图4-26所示。

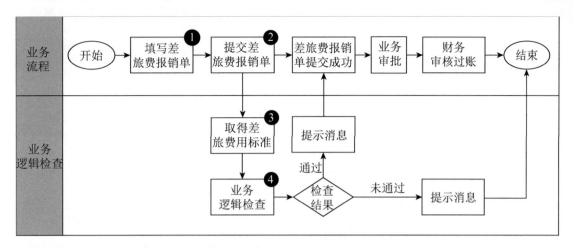

图4-26 典型的差旅业务流程与对应环节的在线业务逻辑检查示例

图4-26中的关键节点说明如下。

①填写差旅费报销单:用户在填写差旅费报销单的时候需要填写住宿、交通、差旅补贴等相关明细信息,比如交通工具、金额等。

②提交差旅费报销单:用户在提交差旅费用报销单时,系统自动根据单据上记录的明细信息取得差旅费用标准并进行检查。

③取得差旅费用标准:比如住宿标准,根据差旅报销单上的人员等级、出差城市自动取得配置表中标准的费用上限。

④业务逻辑检查:如果差旅单项费用超出设定的费用标准,则系统自动提示相关信息,用户要么修改报销的数字要么选择暂不提报此次报销。

通过上述流程我们不难看出,系统业务规则的固化和在线的业务检查依赖于预先规则的设定和结合差旅报销单单据信息的细化。

某企业固化在信息系统内的员工住宿与补贴标准表如表4-10所示。

表4-10 某企业固化在信息系统内的员工住宿与补贴标准表示例

员工职级	城 市	住宿费标准	补贴币别	补贴标准
LV 10	一线城市	据实列支	CNY	250
LV 10	二线城市	据实列支	CNY	250
LV 10	三线城市	据实列支	CNY	180
LV 9	一线城市	1000	CNY	250
LV 9	二线城市	900	CNY	250
LV 9	三线城市	800	CNY	180

续表

员工职级	城市	住宿费标准	补贴币别	补贴标准
LV 8	一线城市	1000	CNY	240
LV 8	二线城市	800	CNY	240
LV 8	三线城市	700	CNY	180
LV 7	一线城市	1000	CNY	220
LV 7	二线城市	800	CNY	220
LV 7	三线城市	600	CNY	170
LV 6	一线城市	800	CNY	180
LV 6	二线城市	600	CNY	180
LV 6	三线城市	500	CNY	150
LV 5	一线城市	600	CNY	180
LV 5	二线城市	480	CNY	180
LV 5	三线城市	400	CNY	140
LV 4及以下	一线城市	400	CNY	170
LV 4及以下	二线城市	360	CNY	170
LV 4及以下	三线城市	320	CNY	130

同时，为了便于用户更加高效地查阅系统内已经预先设定的业务检查规则，必要的在线查询、帮助对提高费用报销的效率具有显著的效果，比如在图4-27所示的界面中，用户可以直接在费用报销的同时在线查询企业费用报销的制度，类似的这类易用性功能的考虑将带来更好的用户体验。

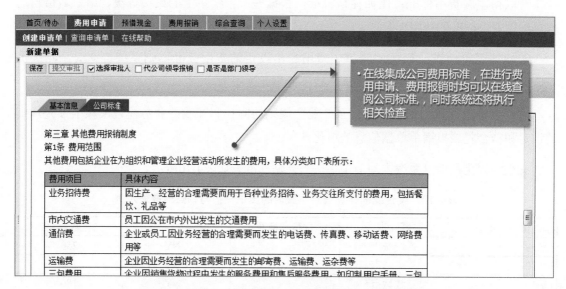

图4-27 某企业固化到报销系统的费用标准查询界面示例

除上述示例的差旅业务规则的在线固化之外，实际能够进行业务规则抽象化、结构化和信息系统固化的范围非常广泛，比如可以预先设定哪些业务在发生报账时必须要关联事前业务申请单，比如在用户提交借款申请时系统自动检查该用户是否存在已借未还的老账等。总之，在集成、开发的系统架构下，企业可以根据业务风险管控的需求进行必要的业务逻辑的在线固化和检查。

4.6 FSSC集成的资金管理

作为与财务共享服务中心"采购到付款""费用报销""订单到收款""资产管理"等核心业务循环发生紧密衔接的资金管理，在国内外许多财务共享服务中心中经常被作为共享服务的其中的重要组成部分，成立集中、共享的资金中心或专门的资金处理小组，通过面向服务对象的、集约的资金管理，强化资金管控，降低资金风险，实现企业资金价值的最大化。

与此同时，随着近年来我国企业在全面资金计划、控制与支付体系方面的探索和实践逐步深入，以信息化手段为具体实现方式的全面、高效资金管理已陆续将企业财务管理业务变为现实，特别是立足资金计划、资金匹配与资金集中的原则的平台化集中资金管理趋势日渐明显，平台化与集中化的资金管理架构在企业建设共享财务体系方面、实现财务转型过程中更是发挥着重要的作用，具体如图4-28所示。

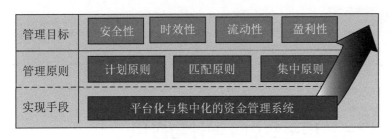

图4-28 资金管理的平台化与集中化趋势

为有效实现集团资金管控安全性、时效性、流动性、盈利性保障目标，多数集团性企业选择建设了集团或板块公司级别的资金管理系统以支持财务共享服务中心下的资金共享子中心业务运营，借助业务流程与系统平台的有效集成，实现资金计划、资金收支、资金对账等工作的集中化、标准化、高效化管理。

如前所述，集团企业资金共享的核心是企业资金的集中管理，与之配套的需要企业建立集团内部统一的诸如资金结算中心、财务公司、内部银行等在内的资金管理机构，借助集中的企业资金池的建立，集团公司可以为下属成员企业提供资金计划、资金收支结算等在内的资金共享服务。

通常，用于支持资金共享服务中心运作的资金管理系统一般均至少应当包含银行账户主数据管理、资金计划、银企直联、票据管理、现金流预测与管理、资金对账等在内的功能，同时借助配套系统接口的规划与应用实现从主数据系统到业务执行系统到财务核算系统的高效对接，大大提高企业资金管理在效率性、准确性方面的双提升。

企业资金管理活动一览图如图4-29所示。

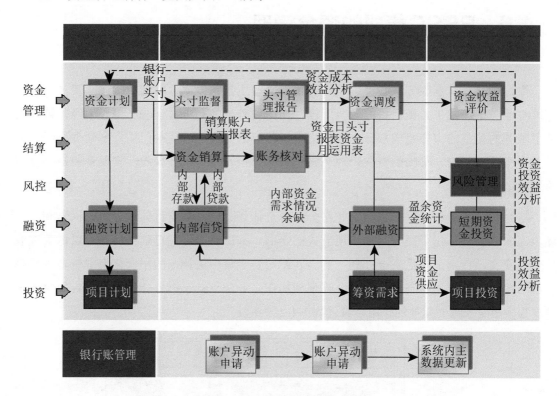

图4-29　企业资金管理活动一览图

4.6.1　资金管理平台功能设计与应用

1. 银行账户管理

如果说资金是企业的血液，那么银行账户就是企业的心脏，因此资金的集中管理首先需要从银行账户的集中管理开始，因此账户管理也是资金管理系统的基础功能，对于采用资金池模式的集团公司、下属成员企业而言，涉及银行账户的申请、开设、变更、注销等业务处理均需要基于资金管理系统的账户管理子模块在线完成。

资金管理系统同时还提供相应的流程管理功能，允许企业相关单位在发起账户异动在线业务申请的时候能够借助相关工作流功能实现在线的逐级审批，作为资金账户管控的责任主体，相关资金管理中心、财务公司需要从资金共享的角度进行必要的账户合理性、统一性的控制。

本书认为良好的资金账户管理功能应当具备以下方面的能力。

- 有效的账户监管：能够对集团级成员单位银行账户进行在线的监管，包括账户开户、授权、冻结、解冻、销户等一系列管理。只有借助有效的账户监管，企业才能够构建合理的账户体系，科学配置现金资源。

- 合理的权限控制：基于对管理需求和资金安全的考虑，企业可以通过各种不同的参数配置和权限设置来实现对于银行账户的详细分权控制，确保每个用户能且只能管理权力范围内的银行账户。

- 与银行系统良好的对接：比如能够与银行系统进行对接，支持实时的银行账户状态监控，对于部分银行提供的虚拟子账户体系，也能够实现在线的对接，进而推动企业更为彻底、便捷的集中资金管理。

某企业资金管理软件账户管理模块的开户申请界面示例如图4-30所示。

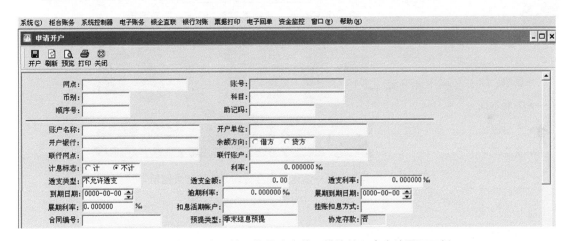

图4-30　某企业资金管理软件账户管理模块的开户申请界面示例

2. 资金计划管理

有效的资金计划是维持企业适当财务流动性和资本结构、降低企业资金链条风险的重要保证，如何打造企业合理的资金计划和控制体系，提高资金计划的准确性呢？

我们认为资金计划管理的核心是构建资金与业务的协同体系，通过建立财务与业务一体化的业务系统与资金管理系统的紧密集成，将企业资金计划相关事项融入日常销售、运营、财务管理工作中，真正地实现资金与业务的一体化。

ERP系统作为企业管理的核心系统存储着从采购到销售过程与资金密切相关的业务

单据与财务账务信息,这些信息在指导企业编制定期的资金计划方面具有重要的作用,是准确的资金计划编制的基础数据,因此我们建议FSSC资金管理平台的资金计划模块应当妥善地利用业务数据由系统根据预先设定的规则辅助用户进行资金计划的生成、提报与审定。

财务与业务一体化及资金管理系统的集成图示如图4-31所示。

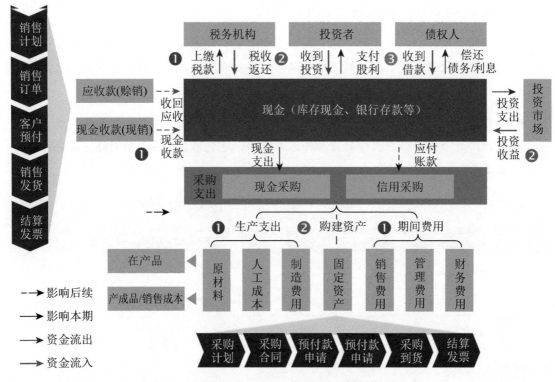

图4-31 财务与业务一体化及资金管理系统的集成图示
①—经营活动;②投资活动;③筹资活动

3. 银企直联与资金结算、调拨

银企直联为企业通过接口进行自动的收付款提供工具基础,企业在实施了银企直联后,借助银企直联及相关功能的规划,资金中心的资金结算员可以足不出户办理成员单位结算与调拨业务,并可以通过严格的权限与安全机制,实现对银行账号实时、安全的动态监控。

资金管理平台的银企直联功能能够集成各个商业银行的接口,同时屏蔽各商业银行服务的差异,并在现有银行接口的功能上进行扩展,让用户在使用众多银行接口时面对统一的界面,进行统一的操作,实现更多的功能。

通过银企直联接口,实时与各家银行进行通信,向银行发送数据请求、接收银行信息,并将银行信息处理成资金管理系统可识别的有效数据以实现网上实时收付款、查询银行账户余额、资金归集、下拨等功能,比如基于资金管理平台在线完成当天明细数据接收、历史明细数据接收、当前余额数据接收、历史余额数据接收、转账、归集数据的发送等。

在集成的资金收付结算模式下,集团成员单位可以通过内部网上银行将付款信息加密后传送到集团资金管理中心,资金管理中心经过手工或者自动的安全认证和信息补录后将付款信息加密发送到商业银行系统,完成付款,如图4-32所示。

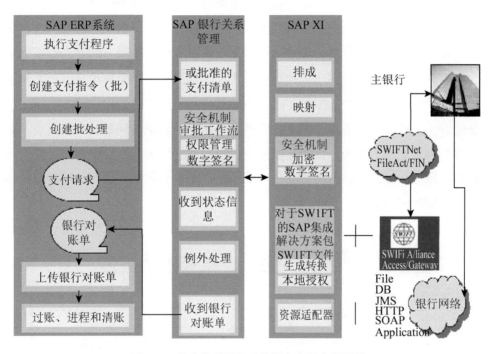

图4-32 某企业基于SAP的银企直联方案示例

安全方面,各家银行都提供加密卡、加密机、安全认证证书等,再加上资金管理系统所带的安全加密机制,能够较好地保证收付款数据的安全。

在资金收付结算完成后,资金管理平台将相关资金业务处理的结果信息(支付的金额、银行账户、业务信息等)提交到账务处理系统,由账务处理系统完成相关的凭证过账。

资金在线调拨管理允许企业借助银企直联功能将成员单位各银行账户的余额上划到中心指定的账户,并将中心银行账户的资金下拨到指定集团下属公司的银行账户以及中心账户的头寸调拨。

多数资金管理系统均能实现手动、自动的资金结算和资金调拨的业务处理方式。比如,企业可以通过预先的自动调拨规则的设置,可以实现多个账号、多个时间、多种调拨策略的上划下拨。

资金管理平台的另一项重要功能是能够支持用户在线进行资金业务的监控查询，比如查询收付款指令、收付款审批记录，查询银行账户当前及历史交易明细，查询银行账户实时余额与历史余额查询等，通过便捷、高效的查询与报表功能的设计，为企业强化资金监控提供非常实用的工具性功能。

4. 银行电子回单

随着网上银行和银企直联的普及，越来越多的银行以提供电子回单的方式在线为企业提供各类收、付款指令处理结果的查询与备案，电子回单不但记载了客户收、付款交易的详细信息，并加盖了专门的银行"电子回单章"，同时通过电子签名的方式确保电子回单的真实性、可靠性、唯一性以及可认证性。例如，企业用户可以通过银行网站主页上的电子回单验证功能验证电子回单的真伪。

尽管银行也提供客户企业打印和补打回单的功能以满足纸质回单归档的需求，但是随着电子影像与档案管理的普及，面对集团性企业每日成千上万、高频度的银行往来交易，我们建议共享服务中心还是尽量考虑使用电子回单而避免打印纸质的回单。其银行提供的电子回单示例如图4-33所示。

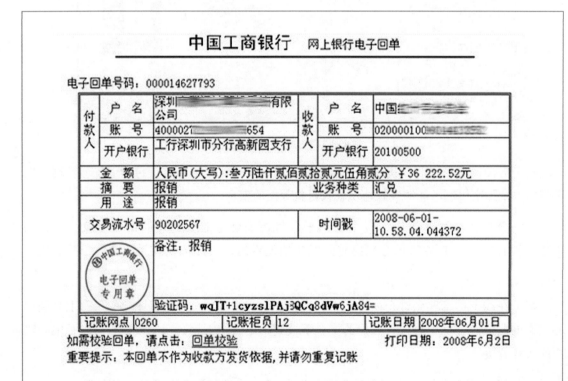

图4-33　银行提供的电子回单示例

在银企直联的模式下，每一笔收付款指令与电子回单（PDF文件或二进制存储的文件）、会计凭证已经建立了清晰的对应关系，在查询会计凭证时可以通过数据库链接或加密的URL链接直接在线调阅每一笔收付款凭证所对应的电子回单影像文件。

流程与对应系统功能关键点说明如下。

- 银企直联完成资金支付：资金系统基于银企直联功能，将FSSC综合报账平台接口推送的付款指令推送到银行系统，银行系统在线完成支付业务的处理。

- 系统接口自动产生会计凭证：ERP系统根据资金系统到ERP系统的凭证接口推送的付款信息自动产生付款会计凭证，会计凭证信息中自动记录有银企直联接口返回的银行处理的交易流水码。

- 资金系统查询并下载回单：资金系统定期手工或自动查询并下载指定时间段内的银行电子回单，银行电子回单以文件信息或其他补充信息的方式记录有银行电子回单编码以及与之对应的银行处理的交易流水码。

- 根据交易流水码自动实现对照：由于电子回单和会计凭证均带有银行交易流水码信息，因此系统将自动建立电子回单与会计凭证的对应关系，用户可以直接登录ERP系统进行多维的交叉查询，比如根据电子回单号码查询会计凭证号，或根据会计凭证号在线查看电子回单的影像文件。

基于银企直联的付款电子回单与会计凭证对照示例如图4-34所示。

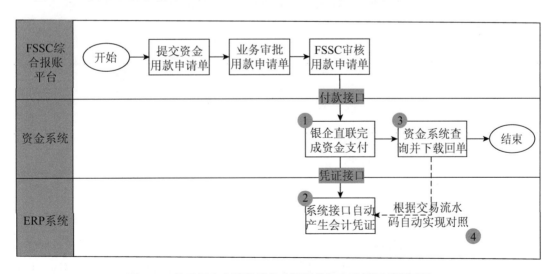

图4-34　基于银企直联的付款电子回单与会计凭证对照示例

作为未来的发展方向，银行电子回单除了可以承载传统纸质银行回单所承载的支付证据、对账依据、档案留存的功能外，借助相关系统集成功能的设计还能够有效实现会计账务记录与银行回单的自动匹配，降低人力成本，方便企业进行银行回单的归档管理。鉴于传统纸质银行回单在打印、传递、归档过程中需要庞大的人力、物力乃至物理存储空间，本书建议企业借助FSSC的项目实施的契机规划并大力推动银行回单的电子化并建设与电子回单高度衔接的集成系统，摒弃纸质回单，推行环保、节约高效的FSSC管理模式。

5. 票据管理

收取的银行承兑汇票，除由支付票据单位全额承担贴现息并经总部审核批准后可贴现外，地区公司未经总部统一安排不得自行组织贴现。根据这一要求，票据贴现由总部根据公司整体资金平衡情况，统一制订方案、统一与银行衔接、统一组织实施，地区公司则依照既定方案具体执行。

将票据资金的收支纳入集中管理范畴，有效防止了利用票据"坐支"情况的发生，更为重要的是票据集中管理的实施，使总部从真正意义上实现了对地区公司全部资金的收支两条线，资金集中所涵盖的范围得以完善。

基于SAP的集中票据管理模式如图4-35所示。

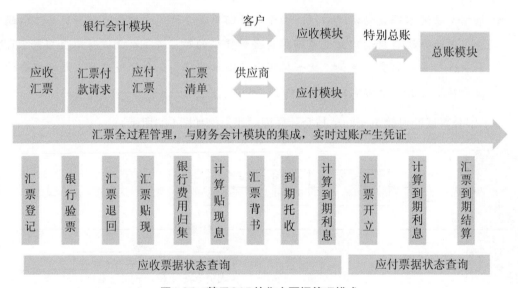

图4-35 基于SAP的集中票据管理模式

6. 现金流预测与监控

正如前文所述，建立全面资金计划和控制体系一定要借助信息化的手段，通过资金计划管理平台基于资金、业务流程一体化与数据共享的设计，由系统自动建议资金计划的结果，并在业务执行的过程中对资金流变动情况进行监控，从而支持FSSC资金共享服务中心对资金从计划到执行的全过程的有效管理。

资金预算：通过集团公司多层级资金计划解决方案，有效地支持资金计划的管理。在资金系统中实现，年计划控制月计划，月计划控制周计划、周计划控制日计划。通过资金预算编制系统,有效地管理资金预算编制和审批过程,有效地解决了各部门在一个系统中协同进行资金预算的编制。更为重要的是通过资金预算和资金计划,加强了财务部门与业务部门的沟通,可以据此进行资金筹措,有效地降低资金成本。有利于财务部门更好地服务于业务,成为业务部门的合作伙伴。

业务执行和预算控制:各业务部门是预算控制的责任者,在计划范围内提交支付申请环节进行预算控制,真正实现在业务端的预算控制。

资金预算不足时,进行计划的调整。并进行资金计划执行和调整分析,以便于提高资金制定的准确性。

7. 银企对账

银行对账主要是对资金管理中心记的银行账与银行记的账进行核对,并在此基础上产生银行存款余额调节表。用于银行对账的银行数据来源方式主要有三种:①银行提供的报盘数据导入;②手工录入;③通过银企直联接口直接导入。

在执行银企对账时,一般可考虑的通用对账方式有:①金额;②金额+票据号;③日期+金额;④日期+金额+票据号,系统通过对账单校对,自动产生余额调节表,此外多数资金管理软件均允许在自动对账的基础上,通过手工记录的增减实现人工干预对账,因而可进行中心账调整以及对账数据人工微调。其对账界面示例如图4-36所示。

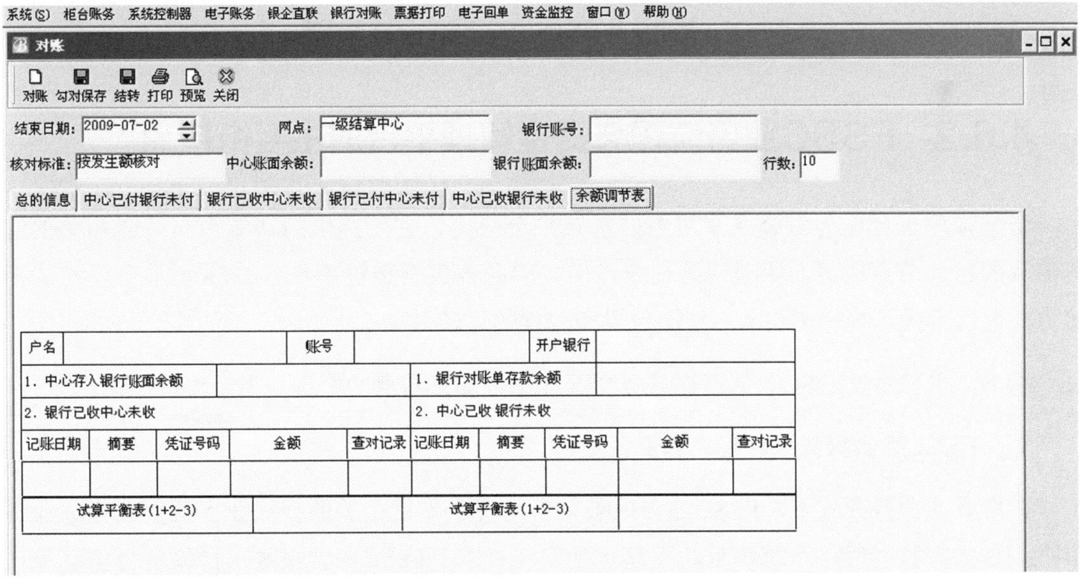

图4-36 某企业银企对账界面示例

银企对账输出的结果主要是相关报表,比如银企未达账项汇总与明细表、银行对账单、资金管理中心对账单、余额调节表等。

基于SAP的银行余额调节表示例如图4-37所示。

银行余额调节表

银行余额调节表					
会计年度：	2006		会计期间：	12	
银行科目：	1002000000 银存-财务公司-RMB1		开户银行：	00001 XXX 银行	
银行帐号：	02-01-0071-6		帐户标识：	71-6 结算专用户	
企业帐			银行帐		
期末余额	32,898,280,455.72		期末余额	448,232.00-	
银收企未收	金额	摘要	企收银未收	金额	摘要
			2500000558	100,000.00	2006.12.12
			2500000556	20,000,000.00	20061205
			2500000540	3,000.35	20061213
			2500000541	640,000,000.00	20061213
			2500000539	9140,000,980.03	20061213
			2500000551	9900,000,000.33	20061213
			2500000425	589.00	20061229
			2500000424	499,699.76	20061229
小计	0.00		小计	33,095,154,819.72	
银付企未付	金额	摘要	企付银未付	金额	摘要
0000000100001	8,000.00		1000000094	15,000.00	20060910
0000000100003	6,666.00		1000000102	200,000.00	20060910
0000000100008	1,000.00		2500000001	20,000.00	20061203
0000000100013	300,000.00		2500000002	5,000.00	45666
0000000100014	100.00		2500000103	9,000.00	20061202
小计	315,766.00		小计	196,741,898.00	
调整后余额	32,897,964,689.72		调整后余额	32,897,964,689.72	

图4-37　某企业基于SAP的银行余额调节表示例

4.6.2 FSSC业务流程与资金管理平台的主要衔接点

资金管理平台作为资金共享服务的基础平台应用，它所提供的功能在与资金相关的业务流程的相关节点也将发挥对应的支撑作用，因此相关资金管理平台与FSSC业务流程的衔接方式也将直接影响相关功能的使用效果和流程的运转效率。

以下，本书将就FSSC业务流程与资金管理平台部分重点的衔接点简要进行探讨。

1. 与FSSC综合报账平台集成的资金支付

在集成的业务模式下，FSSC综合报账平台与资金支付相关的报账业务流程在完成业务审批、财务审核之后，系统将自动发起资金支付请求：FSSC综合报账平台将支付信息推送到资金管理平台，资金管理平台执行相关检查、完成支付动作，并反馈支付结果，若支付成功则反馈该单据对应支付的银行信息、金额信息，若支付不成功则反馈不成功原因。

- FSSC财务审核：FSSC财务根据相关业务审核要点对报账单进行财务审核，考虑后续资金支付的现金流统计，FSSC财务在进行审核时需要手工补充支付的原因代码。

- 推送SAP产生挂账凭证：本书推荐先挂账后支付模式（挂账、支付凭证均标记有报账单编号以实现清晰的业务对应和自动的清账），即在单据审核完成后，在SAP执行费用入账的挂账凭证的生成，后续资金支付完成后再生成资金支付凭证。

- 接口推送支付指令到资金平台：FSSC报账平台将需要资金支付单据推送到资金管理平台，推送的信息主要有报账单号、金额以及银行信息等。

- 执行资金支付相关检查：资金管理平台执行自动或者人工的支付检查，比如资金可用性检查、资金计划项目匹配检查等。

- 完成资金支付：通过资金管理平台的银企直联，在线完成资金的支付。

- 反馈支付结果到报账平台：资金管理平台将支付的结果信息推送至FSSC报账平台，推送的信息主要有支付的银行号、金额、日期等。

- 更新报账单状态：FSSC系统在根据资金管理平台报账单状态时，系统自动根据预先设置的规则进行短信、邮件的提醒。

- 判断是否支付成功：系统根据报账单处理成功与否进行后续处理，处理如下。

① 推送SAP产生支付凭证：如果资金管理平台支付成功，FSSC综合报账平台则将相关信息推送到SAP系统，SAP系统产生资金支付的会计凭证，单据业务完结。

② 定期/手工推送支付指令：对于支付失败的请求，FSSC综合报账平台根据其更新后的状态，允许定期/手工的重新推送。

FSSC与资金管理平台、SAP ERP资金支付集成相关典型业务流设计示例如图4-38所示。

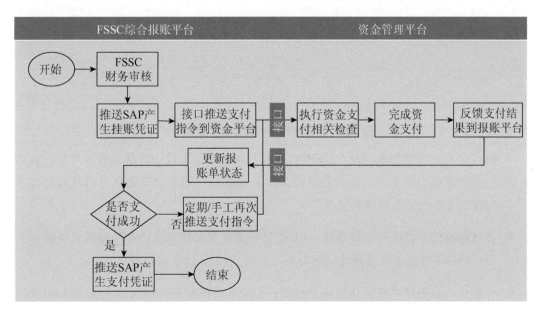

图4-38 FSSC与资金管理平台、SAP ERP资金支付集成相关典型业务流设计示例

2. 自动付款建议的生成与推送

在前面的章节中，我们提到财务共享服务相关信息系统的定位，其中以ERP、CRM、SRM为代表的系统我们定位为基础业务管理平台，这些平台将为财务共享业务与流程处理平台提供基础的业务信息、单据信息的支持，这样一方面能够提高财务与业务的集成度，降低相关业务数据的重复录入，另一方面还将有利于借助系统与业务流程集成的风险控制的强化。

基于这一系统定位设定，在资金付款的业务架构设计过程中，我们认为针对合同、采购订单等有着较高标准化、规范化管理的业务可以基于相关业务系统的流程设定（如业务在发生前已经经过较为严格的审批控制）与业务规则设定实现自动的付款建议，这样不但可以降低业务人员为填写付款单的无效时间耗费，还有利于在保证风控有效性的同时，财务共享中心整体复核工作量的有效下降。

自动付款建议的前提是企业清晰、规范的账期管理，用于账期定期资金支付申请的业务数据来源于对应的业务系统（如SAP ECC系统），基于ECC系统的采购订单到期付款建议书进行资金的支付建议，如图4-39所示。

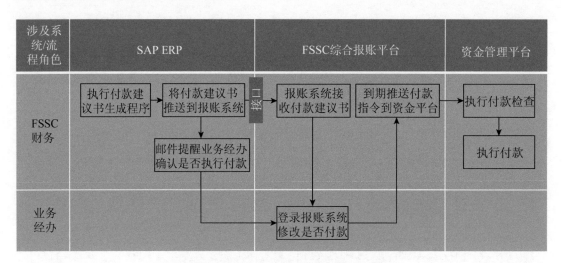

图4-39 某企业自动付款建议简要逻辑

- 执行付款建议书生成程序：FSSC财务人员定期或者通过ERP系统的后台程序自动执行付款建议书的生成，生成的逻辑为"系统根据计划支付日期取得所有采购订单已到期未支付的应付款项的清单"。
- 将付款建议书推送到报账系统：FSSC财务复核付款建议书运行的结果无误后，系统自动将ERP付款建议书的建议付款条目推送到FSSC综合报账系统。
- 邮件提醒业务经办确认是否执行付款：ERP系统同时在将付款建议书推送到FSSC系

统的时候，系统自动邮件提醒业务经办人（因此需要提前确保相关采购订单的经办人信息是维护完整、及时的），同时抄送经办人的经理。

- 登录报账系统修改是否付款：业务经办人在收到短信或者邮件提醒后，在规定的付款截止确认日期前登录FSSC综合报账系统，确认具体的款项支付或者不支付并更新系统内的相关标识。

- 到期推送付款指令到资金管理平台：到限定的付款执行日期后，FSSC综合报账系统自动将纳入付款范围的款项的支付信息推送到资金管理平台（注意，考虑时间性差异，建议在最终支付之前再做一次付款金额的检查，比如提交支付的付款金额是否小于等于ERP财务账务记录的到期应付未付余额范围）。

- 执行付款检查：资金管理平台根据预先设定规则进行自动或人工的付款检查，检查的内容可以是资金可用性检查、资金计划项目匹配等。

- 执行付款：通过资金管理平台的银企直联，在线完成资金的支付，并根据FSSC综合报账平台与资金管理平台接口完成相关的信息反馈、凭证生成。

3. 资金收支过程的差错处理

对于可能存在的资金支付失败，从业务流程的严谨性角度考虑，也应当配套考虑相关系统与流程的处理方式，确保在资金支付失败后能够及时地通知业务经办人并确保能够便捷地完成后续业务的处理，比如资金支付指令的重新提交等。

图4-40是某企业FSSC综合报账平台与资金支付平台发生资金支付失败时的处理方式，通过对支付失败原因的深入分析，系统允许针对不同失败原因采取灵活处理方式。

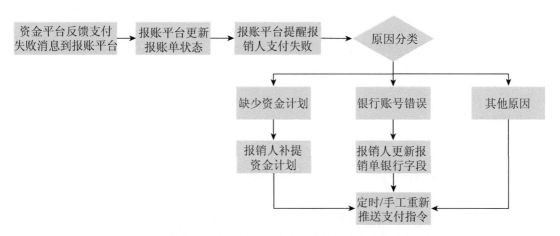

图4-40　某企业对资金管理平台资金支付失败的处理分类示例

对于图4-40中的支付失败原因，系统允许采用不同的处理方式，同时也通过相关短信、邮件的提醒告知用户如何进行下一步的处理。

- 如果是缺少资金计划，则建议报销人补提资金计划，在资金计划补提完成之后系统可以重复推送该笔资金支付指令到资金平台。

- 如果是主数据错误，则建议报销人更新报销单对应的主数据信息，比如如果是银行账户错误，报销人可以通过MDM修改银行信息并重新同步的方式修正信息，更新后允许重复推送该笔资金支付指令到资金平台。

- 如果是其他原因，这可能是由于网络原因、银行前置机等各方面原因导致的，那么针对这种情况，用户可以发起手动或者自动的支付指令重新推送。

4.7 与商旅服务平台的集成

集团型企业的组织、涉及的业务范围往往遍布全国乃至全球，差旅支出是集团型企业日常支出中非常庞大的一块，为了加强企业差旅管理的规范化程度、提高员工满意度，并同时对成本进行有效控制，多数共享服务中心都通过一定的方式实现了与商旅服务提供商在流程、数据上的衔接，同时借助信息系统的实施，充分发挥集中共享优势，在提高企业自身商旅采购谈判能力、降低采购价格的同时，为企业的员工提供更加优质的商旅服务。

企业商旅的业务范畴主要包括商旅的申请、机票与酒店等行程的预订以及涉及的商旅咨询与变更服务等。借助企业自建或者第三方的商旅服务平台，企业员工能够享受一站式的商旅管理服务，在进行商旅活动时，即可得到一套完整的旅行计划和结算方案乃至商旅报销、记账的解决方案。

目前企业商旅服务平台的搭建方式主要有自建和第三方两种模式，通常企业从成本经济性和专业性的角度考虑，多数企业采取的是商旅服务流程外包的方式，即直接使用商旅服务提供商提供的可接入的商旅平台快速实现商旅从申请、预订到后续票务、结算全过程的商旅的在线管理。

4.7.1 中国市场常见的企业商旅服务解决方案

专业的商旅服务提供商在欧美等地区的发达国家有着广泛的市场，近年来随着中国经济的崛起，一方面，这些跨国的商旅服务提供商在逐步将市场拓展到中国，另一方面，中国本土的商旅提供商也快速地成长并成熟起来。

在企业流程外包的环境下，随着商旅解决方案的专业化与市场化，越来越多的中国企业将商旅的采购和管理通过流程外包的方式实现差旅专业化管理的同时提升流程整合的力度，也为企业商旅提供更好的体验。

中国市场常见的企业级商旅服务提供商如表4-11所示。

表4-11　中国市场常见的企业级商旅服务提供商

主要提供商	服 务 特 色	代 表 客 户
携程商旅	中国最大的商旅解决方案提供商 较强的预订资源优势、客户服务优势	海尔、中信证券、松下中国、百度、美克集团等
国旅运通 CITS Amex	美国运通是全球最大的企业商旅解决方案提供商 能够提供较为个性化的商旅服务	IBM、SAP、DELL、Morgan Stanley、阿克苏诺贝尔（中国）等
艺龙商旅易	国内排行靠前的在线商旅解决方案提供商 提供包括免预付等在内的商旅预定服务	创新工场、新希望集团、东方电气等
招行出行易	提供从申请、预订到报销的全流程在线商旅解决方案 与招行商务卡的无缝集成	京东方、施乐辉、鲁证期货、阳光保险、海康人寿等

企业在选择商旅服务提供商时可以结合每一个服务提供商的特色服务以及自身管理诉求进行具体决策，比如注重员工差旅服务体验、员工出差频繁且需要深入到三、四线城市的企业可以选择相对服务更加成熟、网点更多的差旅服务提供商，而对于一些注重银企关系、一揽子投融资解决方案的企业，则可以考虑一些商业银行推出的配套企业商旅服务。

图4-41是商旅服务商——携程商旅的平台入口。

图4-41　商旅服务商——携程商旅的平台入口

4.7.2 商旅平台与FSSC报账平台接入的最佳实践

综合企业商旅系统与企业内部FSSC报账系统的系统定位与各自优点，图4-42是本书推荐的商旅平台与FSSC报账平台接入的最佳实践。

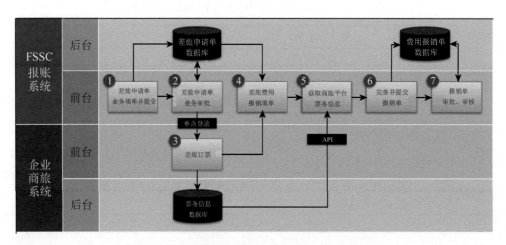

图4-42　企业商旅平台与FSSC报账平台的对接

在该方案下，差旅的申请与审批、差旅费用报销与审批均基于FSSC报账系统完成，而由第三方商旅服务提供商提供的商旅平台则主要完成商旅的行程与票务的预订以及后续在费用报销环节的预定信息、票务信息的查询与接入。

图4-42所示方案中的主要节点说明如下。

① 计划出差的用户登录FSSC综合报账平台填写并提交差旅申请单（申请单的单据信息存入FSSC报账系统的差旅申请单数据库）。

② 借助系统预先设定的审批规则在线完成申请单的审批（审批结果更新FSSC差旅申请单数据库）。

③ 申请单审批完成之后，表示该项出差已经获得审批，用户则可以通过单击登录或者直接连接的方式登录商旅服务提供商的商旅平台进行差旅的订票（票务信息记入企业商旅系统的票务信息数据库）。

④ 用户出差完成后登录FSSC报账系统填写差旅费报销单，在报销填单时须关联费用申请单以获取差旅的事前申请信息。

⑤ 如果是通过企业商旅平台完成的票务预订，用户可以通过系统接口在线获取商旅平台的票务信息，减少数据的输入量，同时也为后续FSSC的审核提供更多的辅助信息（通过企业规定的官方订票渠道购买的机票、预订的酒店通常意味着更高的合规性）。

⑥ 用户补充单据相关信息后提交报销单（报销单的单据信息存入FSSC综合报账系统的

费用报销单的数据库）。

⑦ 借助系统预先设定的审批规则在线完成申请单的审批（审批结果更新FSSC综合报账系统费用报单数据库）。

如上述流程所示，企业在接入第三方提供的商旅平台时，我们均建议建立FSSC综合报账系统与商旅平台的对接，目前这种技术也是非常成熟和便捷的。

综合报账系统与商旅系统接口标准报文格式，示例

`<?xml version="1.0" encoding="UTF-8"?>`
`<message>`
    `<insertRecord>`
      `<!--酒店订单 -->`
        `<hotelRecord>`
            `<bookingEmpNo>27019901</bookingEmpNo>`
            `<guestName>TOM</guestName>`
            `<hotelName>XXX大酒店</hotelName>`
            `<cityName>上海</cityName>`
            `<checkInDate>2011-11-01</checkInDate>`
            `<checkOutDate>2011-11-04</checkOutDate>`
            `<star>3</star>`
            `<roomType>普通标准房</roomType>`
            `<currency>CNY</currency>`
            `<orderAmount>388.00</orderAmount>`
            `<contractvendor>1</contractvendor>`
            `<payType>1</payType>`
            `<orderNo>1301140105111970</orderNo>`
            `<orderDateTime>2014-11-01 11:49:13</orderDateTime>`
            `<!--交易日 -->`
            `<trsDate></trsDate>`
            `<!--记账日 -->`
            `<posDate></posDate>`
            `<!--交易币种 -->`
            `<trsCcy></trsCcy>`
            `<!--交易金额 -->`
            `<trxAmount></trxAmount>`
            `<!--交易国家 -->`
            `<mchcountry></mchcountry>`

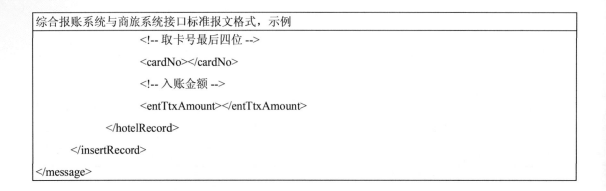

综合报账系统与商旅系统接口标准报文格式,示例

4.7.3　集成的商旅分析

与FSSC综合报账平台集成的商旅系统方案的应用,有利于企业获取从差旅申请、票务预订到后续的费用报账全过程的集成、共享的数据流,并可以基于这样的数据流进行更加细致的业务分析。

例如,可以基于这些数据完成全集团全年、历年、累计年份住宿费用的酒店集团分布分析、机票支出的航空公司分布分析,进而可以依托这些数据与相关酒店集团、航空公司等进行集中采购的谈判以获取更优的采购价格,降低企业的差旅支出等。

基于商旅平台的集成商旅行分析示例如图4-43所示。

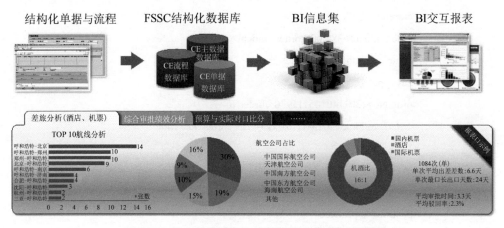

图4-43　某企业基于商旅平台的集成商旅分析示例

4.8　电子影像与档案管理

随着财务共享服务的推进带来的财务组织与业务组织在地域上的分离,支持财务完成

相关会计处理的原始票据、业务支撑性文件等会计档案的传递和归档就成为了一项亟待解决的问题。

那么，怎样解决财务共享服务中心运营过程中所面临的会计档案传递的问题呢？目前比较成熟的方法是采用支持电子影像与电子文件集中归档的影像与档案管理系统，这是一种将文件扫描、影像存取等结合在一起的系统，能在不增加太多工作量的前提下及时安全地传递文件并实现电子文件与实物档案的有效衔接。

影像与档案管理系统支持对票据影像的采集、上传和集中管理（审核、调阅），并可以高效地跟踪影像文件、纸质票据的状态和位置信息（如调用相关的服务获取快递信息）。通过电子影像系统与电子报账系统的集成，实现基于影像的业务审批和财务审核。同时，借助文件归档管理系统的设计，可以实现电子影像与实物档案的有效对应，并可以对实物档案的传递、归档过程进行清晰的记录。

SAP ECC与OpenText系统有关电子影像的集成示例如图4-44所示。

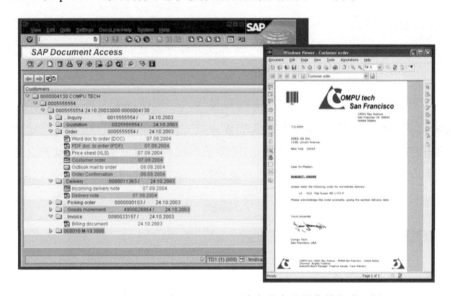

图4-44　SAP ECC与OpenText系统有关电子影像的集成示例

本书认为，影像与档案管理系统从功能的角度应当分为文件扫描子系统和影像服务子系统以及档案管理子系统三个部分。不过，需要注意的是，在企业的电子影像与归档系统建设实践中，这些子系统可能是基于不同的软件产品分别构建并以整合的方式形成企业级的电子影像与归档系统应用。

4.8.1　文件扫描子系统

扫描子系统通常以客户端的方式安装在本地计算机（也可以通过控件在BS端扫描），

通过客户端控制高速扫描仪进行影像扫描、图像处理、封面条码识别、发票OCR识别、影像自动分组和影像的实时或批量上传功能，从而高效地采集票据影像并上传到影像服务端。

财务共享服务中心建立以后，由于财务业务处理的跨地域性，尽管财务相关业务的处理已经可以基于影像文件在线完成，但是原始档案文件的扫描和归档都需要面临异地处理的问题，因此当前多数企业的做法仍然是采用快递的方式完成发票等原始文件的传递的。

由于存在大量的票据异地传递问题，大多数的共享服务中心一年产生的邮寄费都需要几十万元甚至上百万元，出于原始票据扫描与传递的成本、安全等因素考虑，在规划扫描与传递方案的时候，主要有两种方式可供选择。

- 集中式扫描（总部扫描中心）：集中处理是将所有的票据集中快递到总部扫描中心由总部统一进行扫描和归档，这也是目前普遍采用的方案，对于票据量相对较小、时效性要求不高的企业该模式应用较多，尤其是对于一些分支机构均处于大中型城市的企业，该模式更具有可操作性。

- 分布式扫描（扫描分中心）：适用于外地营销人员或者分公司、行政大区等票据需要寄送的情况。扫描后暂存本地，按月或者按季快递，每年节省几十万元快递费，同时也方便审核退票，重新扫描等。

财务共享服务中心由于面对的扫描文件数量巨大，因此此类文件扫描工作多数由高速扫描仪快速完成，相关扫描的文件能够按照预先设定的规则进行自动的文件分割并能建立与相关报账单的对应，比如图4-45中所示的按照条码或者空白页来进行自动的文档分割，在分割的同时系统也将自动建立该影像文件与原始报账单单据编码之间的对应关系。

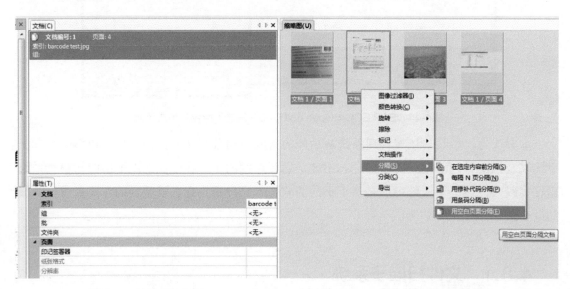

图4-45　某企业使用基于SAP OpenText Enterprise Scan的扫描文件分割示例

此外，目前财务共享服务中心在审单时，每张单据都需要审核，一天的审单量很有限，效率不高，特别是对于应付处理中心，每日要处理的应付发票量非常庞大。针对这个问题，使用OCR技术，对以增值税发票为代表的应付发票进行OCR识别，比如可以借助OCR技术取得增值税发票的金额，再按照金额进行倒序，优先处理或重点审核金额较大的发票业务，而对于一些金额较小的发票则可以在内部审计时采用低采样率的抽检规则等。

这种方案可最大化提高效率，有企业在应用这种方案后，提升了30%以上的增值税票核效率，但需要注意的是，目前由于各种原始票据的格式、字体差异，除个别针对税务OCR的扫描软件能够达到90%以上的识别准确率外，通用扫描软件的OCR的识别率仍普遍不太高，因此也有部分企业对于重点管控的票据需要由需要报账的手工填写相关单据编号。

4.8.2 影像管理子系统

影像管理子系统支持对会计档案扫描后的电子影像的体系化的管理。员工将票据投递票据箱或移交到扫描中心后，单据扫描员在完成实物票据的扫描后，系统即自动建立了系统内报账单据等系统单据与电子影像文件之间的对应关系。

在后续报账单审批、审核过程中，共享服务中心相关岗位可以通过电子影像相关模块的功能在线完成对电子影像的审核、调阅和巡检。例如，共享服务中心会计可以在过账审核前在线调阅系统单据对应的影像文件，检查系统单据信息和原始票据信息是否一致并决定是否批准此次过账。

搭建影像管理子系统必须考虑的问题包括以下几个方面。

1. 扫描图像压缩问题

财务共享服务中心通常影像扫描量特别巨大，目前普遍财务共享服务中心的一张影像大小为300K到500K左右，即使企业FSSC一年仅处理1万张电子影像文件（按月计算每个月也仅有1千张不到的单据量），一年下来也将有3TB到5TB的数据容量。

而同时，由于FSSC异地化审单的流程变革，许多FSSC在进行单据审核时仅需要依靠电子影像文件即可进行，因此影像文件的清晰度问题也变得至关重要，至少从审单的角度出发，越清晰的图像文件越有利于FSSC操作人员的审核业务处理。

但是对于部分网络条件并不发达的BU，特别是涉及海外业务的跨国性企业，网络传输问题就在一定程度上成为瓶颈，面对文件体积相对较大的电子影像文件，适当地权衡图像的清晰度和文件的尺寸就显得尤为必要。

影像系统上线后，为了避免由于数据库体积的日益庞大所带来的扫描上传速度和图像浏览速度越来越慢以及无限制的存储规模扩张问题。使用合适的图像压缩技术是极其关键的，一张普通的A4纸扫描后的文件大小如果能够控制在200K以下将会是比较理想的，扫描上传速度、图像浏览速度等用户体验会非常好。

好在目前市场上包括OpenText等在内的影像扫描软件、常见的扫描仪均可以通过设定扫描文件质量来对文件的体积进行控制，至于设定怎样的文件大小，这些均需要在项目的实施过程中，通过对未来业务发展规模、FSSC单据量进行综合测算后再进行确定。

企业扫描后的报销单与原始单据示例如图4-46所示。

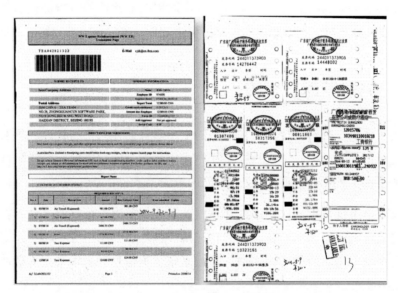

图4-46　某企业扫描后的报销单与原始单据示例

2. 存储问题

FSSC影像扫描量特别巨大，TB级的开放式存储架构保证了影像存储空间可以进行方便扩展，如果影像的存储架构不够开放，随着影像文件数量的日益增长，在扩充存储容量时，不够开放的架构可能要求修改相关存储程序，存储架构会因此而产生一定的稳定性问题。

此外，伴随国家对电子影像归档从法律法规层面的许可，未来电子影像系统将成为会计档案归档的重要构成部分，因此数据安全就显得尤为重要，因此在实施影像系统时，我们建议企业必须要部署必要的热备份和冷备份机制，确保实时、定时对上传的影像文件进行有效的备份，并通过定期的恢复检测机制检查备份文件的有效性。

3. 浏览器兼容问题

微软IE是目前国内使用的主流浏览器，但IE自身的版本之间存在较大差异，且在实际使用过程中还广泛存在包括Firefox、Chrome、Safari等浏览器，所以使用基于JavaScript等的跨平台、跨浏览器版本的技术对于较高的浏览器自适应性就显得比较关键。特别是对于国内涉及跨国业务的企业集团，在欧美国家等企业分部的用户使用非IE浏览器的现象往往更加普遍，跨浏览器的兼容性问题在FSSC建设中必须要考虑在内。

以许多企业FSSC综合报账系统所基于的SAP的NetWeaver CE 7.5系统平台为例，我们在测试过程中发现其功能的良好运行需要较新的浏览器版本支持，比如IE要求的最低版本为8.0，但是好在它仍然具备较好的跨浏览器功能支撑能力，相关功能在诸如Chrome等浏览器上也能够较好的运行。

使用Chrome访问OpenText影像的示例如图4-47所示。

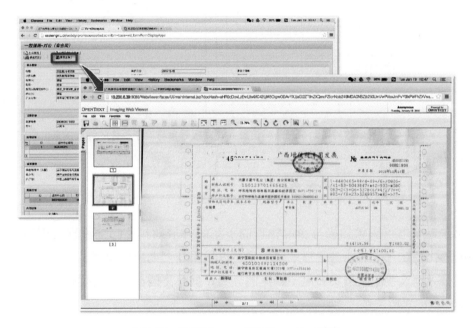

图4-47　使用Chrome访问OpenText影像

4. 如何实现影像与报账系统的高效链接

通常一般用户填写报账单和影像的扫描上传操作往往是两个相对独立的系统，且操作的时间也存在一定的差异性，在FSSC集成的系统方案下，仍然通过手工方式建立报账单和电子影像文件的关系显然是不合时宜的，因此我们建议通过影像处理软件自动、批量的进行报账单（或归档单）和电子影像文件建立对应关系。

高速扫描仪在扫描带有条码信息的粘贴有票据的多个报销单时，将自动根据条码的位置判断每一个报销单的首页（从FSSC综合报账系统打印出来的带有条码的报销单粘贴封面）和报销单的最后一页，并自动将这些页面的扫描结果形成一个电子影像文件，同时在此过程影像软件也将自动识读其中的条码信息（报销单编号信息），这样一来系统就自动建立了报账单和电子影像文件的关联关系，如图4-48所示。

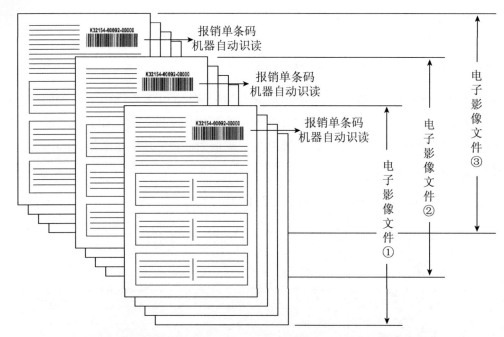

图4-48　影像软件自动识读条码信息并建立报账单与电子影像的管理关系

4.8.3　档案管理子系统

企业在建立电子影像扫描与影像管理的子系统并借助相关扫描流程的规划实现原始票据的电子化，在相关的业务管理系统中也可以根据需要调用影像信息。因此，可以实现在后续业务处理过程原始档案和电子档案的分离，但分离的前提是需要建立清晰的原始档案、电子档案的对应关系。

多数企业在财务共享服务中心建设过程中一并建设了一个或多个档案管理中心，实现合同、对账单、发票等会计档案的集中归档，对于集中归档过程中的档案提交、移送、接收、文件归档入柜等操作也需要借助一定的信息系统实现高效的在线管理。

借助档案管理子系统对上述功能的规划，可以实现通过发票号、合同号、业务报账单、会计凭证号等任何一个信息都可以查询到相关的档案具体的归档规程信息，比如这份档案存放在哪个档案柜，是由哪位FSSC归档员在哪天完成的归档，档案又是在哪一天通过哪一张快递单号被邮寄到共享中心的。

通过档案管理子系统，会计和审计人员根据少量的信息查询就可以实现将整个业务链产生的所有档案全部进行显示调阅，这除了改变传统会计凭证打印和归档过程中的低效、大量的工作外，也极大地改善了审计查档和调档的便利性问题。

图4-49是某企业档案管理系统界面示例图。

续表

图4-49 某企业档案管理系统界面示例

4.8.4 条形码与二维码技术

条形码（Bar Code）是由IBM高级技术专家伍德兰德先生（T.Woodland）和他所领导的研究小组在1949年首先提出的。随着计算机技术的普及，条形码大大提高了人机交互的效率，也经常被用于商品的生产国、制造厂家、商品名称、生产日期、图书分类号、邮件起止地点、类别、日期等许多信息的标记与识读，因而在商品流通、图书管理、邮政管理、银行系统等许多领域都得到广泛的应用。

条形码是由宽度不同、对比度不同的条和空，按照一定的编码规则（码制）编制成的，用以表达一组数字或字母符号信息的图形标识符。即一组粗细不同，按照一定的规则安排间距的平行线条图形。

条码识别器通过识别起始、终止字符来判别出条形码符号的码制及扫描方向，通过测量0和1来判别条形码符号的条和空的数目及相应的宽度和所用码制，根据码制所对应的编码规则，便可将条形符号换成相应的数字、字符信息，从而完成条形码的辨读。

近年来，随着互联网应用深入日常生活，二维码的使用也日益广泛，因此有些共享中心规划相关功能的时候也引入了二维码技术（Quick Read code，QR code），这也为共享服务中心的一些人机交互提供了更加丰富的手段，包括SAP在内的软件也陆续支持了二维码，甚至在SAP新版本的ERP软件中不需要任何插件即可支持二维码的生成与识读。

但需要注意的是，尽管二维码在保密性、抗损污性及数据存储量方面具有较大优势，但在小商品流转及图书管理等行业中，一维条形码作为简单、高效的索引、人机交互工具仍然具有无可比拟的应用优势。

一维码与二维码的优劣势比较如表4-12所示。

表4-12 一维码与二维码的优劣势比较

比较方面	一维条码（Bar Code）	二维条码（QR Code）
优势	● 识别简单、通用性高、易于识别 ● 可直接显示英文、数字、简单符号等，因此可人工识读 ● 可直接在Windows等系统借助字体文件生成 ● 响应速度快、识别差错率低	● 高密度编码、信息容量大、编码范围广 ● 可进行加密 ● 支持容错性，因此抗污损性高、译码可靠性高
劣势	● 信息容量小、明码 ● 不支持容错，抗污损性一般	● 无法人工直接识读 ● 需要一定的编码软件 ● 机器识读较一维码响应速度慢
常见应用场景	信息量小的商品编码、图书编码等	信息量大的文本信息、网址等

鉴于一维条形码的广泛运用及其自身的应用优势，目前在共享服务中心系统建设及应用中多数企业仍然使用一维条码作为单据编号、扫描的主要手段，但未来随着移动应用技术的深入，相信二维码能够在未来的共享服务中心建设与应用的实践中发挥更大的作用。

4.8.5 电子签名

外部人员或者机构需要对提供给财务部门的原始凭证进行确认，在形式上体现为签字或者盖章。会计档案电子化后，对于电子资料，传统的手写签名和盖章是无法进行的，也无法判断相关文件在传输过程中是否发生了篡改，因此必须要通过一定的技术进行真实性的认证，这里我们就需要使用到电子签名。

电子签名并非是书面签名的数字图像化。它是一种计算机技术对原有数据进行处理，通过文件的数据流编码进行整体依照一定的算法计算得到签名后的文件，这样的算法和计算的过程即被称为电子签名。利用它，我们便能在网上验证发件人的身份和签名，它还能验证出文件的原文在传输过程中有无变动。

电子签名背后是现代基于计算的各种认证技术，是我们对这些认证技术的通俗称谓。美国《统一电子交易法》规定，"电子签名"泛指"与电子记录相联的或在逻辑上相联的电子声音、符号或程序，而该电子声音、符号或程序是某人为签署电子记录的目的而签订或采用的"。1996年联合国颁布的《电子商务示范法》中也规定，电子签名是包含、附加在某一数据电文内,或逻辑上与某一数据电文相联系的电子形式的数据,它能被用来证实与此数据电文有关的签名人的身份,并表明该签名人认可该数据电文所载信息。

我国也于2004年颁布了《电子签名法》,该法被认为是"中国首部真正意义上的信息化法律",自此电子签名与传统手写签名和盖章具有同等的法律效力。《电子签名法》是我国推进企业信息化发展,扫除电子商务与文件电子化认证发展障碍的重要步骤。

此外,电子签名其效力除了得到《电子签名法》的确认外,2015年也陆续被包括《企业会计信息化工作规范》在内的相关政府法律法规所确认,电子签名使需要相关方认可的电子文件能够代替纸面文件成为证据使用,是外部获取会计资料无纸化的法律依据,这是FSSC相关档案电子化效力的重要法律法规保证。

表4-13对为什么FSSC需要电子签名技术进行了全面的解答。

表4-13 为什么FSSC需要电子签名技术

FSSC电子签名需求的来源	
会计档案电子化的需求	会计档案电子化后,外部会计资料都将以电子资料的形式呈现,需要以电子签名来代替手写签名或印章
电子档案可靠性的需求	电子签名不仅可以代替纸面签章,而且可靠性是纸面签章以及任何纸面防伪技术无可比拟的。电子签名技术能确保经签名的电子数据一旦被篡改即能被发现,从而保证电子数据的真实性和完整性
外部环境需求	电子签名在国内电子金融、电子政务和电子商务领域得到广泛应用,支持会计资料无纸化的成熟技术和市场环境已经形成
FSSC效率性的需求	电子签名的应用,使得会计档案能够在移动设备上获取、审核等,不再需要专人现场签章,通过系统自动鉴定电子文件的签名有效性,提高企业会计工作效率

4.8.6 从单据提交到文件归档

基于上述电子影像与档案管理等子系统的建设以及条码技术的使用,财务共享服务中心集成的影像管理系统支持对原始文件、对应电子影像从业务前端到FSSC归档全过程的有效流程与功能支持。

1. 分布扫描的流程处理示例

在分布扫描的模式下,外地分子公司相关业务人员在发生费用报账并提交报账单、粘贴原始票据后将报账单、粘贴好的原始票据提交当地扫描中心,扫描后原始文件暂存本地,按月或者按季邮寄。

图4-50是某企业基于SAP Net-Weaver CE、ECC、OpenText的分布式扫描业务处理流程,通过流程不同节点的信息系统的功能支持,实现从提单、影像粘贴、扫描到FSSC归档全过程高效的信息处理和采集。

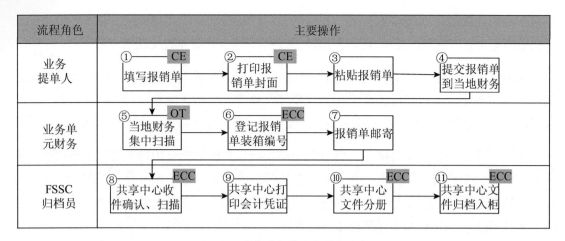

图4-50 分布式扫描业务处理流程

主要流程节点说明如下。

① 报销人登录FSSC综合报账系统,选择单据模板并根据实际费用发生情况填写报销单,报销单提交之后系统即生成报销单编码。

② 报销单提交之后报销人在打印报销单时,打印出的报销单封面上即有用于机器识别的条形码,该条形码的编码即为报销单编码。

③ 报销人按照A4幅面粘贴原始票据,并将粘贴好的票据附在报销单封面后装订成小册。

④ 报销人将装订好的报销单提交到当地业务单元财务。

⑤ 业务单元财务在收到报销单以及所粘贴的单据后,首先对票据的粘贴质量、票据真伪做基本筛查(筛查不通过,将直接退回提单人),完成原始票据的检查后使用高速扫描仪将报销单、附件批量扫描录入系统。此时,系统将自动基于扫描仪所采集的报销单封皮上的报销单号信息以及所生成的电子影像文件号信息,建立纸质报销单与系统电子影像文件的对应关系。

⑥ 业务单元财务将扫描完成的报销单放入用以邮寄的纸箱,使用扫描枪记录档案箱号与报销单对应关系。

⑦ 业务单元在寄出或移交档案箱时,在系统内记录档案箱移交的方式,如果使用快递移交,则记录快递公司、快递单号。

⑧ 对于FSSC收到的档案箱,FSSC财务在系统内标记档案箱收到状态,并使用手持扫描设备逐一扫描箱内的报账单条码。

⑨ FSSC根据报账单条码的扫描顺序,打印会计凭证,在打印的会计凭证上有FSSC装订编码、报销单条码(但本书建议,在实施了完整的档案管理系统后,会计凭证可以选择不打印)。

⑩ FSSC归档员将报销单以及对应的原始凭证分册归档,归档时记录分册编码与报销单编码对应关系。

⑪ FSSC归档员将档案分册归入文件柜,记录分册编码与文件柜编码对应关系。

以上操作环节中,通过信息系统功能的设计,系统将在相应的操作环节自动记录相关信息,比如在单据的移交环节,系统自动记录单据的移交经办人、移交方式、移交时间等,在档案的归档入柜环节,系统自动提示档案柜的容量状态并自动记录档案入柜的操作时间、操作经办人等。

某企业基于SAP实施的档案管理系统示例如图4-51所示。

序号	装箱编码	单据数量	移交方式	移交经办人ID	移交经办人	移交日期	邮寄公司	邮寄运单号	接收人ID	接收人	接收确认
1	6000-20150929002	1		40825	辛鑫	2015.09.29	顺丰	6921489020882	40825	辛鑫	确认
2	6000-20150930003	1		40825	辛鑫	2015.09.30	顺丰	1234567890	40825	辛鑫	确认
3	6000-20150930004	1		40825	辛鑫	2015.09.30	顺丰	ASDFGHJK3456	40825	辛鑫	确认
4	6000-20150930005	1		40825	辛鑫	2015.09.30	顺丰	123456789FGHJ	40825	辛鑫	确认
5	6000-20150929004	1		E0890261	E0890261	2015.09.30	顺丰	02356789	40825	辛鑫	确认
6	6000-20150930001	1		E0890261	E0890261	2015.09.30	邮政	4567890	40825	辛鑫	确认
7	6000-20150930002	2		E0890261	E0890261	2015.09.30	顺丰	234567890	40825	辛鑫	确认
8	6000-20150930010	1	其他	3893	巧玲	2015.09.30			3893	巧玲	确认
9	6000-20150930007	1	邮寄	3893	巧玲	2015.09.30	顺丰	2000000000200	3893	巧玲	确认
10	6000-20150930008	2	邮寄	3893	巧玲	2015.09.30	圆通	3282779003131	3893	巧玲	确认
11	6000-20150930009	1	邮寄	3893	巧玲	2015.09.30	顺丰	3282779003130	3893	巧玲	确认

图4-51 某企业基于SAP实施的档案管理系统示例

表4-14是典型的档案归档系统的后台数据表,透过这些数据表我们可以清晰地看到,档案在归档过程中相应的信息是怎样被一步一步地记录进入信息系统的。

用于记录单据从提交到装箱、邮寄、FSSC归档全过程人员、时间以及核心处理信息的单据归档主表将作为单据归档信息和后续调阅的基础表。

表4-14 单据归档主表

字段名称	字段类型	字段长度	示例值
单据编号	数值	10	XE20150009
公司代码	字符	4	6000
附件张数	数值	1	2
报账人	字符	8	27010000 陈剑
BU接收经办人	字符	8	27010011 谢厚琴
BU接收日期	日期	8	20150728
装箱编码	字符	18	2703-20150731-A001
装箱经办人	字符	10	27010001 陈子谦

续表

字段名称	字段类型	字段长度	示例值
装箱操作日期	日期	8	20150731
FSSC档案箱接收人	字符	8	27010002 陈建夫
FSSC档案箱接收日期	日期	8	20150803
FSSC文件分册编码	字符	12	2015-A08-009
FSSC文件分册操作人	字符	8	27010003 涂军
FSSC文件分册操作日期	日期	8	20150804
档案柜分配	字符	14	GS2700-C19-323
入柜操作员	字符	8	27010004 卫利生
入柜操作日期	日期	8	20150804

由于分布式扫描、集中式归档过程存在档案箱的寄送、移交和接收等，因此需要对过程的相关信息进行记录和处理，相关字段设计如表4-15所示。

表4-15 档案箱主表

字段名称	字段类型	字段长度	示例值
档案箱编号	字符	18	2703-20150731-A001
公司代码	字符	4	6000
单据数量	数值	4	243
移交方式	字符	3	A01 邮寄
移交经办人	字符	8	27010001 陈子谦
移交日期	日期	8	20150731
邮寄公司	字符	3	A03 顺丰
邮寄运单号	字符	25	SF1001009909
收件人	字符	10	潘甜
接收经办人	字符	8	27010002 陈建夫
接收日期	日期	8	20150803

无论企业是否实施了档案的集中归档，快速、高效的查询出原始文件的归档存放地点对于档案的后续调阅均具有十分显著的价值，因此有必要通过系统相关数据表和功能模块的设计对原始文件最后的归档地点进行必要的记录，如表4-16所示。

表4-16 FSSC档案柜主表

字段名称	字段类型	字段长度	示例值
文件柜编号	字符	14	GS2700-C19-323
容量	数值	4	500
地点	字符	30	FSSC大楼档案区C19-323
责任人员	字符	8	27010030 孙冬峰
补充信息	字符	50	

2. 集中扫描的流程处理示例

在集中扫描的模式下，原始单据信息将直接由业务提单人按照FSSC要求的格式邮寄到共享服务中心，共享服务中心扫描员对单据的粘贴质量、票据的真伪进行筛查，筛查完成后即借助高速扫描仪扫描进入影像管理系统。

图4-52是某企业基于SAP Net-Weaver CE、ECC、OpenText的集中式扫描、集中式归档的业务处理流程示例，具体步骤的说明此处从略，但通过流程我们可以看到，主体的业务环节除操作人员发生变化外，流程节点的核心内容乃至数据表设计仍然和分布式扫描模式保持一致。

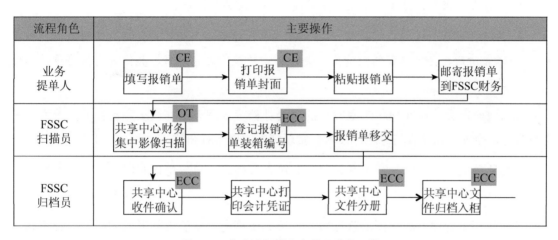

图4-52 集中式扫描业务处理流程一览

3. 单据调阅流程处理过程示例

考虑审计、税务等要求，在进行后续会计档案的调阅时，需要在系统内完成文件的调阅操作，由系统记录档案的借出状态、借出日期、借出人以及对应的后续归还日期等。其示例如图4-53所示。

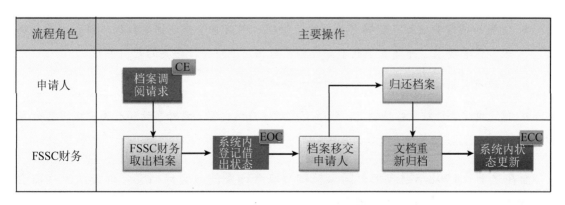

图4-53 会计档案的后续调阅流程处理过程示例

4.8.7 会计档案归档过程中的一些细节问题

1. 国家对会计档案电子归档有哪些要求？

会计档案是指会计凭证、会计账簿和财务报告等会计核算专业材料，是记录和反映单位经济业务的重要史料和证据。具体包括如下。

- 会计凭证：原始凭证、记账凭证。

- 会计账簿：总账、明细账、日记账、其他辅助性账簿。

- 财务会计报告：月度、季度、半年度、年度财务会计报告。

- 其他会计资料：银行存款余额调节表、银行对账单、会计档案移交清册、会计档案保管清册、会计档案销毁清册、会计档案销毁鉴定意见书、其他具有保存价值的会计资料。

根据财政部会计司2014年年底发布的《会计档案管理办法（征求意见稿）》第六、第七条规定，企业可以结合信息通信技术来实现档案的电子对归档。

《会计档案管理办法（征求意见稿）》第六条规定：单位可以利用计算机、网络通信等现代信息技术手段管理会计档案。

《会计档案管理办法（征求意见稿）》第七条规定：单位内部形成的电子会计资料，同时满足下列条件的，可仅以电子形式归档保存。

- 电子会计资料来源真实有效，由相应的信息系统生成和传输。

- 使用的会计核算系统能够准确、完整、有效接收和读取电子会计资料数据；能够输出符合归档格式的会计凭证、账簿、报表等会计资料；设定并履行了经办、审核、审批等必要的电子签证程序。

- 使用的档案管理系统能够有效接收、管理、利用电子会计档案数据，符合电子数据长期保管要求，并建立了电子会计档案与相应纸质会计档案的索引关系。

- 采取有效措施，防止电子会计档案数据被篡改。

- 建立电子会计档案备份制度，能够有效防范自然灾害、意外事故和人为破坏的影响。

- 不属于永久保存的会计档案。

而在之前，1998年财政部、国家档案局联合印发的《会计档案管理办法》（财会字〔1998〕32号）的第十二条则规定：

- 采用电子计算机进行会计核算的单位，应当保存打印出的纸质会计档案；

- 具备采用磁带、磁盘、光盘、微缩胶片等磁性介质保存会计档案条件的，由国务院业务主管部门统一规定，并报财政部、国家档案局备案。

可见，随着经济环境和信息管理技术的快速变革，无论立足中国的会计管理制度还是放眼全球范围，会计档案电子化是未来的大势所趋。

2. 有了档案管理系统，还需要打印传统的会计凭证吗？

从管理的本质诉求出发，传统打印会计凭证的主要管理出发点是通过凭证装订编号快速的对会计档案进行索引和查询，而在建立了电子档案管理系统之后，给定任意一个系统生成的会计凭证编码、报账单据编码都能快速、高效、在线的查询出所对应的记账凭证、原始票据存放地点、所有的系统操作日志等，因此从管理的本质诉求来看，建立了电子档案管理系统之后，在功能满足的前提下，没有任何打印会计凭证的必要性。

同时，根据财政部会计司2014年年底发布的《会计档案管理办法（征求意见稿）》的附表1《企业和其他组织会计档案保管期限表》规定，记账凭证属于会计凭证，因此属于需要归档的范围，归档年限为15年，而结合第七条规定，会计的记账凭证很明显符合电子归档的管理要求，因此记账凭证可以使用电子档案的方式进行归档，在满足《会计档案管理办法（征求意见稿）》的要求前提下，可以不用打印会计凭证。

3. 原始票据的粘贴页何种尺寸的较好，需要打印对应的报销单条码吗？

近年来，越来越多的企业逐步将小尺寸的记账凭证纸更换为A4尺寸，相应的后附原始凭证粘贴纸也更换为A4尺寸，A4纸张因其相对较大的开幅，基于A4纸进行原始凭证的粘贴，较为便于用户进行装订，尤其是面对相对纸张尺寸较大的发票时，A4纸张的尺寸就更加显而易见了，这样凭证在订本后也显得整齐美观。

因此，在报销单打印、原始票据粘贴时，我们也建议采用A4纸张作为基础纸张，这样在打印纸张的使用、票据的粘贴、装订方面都较为方便。

有些企业为了防止报销单票据在传递、扫描过程中遗失其中的一页或几页，要求报销人发票必须要粘贴在打印有报销单条码的原始凭证粘贴纸上，这样一来就每一张凭证粘贴纸都需要进行打印，这样实际上为凭证粘贴带来了一定的麻烦，因此本书建议的做法是仅报销单封面打印报销单条码，原始凭证粘贴纸不打印报销单条码，但是可以要求报销人手工在空白处手工标记报销单编号以防止遗失后快速追溯到原报销单。

在该方案下，所有票据必只有在首页中带有标准条形码。这样不仅使所有票据均具有相同的标准封面，同时也固定了条形码所处的位置，从而为软件识别提供了必要的条件。

FSSC扫描中心将待扫描票据按顺序（封面作为首页，其他票据随后）排列并送入高速扫描仪。扫描后一张图片后，系统软件将首先判断图片中是否有条形码——如果有，则新建条码组，如果没有，则将图片归为上一条码组。同时为了排除其他票据实物中所带有的非分组用标准条码（如增值税票据中自身所带有的条形码），系统将进行条形码内容及格式的判断（是否符合分组条形码所具有的标准特征），从而保证条形码识别的准确性。

4. FSSC手工制证的会计凭证原始档案如何归档？

除了现有的ERP系统之外，FSSC在建设过程一般都会配套实施综合报账平台，随着这些信息系统平台的应用，越来越多的会计凭证均会通过系统的预先设定的规则由相关的业务单据自动生成，但难以避免的是仍然有少数诸如审计调整、税务调整等在内的会计凭证还需要手工进行制证，对于由单据生成的凭证可以以报账单为原始档案归档的基础，对于手工制证的凭证所对应的原始档案那么应该如何归档呢？

针对该情况，本书建议直接采用手工会计凭证的编码作为原始票据归档的编码，比如在SAP ECC中由FSSC手工制证的会计凭证，直接以"会计年度+公司代码+系统会计凭证编号"为归档编号，在凭证归档系统中直接打印归档封皮，并将原始票据粘贴好后连同封皮一起装订、扫描、归档。

同理，对于非凭证相关的档案（如财务政策、税务备案、重要的纸质合同等文件），可以由系统生成归档编码、打印归档封皮，并以此为基础完成后续扫描、归档的过程。

图4-54是某企业在SAP系统内实施的非凭证类档案归档界面。

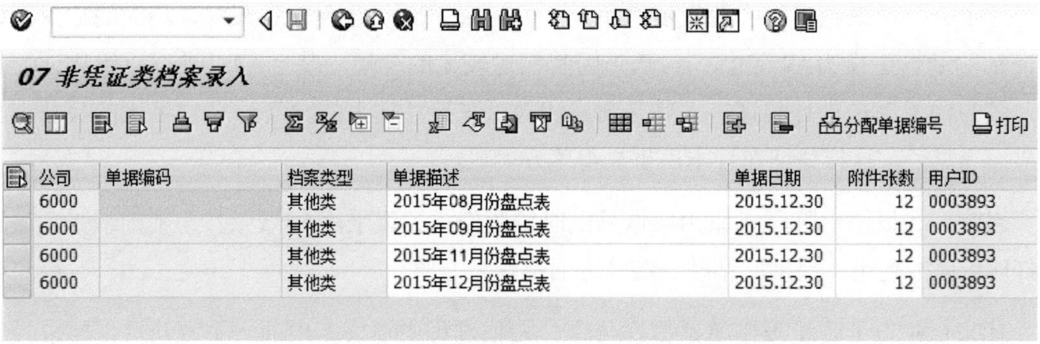

图4-54　某企业在SAP系统内实施的非凭证类档案归档界面

4.9　集成的税务管理

企业在建设财务共享服务中心时，随着财务组织架构的重新构建以及财务人员的迁移，往来的结算与税务相关问题就会与业务流程一起浮出水面，如何进行高效往来账务管理和税务管理成为影响共享服务中心流程运行效率、客户服务满意度的一项重要考虑。

以增值税发票的处理为例，由于地域分布、业务架构等多方面原因，多数集团性企业都面临这样或那样的问题。

- 对账效率低、反复对账：对账明细信息复杂、人工对账准确率低、人工对账效率低、人工对账成本高，需安排专人负责，对账往来单据的法律责任。
- 发票开具无统一标准或标准执行存在控制：折让、红字发票如何开具、无折让协议的匹配、无红字通知单的传递通道、无重要凭证的签收管理、无正确开票指导建议。
- 缺少与供方的有效协同和信息共享，退票率高。
- 发票处理内控困难：无在途发票信息、无应开发票信息、发票处理岗位多、发票传递环节多，存在发票丢失和滞留的风险，比如发票不能及时抵扣、税金损失和涉税风险。
- 发票集中管理与地方抵扣的冲突：集团财务共享后的纸质发票集中归档和增票按地域抵扣的冲突。

正是因为这些问题的存在，导致坚持传统模式下的往来发票处理将十分不利于财务共享服务中心在处理效率方面的提升，甚至由于共享服务中心跨地域的集中应付业务处理所带来的沟通阻碍可能将放大这些问题的影响。因此，引入高效的工具和优化的流程变得十分迫切，在此背景下，基于集成平台的共享税务管理方案应运而生。具体如图4-55所示。

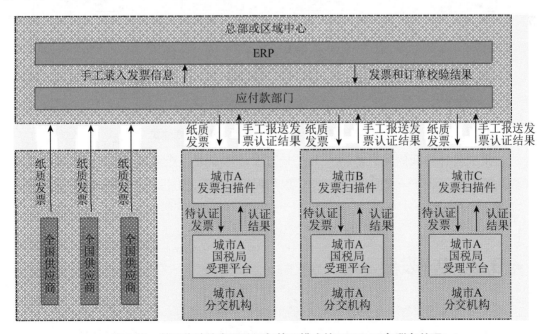

图4-55　基于传统的发票认证与管理模式的FSSC AP与税务处理

4.9.1 基于集成平台的共享税务管理

随着全国税务管理系统的联网和税务管理信息化水平的进一步提高，税务系统已经能提供基于互联网对在线实时发票查验真伪、发票验旧、发票报税等功能。同时，税务管理部门也陆续开放了与这些功能密切相关的部分系统端口，因此，近年国内也涌现出了一批信息化税务管理解决方案提供商为企业提供基于集成税务平台的税务解决方案。

这其中以合力中税的财务供应链解决方案最有代表性，合力中税以EIPP（Electronic Invoice Presentment & Payment）发票电子化呈递和支付解决方案为核心，作为平台服务的一部分，支持从发票到现金的全流程协作，集团企业统一发票对账、验对、认证和结算，中国唯一对账和发票处理无缝集成的解决方案。同时，借助与FSSC系统的接口支持与费用管理结合的企业全面支出的统计和管理。具体如图4-56所示。

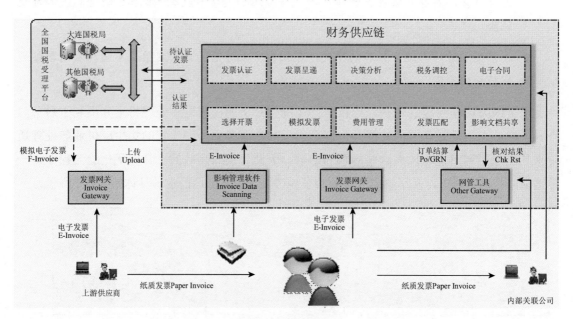

图4-56　基于集成税务管理的发票认证与管理模式

基于集成税务管理的发票协同平台，一方面能够显著为企业节省人力成本投入，提高业务处理效率，另外一方面也能够通过发票和订单的自动化匹配，然后直接进行发票认证，可以节省大量税金占用。

4.9.2 电子发票

正如前面谈到的银行电子回单所代表的单据电子化的趋势一样，随着信息技术在商业领域、公共管理领域的广泛普及，越来越多的政府文件开始以电子化方式呈现，借助电子签名等技术，相关行政管理的一些信息在实现联网后也逐步开始了无纸化，这其中就包括发票的电子化。

2012年年初在北京、浙江、广州、深圳等22个省市开展网络（电子）发票应用试点后，国家税务总局在发布的《网络发票管理办法（征求意见稿）》中提到，国家将积极推广使用网络发票管理系统开具发票，并力争在三年内将网络发票推广到全国。

2013年6月27日，北京市国家税务局、北京市地方税务局、北京市商务委员会、北京市工商行政管理局今日发布关于电子发票应用试点若干事项的公告。公告称，经研究决定，自2013年6月27日起，在北京市开展电子发票应用试点。

2015年8月1日起，国家税务总局提出为进一步适应经济社会发展和税收现代化建设需要，基于税务总局的升级版增值税电子发票系统以及配套的电子发票系统衔接改造方案，北京、上海、浙江和深圳成为首批开展增值税发票系统升级版电子发票试运行工作的城市。

应用电子增值税发票后，企业不需要增加任何设备，仅需升级开票软件即可基于税金系统在线完成电子增值税发票的开局。

图4-57是全国首张增值税电子发票。

图4-57　全国首张增值税电子发票

增值税票的电子化将极大地改善现有税务管理过程中的各种协同困难、信息不共享的局面，降低企业发票管理的成本。而且电子发票系统可以与企业内部的FSSC综合报账、ERP、CRM、SRM等系统相结合，发票资料全面电子化并集中处理，并可以通过网络化的客户、供应商开票信息共享，提高结算效率的同时也有助于企业本身的账务处理，并能及时提供面向企业经营者的决策支持。

未来取得电子增值税发票的企业和消费者可以基于电子发票所记载的相关信息，通过税务机关的开放端口在线取得发票查验信息，并可凭此依据进行发票的认证、抵扣等，由于过程的无纸化，将有效避免纸质发票在传递过程中的诸多麻烦，也避免因丢失纸质发票带来的诸多不便和由此产生的税务风险。

扩展阅读：全国首张增值税发票系统升级版电子发票在京诞生

2015年8月1日起，国家税务总局决定在北京、上海等地市开展增值税发票系统升级版电子发票试运行工作，试点成功后将在全国范围内逐步推广。7月31日上午，国税总局增值税发票系统升级版电子发票试运行启动仪式在北京举行，京东成功开具了全国第一张升级版电子发票。

1. "互联网+税务"让电子发票走得更远

7月9日，国税总局正式颁布了《国家税务总局关于开展增值税发票系统升级版电子发票试运行工作有关问题的通知》，决定自2015年8月1日起，在北京、上海、浙江和深圳开展增值税发票系统升级版电子发票试运行工作。

据了解，推广升级版电子发票是税务机关践行"互联网+税务"的重要举措之一。此次增值税发票系统升级版电子发票实施后，将在税务端形成统一的增值税发票信息系统平台，为所有发票纳入增值税管理、实现电子化税源管理、数据分析利用提供坚实的基础。

2013年以来，北京等部分省市开展了电子发票应用试点。为便于全国各省市电子发票管理系统互联互通，实现电子发票信息全国共享、闭环管理，国家税务总局利用今年以来在全国范围内推行增值税发票系统升级版的有利条件，开发了新的电子发票系统，同时研究制订了与各地已推行的电子发票系统的衔接改造方案。

"以前各省市推行的电子发票并没有实现互联互通。"北京市国家税务局货物和劳务税处副处长辛兵介绍说："这次升级版电子发票的最大特点是全国标准规范统一，包括技术规范和发票的票种规范等。此后，电商开具的电子发票接受方在全国任何一个地方都能得到统一的税收政策待遇。"

2. 推广电子发票将实现"三方"利好

对于税务机关、企业以及消费者而言，电子发票还具有降低成本、提高效率、方便使用和查询等天然优势。因为与传统纸质发票相比，电子发票不需要经过印制环节，申请、领用、开具、流转、查验等都可以通过税务机关统一的电子发票管理系统在互联网上进行。

据统计，京东商城在全国一年约使用3.6亿份发票，一年发票综合成本达1.08亿元。对于电子发票的推广应用和未来发展，京东集团税务与资金副总裁蔡磊表示，京东实行电子发票之后，在提高企业生产效率、降低经营成本等方面效果显著，电子发票在全国范围内的普及也是促进电子商务行业效率优化的必然选择。

早在2013年6月27日，我国内地第一张电子发票就已在北京开出。截至目前，北京市共有电子发票试点企业24家，开具电子发票9913万份，累计为企业节约发票综合成本2953万元，节约发票用纸近66吨，相当于49吨的二氧化碳排放量。

业内人士认为，电子发票不仅节约了电商运营成本，还可以实现透明追溯，有利于保护消费者合法权益。升级版电子发票开出后，数据将实时传入国家税务总局的信息系统，税务人员可以及时对纳税人开票数据进行查询、统计、分析，及时发现涉税违法违规问题。

3. 电子发票将全面促进电子商务发展

当前，我国电子商务发展进入密集创新和快速扩张的阶段，已经成为拉动国民经济快速增长的重要引擎。电子发票也被视为电子商务全程信息化的最后一环，对电子商务实现电子化、数字化、网络化和无纸化具有重要意义。

2014年10月24日，国务院办公厅发布《关于促进内贸流通健康发展的若干意见》，明确将电子发票应用作为发展内贸流通，拉动经济增长的重要措施，并要求全国各地加快推进。

据介绍，此次国家税务局总局升级版电子发票在全国推行后，将进一步实现电子发票在全国范围内的规范统一，有效促进电子商务行业的规范化运营，减少偷税漏税的恶性竞争，同时降低更多的企业成本，有助于企业财务处理及提供决策支持。

"升级版电子发票的推广使用，有利于电子商务等新兴业态的快速健康发展，营造健康公平的税收环境。"国家税务总局货物和劳务税司税控稽核处处长刘浩表示，该新系统推行到位后将使假发票难以立足，实施营改增扩围更为顺利，基层税务机关和纳税人两个减负明显，也有利于净化社会风气和反腐败工作的开展。

来源：新浪财经（2015年08月03日 17:32）http://finance.sina.com.cn/leadership/mroll/20150803/173222863592.shtml?_t=t.

4.10 财务共享服务模式下的资产管理

在前面的章节中我们提到，资产管理在纳入共享服务范畴的成熟度评估中由于其业务的标准化程度通常较高，因此也具有较高的成熟度，在许多企业的财务共享服务推进的过程中也是被优先纳入共享范畴的业务之一。

4.10.1 基于FSSC综合报账平台的资产业务报账

在规划和实施FSSC综合报账平台时，对企业标准化程度相对较高的资产业务其购置申请、处置等过程通常具有较为清晰的规范和完备的管理制度支撑，因此可以考虑将资产的相关报账业务纳入FSSC综合报账平台，通过标准化单据、审批流程以及系统集成接口的设计实现资产相关报账业务的在线化处理。

资产全生命周期业务如图4-58所示。

业务环节		资产购置业务处理	资产日常业务处理	资产退出业务处理
主要依托的系统	投资规划系统*	✓		
	FSSC综合报账	✓	✓	✓
	ERP财务模块	✓	✓	✓
	ERP物料模块*	✓	✓	✓
	ERP设备模块*	✓	✓	✓
核心系统功能需求		• 资产调拨单据与流程支持 • 集成的资产财务处理 • 投资性项目立项与执行管理* • 物资、设备、资产联动管理*	• 资产调拨单据与流程支持 • 集成的资产账务处理 • 预先设定的在线资产折旧方案 • 物资、设备、资产联动管理*	• 资产报废单据与流程支持 • 集成的资产账务处理 • 物资、设备、资产联动管理*
主要涉及的业务部门		• 投资部门、项目部门、资产采购需求部门、财务部门、采购部门、设备管理部门	• 设备管理部门、资产使用保管部门、财务部门	• 设备管理部门、资产使用保管部门、财务部门

图4-58 资产全生命周期业务

- 资产购置：在资产购置环节，FSSC首先接收业务人员完成相关验收手续的后固定资产验收清单。借助资产采购系统传递的资产相关信息或手工录入的相关信息，FSSC人员完成资产卡片的创建和初始价值的过账。
- 资产折旧：借助ERP系统资产模块日常业务处理功能，通过预先设定的资产折旧方案，系统自动或FSSC人员手动在对应的会计期间内完成折旧的计提。

- 资产调拨：资产运行期内发生的公司内部或者集团内公司间内的调拨业务需要FSSC相应的进行资产业务处理。如果只是公司内部的调拨，则仅需修改相关的资产统计属性即可，而对于跨公司的资产调拨，则需要对应的完成涉及调出方、调入方的对应的账务处理。

- 资产运行期维护：固定资产由于维修、改造等原因发生的价值变化或者费用记录，还需要相应地完成账务的处理。

- 资产盘点：固定资产实物系统汇总可以对供公司内资产进行统计，比较先进的方式可以通过条码或RFID技术进行管理。通过将这种实物盘点的数据和账务数据进行比对，能够及时发现资产管理中的问题，并采取必要的措施进行处理。处理结果将反映在ERP系统中的资产信息和资产价值中。

- 资产报废与处置：固定资产盘亏或变卖、报废，必须经过特定程序的审批，共享服务中心要对这些审批程序的有效性进行审核。审核后，必须进行必要的固定资产信息处理和账务的处理。

某企业基于SAP NetWeaver CE实施的资产报账系统界面示例如图4-59所示。

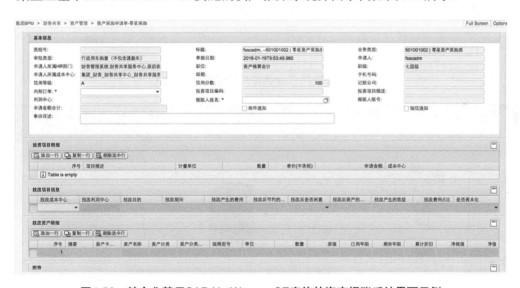

图4-59　某企业基于SAP NetWeaver CE实施的资产报账系统界面示例

4.10.2　FSSC资产管理辅助手段

集团性企业固定资产管理往往具有分布广、数量大、调整频繁等特点，资产变动信息在传递过程中容易由于人为等因素造成信息的失真和滞后，一定情况下导致账实无法同步一致，也不利于企业及时进行设备优化调配导致资产闲置浪费。

在资产实现基于FSSC的统一管理和服务后,面对集团范围内庞大的资产规模和资产卡片数量,有必要引入适当的辅助管理方法协助进行诸如资产状态跟踪、资产分布情况统计分析、资产盘点等工作,以技术手段的革新提升资产管理的效率和FSSC对内、对外的服务水平。

1. 资产状态监控软件

随着信息化技术的深入,尤其是近年来工业4.0和物联网(Internet of Things,IoT)变革浪潮的来临,越来越多的企业开始设计并实施资产在线状态监控软件,这些软件从IT资产开始伴随传感器技术的进步逐步推广到了传统非智能的资产上,特别是一些企业甚至基于物联网的管理理念,实施了数字化工厂,以广泛的传感器部署实现了高效的资产在线状态的监控和分析。

以应用成熟度较高的IT资产为例,多数集团性企业已经实施或者计划实施基于网络的IT资产状态监控软件,通过这些软件的应用实现了IT资产的规范、自动化的信息采集与状态跟踪。

以IBM的ISAM资产管理软件为例,它支持对设备的注册、使用者信息的采集与自动的状态报告等基本资产管理功能,同时提供了包括安装软件、安全、技术支持等方面的附加功能。此外,在ISAM管理中心的自助页面,还支持员工对责任范围内的资产进行自助查询和信息的管理。

使用在线状态的IT设备监控模式如表4-17所示。

表4-17 使用在线状态的IT设备监控模式

	安装有客户端软件的IT资金	提供状态监控的服务器	ERP系统
数据流	状态报告 ✓ 状态报告 ✓ 状态报告 ✗	状态报告 → ← 卡片信息	FICO资金管理模块
功能	设备注册:设备领用时的强制注册以及在收回时的取消注册 跟踪报告:定期、自动报告接入信息、状态信息、使用者信息、使用频度等	状态监控:跟踪电脑资产的使用状态(主机码、接入的IP地址,以及与注册信息的匹配等)、使用者、保管部门信息、使用频度等	卡片更新:保持IT资产数据(使用状态、使用保管部门、所属折旧成本中心)的更新 分析报告:可供FSSC调阅的ET资产的使用状态、闲置状态等报告

在表4-17中,企业使用在线的IT设备状态监控软件对相关IT资产进行在线的监控,考虑笔记本电脑等在内的IT资产具有移动性强的特点,通过安装在终端的资产管理软件实现对资产领用时的强制注册、资产使用状态报告、资产回收时的取消注册以及相关的状态监控与

分析。通过与ERP的接口，实现ERP端的财务资产、实物资产相关信息的自动更新并为资产状态报告的提供准确、可靠的数据来源。

IBM的资产管理软件示例如图4-60所示。

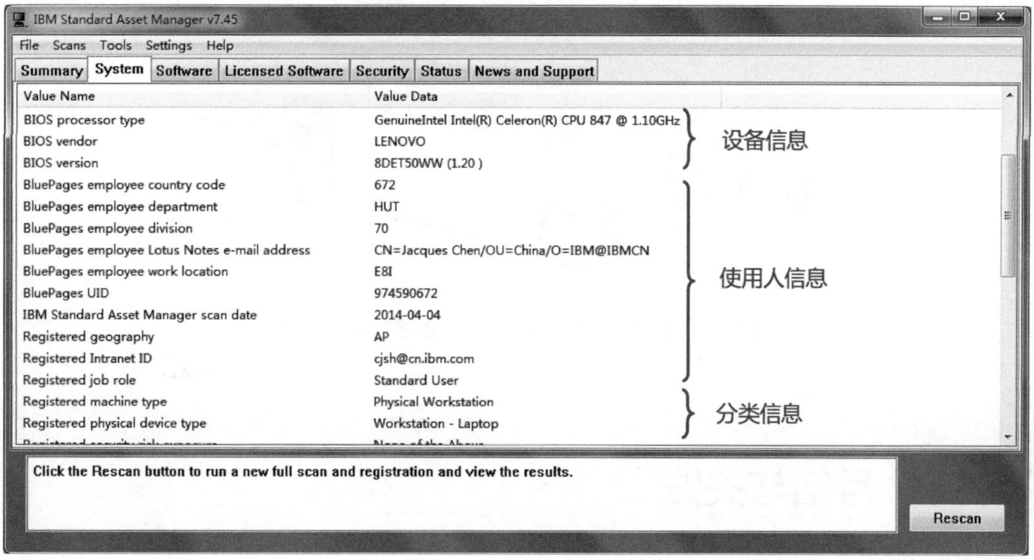

图4-60　IBM的资产管理软件示例

2. RFID技术

射频识别（Radio Frequency Identification，RFID）技术，又称无线射频识别，是一种通信技术，可通过无线电信号识别特定目标并读写相关数据，而无须识别系统与特定目标之间建立机械或光学接触。

RFID技术以其突出的优势近年来被广泛用作固定资产与信息系统的桥梁，成为物联网变革浪潮中的中坚技术，借助RFID，我们可将资产日常管理活动与资产管理系统有效的整合在一起，从而达到实物信息与系统信息的实时同步一致。随着技术的进步，建立一套基于RFID技术的产品生命周期管理系统实现自动管理已成为可能。

RFID资产管理系统为每件固定资产配备一个全球唯一ID号的电子标签，并使用手持式读写器用于资产盘点，可以快速读取设备上的电子标签信息，将读取的标签信息通过内置的通信方式、无线通信模块发送至后台服务器处理。固定式读写器用于门禁控制，采用圆极化天线，可以保证多角度的标签识别。从而实现固定资产实物从购置、领用、转移、盘点、清理到报废等方面进行全方位准确监管，结合资产分类统计等报表真正实现"账、卡、物"相符。

由于RFID电子标签具有存储容量大、传输速度快、不可仿冒、可并发识别等技术特点，因此通过资产管理平台数据库的支撑，就可以在标签内可靠实时地记录资产相关的信息，从而进行实时的资产管理监管，提高了经营效率，降低了成本支出。清晰的操作界面、准确及时的数据处理,使该系统作为一种现代化操作模式,为企业资产评估、决策提供了更为可靠的依据,避免企业在固定资产管理环节上可能造成的隐患,具体如图4-61所示。

图4-61　使用基于RFID的手持设备进行资产盘点

4.11　月结与关账

对于集团性企业而言,月结与关账的过程总是烦琐和耗时的,其间需要广泛地沟通和工作的协同,如果缺少有效的管理辅助工作,这个过程可能需要花费甚至超过一个星期的时间,并且充斥各种任务的冲突,企业往往由于复杂的组织结构和分散的信息系统导致月结与关账过程协调困难,进而阻碍结账流程的顺畅进行。

在实施FSSC后,由于原有会计岗位的异地化迁移,会计期末的结账业务处理的冲突可能会显得更为突出,因此务必需要引入适当的工具辅助FSSC进行快速、准确、可控的月结过程的管理,推动月结业务协同效率,在提高数据准确性的同时缩短月结周期。

作为面向集团财务管理新的解决方案代表,SAP近年也基于ECC现有关账驾驶舱功能（Tcode：CLOCOC）推出了聚焦于集团性企业关账业务协同和在线分析、监控的关账驾驶舱的升级版（Tcode：FCLOCOC）,新的关账驾驶舱功能支持从计划、执行、监控和分析的关账与后续评估分析环节的在线、闭环管理,是和现有ECC系统有效集成的一体化操作平台。

SAP的关账驾驶舱是SAP ERP财务会计模块中关账操作在线协同的核心,实施了关账驾驶舱的企业可以借助关账驾驶舱的以事件驱动的活动组织方式、概览和监控选项以及覆盖整个流程的分析工具,企业可以对关账的业务流程进行有效的优化。同时企业可以使用关账驾驶舱的功能创建结构化界面,以执行复杂流程（如关账流程）中的各种事务和程序。关账驾驶舱的结构性布局支持组织结构内（如公司代码内）的流程,以及影响多个组织结构的业务情景。

集团性企业月结过程的困难图示如图4-62所示。

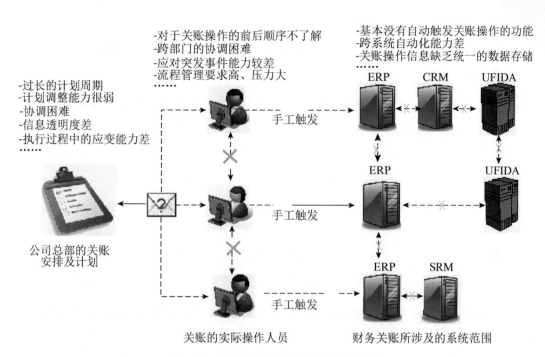

图4-62 集团性企业月结过程的困难图示

SAP关账驾驶舱主要业务环节示例如图4-63所示。

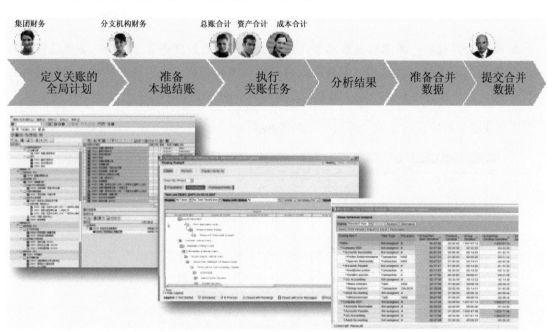

图4-63 SAP关账驾驶舱主要业务环节示例

● 定义关账的全局计划：良好的财务关账需要一个可持续使用的计划，从而对关账有全局了解，关账模板就是关账驾驶舱用于对关账过程中涉及业务进行规划的计划平台，基于它来定制关账的全局规划蓝图。集团财务可以在该平台上设定关账期间的总体计划，包括①关账涉及的组织机构；②关账所涉及的具体步骤；③关账的负责机构/部门/人员；④预期的关账时间跨度；⑤关账相关的业务规则及依赖性；⑥关账操作的可用性。

- 准备本地结账：完备的财务关账需要一个可灵活调整且具有可执行性的安排部署，这在关账驾驶舱中主要以任务清单的方式体现，任务清单是由关账模板根据整体的关账工作计划所生成的，分支机构/部门可以基于系统生成的任务清单进行适当的调整和完善，并可以根据实际的情况对计划进一步进行细化。

- 执行关账任务：关账驾驶舱提供企业有效快速的财务关账同时需要统一、易用的操作平台，确保集团下属单位之间能够形成畅通的沟通渠道以及信息的充分共享与业务与数据的透明，而且关账驾驶舱提供了传统GUI或者Web界面方便会计人员便捷的操作，同时各分支机构财会人员能够基于任务清单进行各项关账任务。

- 分析结果：集团总部和分支机构可以通过关账驾驶舱的标准报表在各自的层面监控关账的状态和进展情况，快速定位关账的瓶颈步骤。

- 准备合并数据：作为关账过程中的重要一步，合并过程要求大量的业务协同与合并抵销，企业关账驾驶舱通过上述基于关账任务管理的合并任务的逻辑关系的设定，实现合并报表工作在线的协同。

- 提交合并数据：关账的最后环节，借助关账驾驶舱的任务管理对纳入合并范围内的单位的合并数据提交情况进行在线的跟踪确保相关数据能够按照整体关账计划的安排完成，保证最终会计期间数据的及时生成和提交。

某企业实施的关账驾驶舱主界面如图4-64所示。

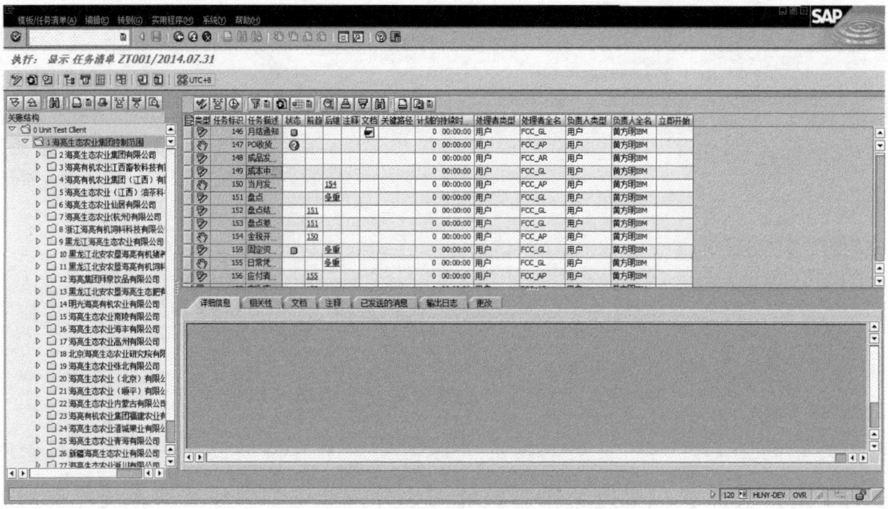

图4-64 某企业实施的关账驾驶舱主界面

第5章

FSSC运营管理与提升业务咨询方法

财务共享服务中心建立的目的包括提高业务处理效率、提升会计信息质量、节约组织人力成本以及满足内部客户需要、推进财务向更高价值的管理领域迈进的需要。

5.1 绩效管理

绩效管理作为推动组织价值实现的重要工具，是确保财务共享服务中心服务水平不断提升优化、确保财务共享服务中心价值及相关目标有效落地的重要保障。

5.1.1 绩效管理与财务共享服务中心

绩效是指个人或组织在一定期间内投入产出的效能与效率，其中投入是指人、财、物、时间、信息等资源，产出指的是工作任务和工作目标在数量与质量等方面的完成情况，包括组织绩效和个人绩效层面。

绩效管理于20世纪70年代由美国学者提出，其核心观点是认为绩效管理是建立在组织和个人双方持续沟通的基础之上的，通过在相关标准、目标以及能力等方面达成一致来拉动组织整体和个人工作效率提升的管理过程，并将其定义为"管理、度量、改进绩效并且增强发展的潜力"。绩效管理专家罗伯特·巴卡尔（Robert Bacal）认为绩效管理"是一个持续的交流过程，该过程由员工和其直接主管之间达成的协议来保证完成并在协议中对未来工作达成明确的目标和理解，并将可能受益的组织、经理及员工都融入到绩效管理系统中来"。

财务共享服务中心作为一种创新型的管理模式，需要建立一套服务自身发展阶段、适应管理特点的绩效评价体系，其中包括了对于财务共享服务中心整体组织绩效以及内部员工个人绩效的评价。

- 组织绩效：组织绩效是指组织在某一时期内组织任务完成的数量、质量、效率及盈利情况。组织绩效衡量的是整个组织在一个周期内的绩效，其衡量的是整体性、长期性和结果性，通常表现在三个维度，即组织能力、组织效率和组织气氛。

- 个人绩效：个人绩效是指组织中的个人在某一时期内针对组织分配任务完成的数量、质量、效率以及综合输出等。个人绩效衡量的是个人在一个周期内的绩效，其衡量的是单一性、周期性和结果性，通常表现在所承担的KPI、行动方案、个人发展三个维度，以最终达成的结果来衡量。

财务共享服务中心建立后，有效的绩效管理可以是财务共享服务中心的管理者和员工明确自身所处的位置以及岗位的职责与目标，保证财务共享服务中心能够为内、外部客户提供稳定、持续的改进的优质服务。同时，绩效管理还有利于促进财务共享服务中心的流程不断优化，逐步明确其中的每一项业务如何运作、要求是什么。例如，因何而做、由谁来做、如何去做、向谁传递等具体流程方面的问题，这些都对财务共享服务中心的效率提升和流程的不断优化有着重要的影响。

FSSC绩效管理循环如图5-1所示。

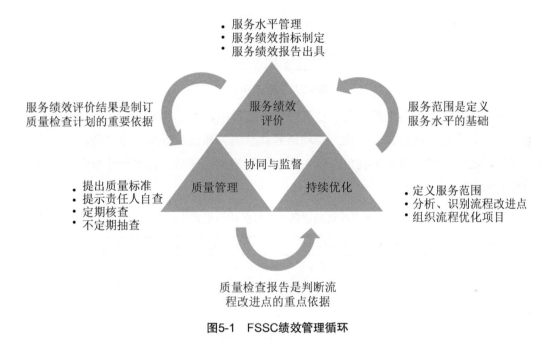

图5-1　FSSC绩效管理循环

5.1.2　财务共享服务中心绩效指标体系构建

哈佛大学教授、美国著名管理会计学家罗伯特·卡普兰（Robert Kaplan）与诺朗顿研究院（Nolan Norton Institute）的执行长大卫·诺顿（David Norton）在20世纪90年代提出了"平衡计分卡"（Balanced Score card），他们提出从财务、客户、内部流程、学习和发展四个方面多视角、体系化的评价企业绩效，即在保留传统财务指标的基础上，增加客户、内部流程、学习和发展四个方面评价企业绩效，这些考核指标都来自于组织战略目标的实现和竞争的需要，是一种综合性的绩效评价体系。

平衡计分卡不仅能有效克服传统的在绩效评估价过程中单纯使用财务评估方法所带来的滞后性、偏重短期利益和内部利益以及忽视无形资产收益等诸多缺陷，它对提升绩效评价与战略协同之间的良性连接具有十分显著的长期性的促进作用，是一个科学的集公司战略管理控制与战略管理的绩效评估于一体的管理系统。具体模型如图5-2所示。

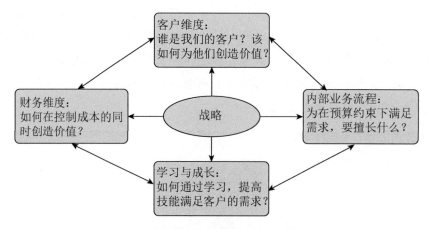

图5-2 平衡计分卡

在财务共享服务中心组织与人员绩效评价的过程中，为了更好地评价财务共享服务中心的综合绩效并能够切实、有效地为推动财务共享服务质量、提高企业财务管控能力的目标所服务，我们同样建议从多视角、体系化地进行绩效的评估，在平衡计分卡的基础上，我们提出如表5-1所示指标。

表5-1　本书建议的财务共享服务中心绩效指标体系

维度	指标类型	绩效指标评价内容	指标示例	组织指标	个人指标
Ⅰ 财务	财务收益性指标	以实体利润中心或内部利润中心的视角审视财务共享服务中心的组织和个人的盈利性创造情况，从成本中心的角度审视成本节约情况	财务共享服务中心对外服务收益、财务共享服务中心员工价值创造、FSSC人单成本、FSSC综合成本节约率	适用	适用
Ⅱ 内部流程	账务处理质量指标	是否充分考虑凭证规则等因素，能否对账务系统及周边系统提出需求，系统间集成度，数据及时、准确、完整入账的情况	账务处理差异调整次数、影像一次性扫描合格率、单据遗失率、账龄逾期率	适用	适用
Ⅱ 内部流程	流程时效性指标	流程处理是否在有效控制的前提下推动流程环节的简化、提高流程处理的速度	平均FSSC岗位处理时长、平均影像处理时长、共享中心总处理时长、单据审核及时率、月结平均时长	适用	适用
Ⅱ 内部流程	工作效率性指标	在成本收益平衡的前期下，提高业务处理自动化比率情况	平均每单处理时间环比指标、年度生产力提升建议贡献数量	适用	适用
Ⅱ 内部流程	风控有效性指标	流程中的关键控制节点及控制措施是否有效，岗位职责是否明确，是否通过系统固化控制措施	流程重大风险识别次数、风险规避措施建议贡献数量	适用	适用
Ⅲ 客户	客户满意度指标	流程清晰、职责明确、对相应的系统、配套政策规范、培训等提出需求	平均服务满意度得分、被投诉次数、平均问题解决周期	适用	适用
Ⅳ 学习与发展	组织与团队成长指标	对包括人才保留与培养、学习与创新等在内的组织、团队发展情况	平均参与学习培训时间、平均人员流失率、创新与协作等	适用	适用

基于上述指标体系框架，在确定了具体的指标之后，我们需要进一步区分一般绩效指标（Common Performance Index，CPI）和关键绩效指标（Key Performance Index，KPI）。

关键绩效指标，即用来衡量某一职位工作人员工作绩效表现的具体量化指标，是对工作完成效果的最直接衡量方式。关键绩效指标来自于对企业总体战略目标的分解，反映最能有效影响企业价值创造的关键驱动因素。

设立关键绩效指标的价值在于它能促使管理者将精力集中在对绩效有最大驱动力的经营行动上，及时诊断生产经营活动中的问题并采取提高绩效水平的改进措施，这对于财务共享服务中心抓准绩效管理的重点具有非常重要的意义。

当然，我们也应当看到，随着财务共享服务中心建设和运营的持续深入，以及伴随基于SLA的财务共享服务中心服务主体与被服务对象的持续深入等的影响，FSSC选定为KPI的指标可能随着时间变化而变化，因此我们建议管理者应当周期性地在指标体系框架之下进行关键绩效指标的重新识别并据此调整相关管理举措。

此外，借助FSSC支持系统功能的优化如员工在岗管理、自动分单机制、退单原因类型细化等，丰富共享中心及人员绩效的多口径分析，例如通过系统自动计算并扣除节假日因素、扣除业务前端单据不全、反馈缓慢等原因造成的审核延迟等因素，借助系统的高效运作生成的绩效KPI数据为日常运营提供指引，真正地将绩效管理落到促进业务上，而不是耗费精力在手工统计整理上。

5.1.3 财务共享服务中心的绩效指标与指标体系的实施

绩效管理指标是对财务共享服务模式下企业的战略目标在企业各业务部门、员工间进行的层层细化和分解。确定共享服务中心绩效指标的前提是首先要明确企业建立财务共享服务中心的战略目标和具体要达成的效果。

不同的企业对共享服务中心达成的目标和具体效果有不同的预期，针对这些不同的目标可以有侧重的形成相应的绩效指标。

财务共享服务中心的绩效指标既包括传统意义上的财务性指标，即结果性指标，还应当包括与成长性相关的非财务性指标，如学习和创新指标、客户满意度指标、内部流程指标等。

对于独立运营模式下的财务共享服务中心，其财务指标侧重于投资回报、成本、利润等指标，而服务于集团内部分子公司的财务共享服务中心，更侧重于预算执行率、费用控制、每年所创造的服务价值、对集团整体成本、成本占收入比重等多个指标，具体包括预算执行率、人力成本、每笔交易的成本、成本占收入的比例等多个指标。对于非财务性指标来说，财务共享服务模式下的企业绩效指标管理更加注重客户满意度、业务标准化程度、业务处理质量与效率等指标。

1. 绩效管理中的计划

1）制定绩效目标计划及衡量标准。

毫无疑问，绩效管理的第一步就是制定绩效管理的目标，绩效目标分为结果目标和行为目标两类。无论何种目标，在制定的过程中均应当参考承接自企业战略愿景的组织目标。

- 结果目标，是指做什么，要达到什么结果，结果目标来源于公司目标、部门目标、市场需求目标，以及员工个人目标等。
- 行为目标，是指怎样做。

在制定具体的绩效目标时，我们可以采用SMART目标设定原则，即既要确定要实现什么结果又要确定怎样去做，才能更好地实现要达成的目标。

SMART原则是指：

- S：具体的（specific）——反映阶段的比较详细的目标；
- M：可衡量的（measurable）——量化的；
- A：可达到的（attainable）——可以实现的；
- R：相关的（relevant）——与公司、部门目标的一致性；
- T：以时间为基础的（time-based）——阶段时间内。

2）对目标计划的讨论。

在确定SMART目标计划后，组织员工进行讨论，推动员工对目标达到一致认同，并阐明每个员工应达到什么目标与如何达到目标，共同树立具有挑战性又可实现的目标，管理者与员工之间的良好沟通是达成共识、明确各自目标分解的前提，同时也是有效辅导的基础。

3）确定目标计划的结果。

通过目标计划会议达到管理者与员工双方沟通明确并相互接受，在管理者与员工之间建立有效的工作关系，员工意见得到听取和支持，从而确定监控的时间点和方式。

2. 绩效管理中的辅导

在确定了阶段性的SMART目标和通过会议明确了各自的目标之后，作为管理者的工作重点就是在各自目标实现过程中对员工进行辅导。辅导的方式有如下两种。

- 会议式，是指通过正式的会议实施辅导过程。

- 非正式，是指通过各种非正式渠道和方法实施对员工的辅导。

对员工实现各自目标和业绩的辅导应为管理者的日常工作，在辅导过程中既要对员工的成绩认可，又要对员工实现的目标进行帮助和支持。帮助引导达到所需实现的目标和提供支援，同时根据现实情况双方及时修正目标，朝着实现的目标发展。这也是对怎样实现目标（行为目标）过程进行了解和监控。需要强调指出的是，良好的沟通是有效辅导的基础。对于员工的参与，要求员工能够：

- 描述自己所要达到的目标（或实现的业绩）。

- 对自己实现的目标进行评估。

有效的辅导应该是：

- 随着目标的实现过程，辅导沟通是连续的；

- 不仅限于在一些正式的会议上，更强调非正式沟通的重要性；

- 明确并加强对实现目标的期望值；

- 激励员工，对员工施加推动力（推动力是指一种连续的需求或通常没有意识到的关注）；

- 从员工获得反馈并直接参与；

- 针对结果目标和行为目标。

3. 绩效管理中的评价

在阶段性工作结束时，对阶段性业绩进行评价，以便能公正地、客观地反映阶段性的工作业绩，目的在于对以目标计划为标准的业绩实现的程度进行总结，进行业绩的评定，不断总结经验，促进下一阶段业绩的改进。

通过实际实现的业绩与目标业绩的比较，明确描述并总结业绩的发展表现趋势。在对阶段性业绩评价之前，要进行信息收集，尤其是对实现目标过程的信息收集，在沟通和综合员工与管理者双方所掌握的资料后，通过会议的形式进行阶段性业绩的评价，包括对实际业绩与预期业绩的比较、管理者的反馈、支持与激励、业绩改进建议、本阶段总结、确定下阶段的计划等。

在评价过程中需要管理者具备较好的交流技能，如提问、倾听、反馈和激励等。

一般绩效评价的内容和程序包括以下几个方面。

- 量度：量度原则与方法。
- 评价：评价的标准和评价资料的来源。
- 反馈：反馈的形式和方法。
- 信息：过去的表现与业绩目标的差距，需要进行业绩改进的地方。一般评价的标准是选择主要的绩效指标KPI（定量和定性的指标）来评价业绩实现过程中的结果目标和行为目标。

4. 以考核为基础的个人回报

薪酬与绩效是组织和员工之间的对等承诺，绩效是组织根据战略目标的设定所期望的结果，是组织为实现目标而在不同组织级别上所要求的员工工作的输出，换言之即成为员工对组织的承诺，而薪酬是组织对员工做出的承诺，因此绩效最终的结果应当体现在相应的薪酬层面。

个人绩效回报形式通常包括工资、奖金、股权、福利、机会、职权等，确定合理的具有以实现和激励为导向的业绩报酬方面，是推动绩效管理体系落地的重要基础，通过员工职位的KPI（员工的业绩衡量指标）的设定，评定职位的输出业绩，对关键的业绩进行考核，综合工作能力、工作态度等方面，并将它们与报酬相结合，只有最终落实到薪酬层面（短期或者长期），才能最切实、有效地推动绩效管理为财务共享服务中心运营提升带来持续改进的动力。

5.2 PDCA循环

5.2.1 PDCA循环

PDCA循环又称戴明循环，最初由美国的质量管理专家戴明博士于20世纪50年代提出。PDCA循环按照计划（Plan）、执行（Do）、检查（Check）、行动（Act）四个过程循环进行，帮助企业不断优化和改进现有流程，以达到提高质量、降低成本目的。

PDCA循环的核心就是不断分析、改善、实践，各级的质量管理都应有一个PDCA的过程循环，它们会形成大环套小环，互相制约，互为补充的有机整体。图5-3所示的就是戴明博士提出PDCA思想的组成构架，上一级循环形成的标准是下一级的依据，而前几阶段的问题分析为后续的实施飞跃做好铺垫和提供基础。PDCA循环并不是周而复始地运转，而是每一循环都有新的目标和内容。通过不断地循环改进，不断解决问题、优化过程、提高质量水平。

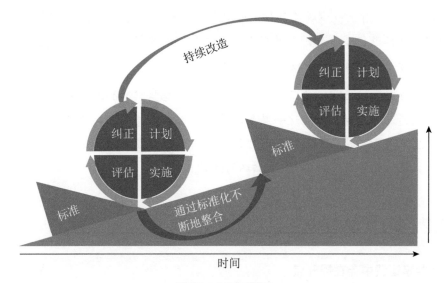

图5-3　PDCA循环

PDCA循环主要包含如图5-4所示的四个阶段。

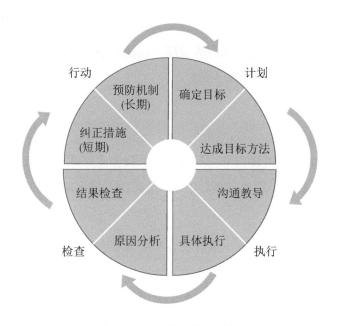

图5-4　PDCA循环的四个阶段

- P（计划）：确定一个明确的目标，并制定达成该目标所需的相关的计划和必要的流程。通过制订详尽的计划，可在今后的过程中更好地评估实现的结果和目标的差距，以便对目标进行进一步修正。

- D（执行）：执行上一步所制定的计划和流程，并收集必要的信息和数据，为后续"检查"和"行动"两个阶段提供依据。

- C（检查）：对上一步收集的信息和数据进行检查和分析，并与"计划"阶段规划的期望目标进行差异分析，并提出改进方案。通过制订改进的方案进一步提高计划的可执行性，并为下一阶段"行动"提供指导。

- A（行动）：通过"检查"，如果发现实际"执行"的结果与"计划"的目标一致，则通过"行动"固化这一结果，将其作为未来持续优化的标准；如果通过"检查"发现实际"执行"的结果与"计划"的目标存在差异，则通过"行动"固化现有的成果，并作为下一轮PDCA循环的开始点。

5.2.2 PDCA在财务共享中的应用

1. 财务共享运营中存在提升点

1）财务制度。

在财务共享中心运营过程中，由于缺乏专业化的流程指导制度，导致无法按照合理的方式、方法来进行财务共享中心的运营、财务共享管理过程控制等；由于缺乏对业务部门的控制制度，尤其是没有对被服务部门的资质、收费标准等做出特定的指标规范，可能会导致财务共享中心无法较好地提供共享服务。

2）决策能力。

财务共享中心的构建，是一个长期的过程。共享中心的运营阶段，也需要企业的高层领导及企业决策委员提供决策和指导。所以企业必须拥有十分优秀的、具有前瞻性的领导团队，否则企业必将承担由于财务共享后导致业务流程不畅等一系列风险。

3）人才储备。

在实现财务共享后，共享中心内部较多承担大量核算工作，这些工作往往属于大量重复、标准化程度极高的工作。如果没有与共享中心财务人员进行良好沟通，使他们对这种改变有所准备，那么共享中心内部的矛盾可能会更加严重，从而导致员工工作效率低下、带着情绪工作，一些专业技能强的人才流失等现象产生，这些都影响着企业财务共享中心的人才储备。

4）服务质量。

财务共享中心运营阶段可能存在服务质量不高的情况。导致服务质量问题发生的主观原因是共享中心的员工缺乏工作激情，对待工作不认真，客观原因是由于共享中心的员工资质不够、能力有限等，使共享中心无法达到预期的财务共享服务质量标准。因此，需要在共享中心运营过程中不断优化提升，真正把"服务"做强。

5）流程效率。

财务共享中心建设初期，可能由于物理的集中、基础设施建设不足导致某些业务流程处理时效拉长，影响了流程效率。在运营过程中，如何在不降低财务风险控制的前提下提高共享中心流程效率，也将是一个重要的提升点。

2. PDCA循环的实施主要步骤

在共享中心的运营过程中，企业可以采取如图5-5所示的8个主要步骤进行PDCA的4个循环。

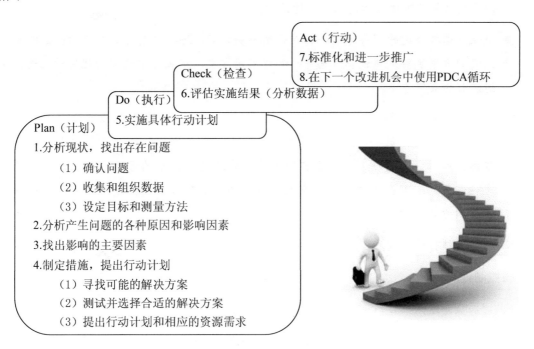

图5-5　PDCA循环的8个主要步骤

1）分析现状，找出存在的问题。

- 确认问题：在共享中心的运营过程中，需要对运营情况进行实时监控，及时发现并记录共享中心运营过程中出现的问题。

- 收集和组织数据：发现并确认问题后，针对这些问题成立专项小组，收集并重现这些问题。

- 设定目标和测量方法：明确问题后，需要明确解决目标，以及定义一个可量化的评价指标，以便评估问题解决程度。

2) 分析产生问题的各种原因和影响因素。

通过收集到的信息和数据，分析可能导致问题产生的各种原因和影响因素。并通过分析的结果，反复问一个为什么，把问题逐渐引向深入，最终找出导致问题发生的作用因素。

3) 找出影响的主要因素。

针对分析结果，对问题的影响因素进行排序，找到主要影响因素，并着重解决。

4) 制定措施，提出行动计划。

- 寻找可能的解决方案：针对主要的影响因素，提出并记录可能的解决方案，这些解决方案必须是可执行的，且是可评估的。
- 测试并选择合适的解决方案：针对备选解决方案，逐一进行分析和评估；选择流程改进的方案主要是通过集体思考，制订不同方案，根据方案之间的优劣对比选择改进流程的最佳方案。
- 提出行动计划和相应的资源需求：明确制订行动计划和资料的收集与分析计划，明确以下问题：第一，确定相关工作责任人，哪些部门、哪些人员完成什么样的任务；第二，明确每个实施步骤的工作，实施过程控制的方法；第三，预计任务实施需要的时间；第四，明确在改进过程的哪些环节实施测量；第五，明确数据收集的方式及收集方式的科学性。

5) 实施具体行动计划。

按照制订的行动计划进行具体的实施工作。

6) 评估实施结果（分析数据）。

收集实施结果数据，在确保数据收集科学准确的基础上，确认实际结果是否达到预期目标或者与预期目标的差别和差距在哪里，并且确认每项措施的有效性并得出结论。

7) 标准化和进一步推广。

实施完成后，需要对流程标准化、经验推广及进一步总结的过程：标准化要将整个流程制度化，确保系统流程稳定运行；并通过成果汇报等形式将经验从单一流程推广至更多类似的流程；进一步总结并发掘这一PDCA循环中尚未解决的问题，把它转到下一个PDCA循环。

8) 在下一个改进机会中重新使用PDCA循环。

以上一个PDCA固化的标准作为起始点，进行下一轮PDCA的改善循环，通过不断的计划、执行、检查、行动循环的推动，螺旋形的提升财务共享服务中心的综合运营绩效。

5.3 六西格玛

六西格玛是一种改善企业质量流程管理的技术，以"零缺陷"的完美商业追求，带动质量成本的大幅度降低，最终实现财务成效的提升与企业竞争力的突破。六西格玛管理在通用、摩托罗拉等全球500强企业中的成功推广，促进了越来越多的企业加入六西格玛管理实践者的行列，其中包括宝钢、海尔等一大批国内知名企业。

六西格玛（6 Sigma）管理法本身是一种统计评估法，它通过设计和检测日常业务的过程，减少浪费和资源损失，提高客户满意度，显著改进过程绩效的业务管理流程。六西格玛的核心是追求交付的零缺陷率，要求百万机会缺陷数（Defeets per Million Opportunity，DpMO）不超过3.4，这意味着企业将通过卓越的管理降低经营风险，从而拥有更为强大的竞争力和忠诚的客户。

缺陷率与西格玛水平对应表如表5-2所示。

表5-2　缺陷率与西格玛水平对应表

西格玛水平	正品率（%）	DpMO
1 σ	30.9	690000
2 σ	69.2	308000
3 σ	93.3	66800
4 σ	99.4	6210
5 σ	99.98	230
6 σ	99.9997	3.4

注：正品率 = 1-(失误次数/百万次操作)

实施六西格玛管理可以帮助企业显著地改善经营业绩，使其获得快速增长的经营方式，概括起来主要体现在以下几个方面。

（1）节约运营成本。据研究结果显示，服务性过程的次品成本（返工、错误等）的绩效仅在1.5 σ～3 σ（也就是仅50%～90%的概率满足顾客的需求）。对于像财务共享服务中心这样的服务型企业而言，所有达不到SLA的不合格服务产品都会造成企业运营成本的浪费。美国的一项统计资料表明，摩托罗拉公司在1987—1997年这10年间，由于六西格玛管理而节省下来的成本累计已达到140亿美元。

（2）提高服务质量。六西格玛管理可以通过改善服务流程来提高服务品质，从而使对顾客的服务水平得到很大的提高。辉瑞亚太财务中心的应付账款小组，通过实施六西格玛黄带项目，成功地理顺了关于医生讲课费支付的流程，使得付款的错误率减少了大约83%，从最初的每天退款60多笔减少到目前每天不到10笔退款，大大加快了支付速度。

（3）增加顾客满意度。实施六西格玛管理可以使企业从了解并掌握顾客的需求，然后通过采用六西格玛管理来减少服务的随意性和降低服务的差错率，从而增加服务价值并提高客户的满意程度。

（4）变革企业文化。在普通管理方式下，员工经常会对自己的工作目标感到不知所措，工作处于一种被动状态，在6σ的管理方式下，员工知道自己的工作应该达到一个什么标准，也知道该怎么做。通过参加6σ的培训，员工掌握了标准化和规范化的问题解决方法，整个部门的工作效率也将得到有效地提高。员工不必再为了工作中随时出现可能的差错而分散精力去开展消防式的救火，他们能够专心致力于工作，将工作的重心转移到重视顾客的需求以及服务质量上，并力求做到最好的以超越客户的期望上面来。

由此可见，无论从客户还是共享服务中心长远的运营角度来看，在服务过程中开展六西格玛管理都是十分必要的，而且也是十分行之有效的。

5.3.1　FSSC推行六西格玛管理的模式建议

推行六西格玛管理一般采用DMAIC改进法，这是一种和PDCA具有一致的管理理念的方法，它是由定义（Define）、测量（Measure）、分析（Analyze）、改进（Improve）、控制（Control）五步循环改进流程构成的。DMAIC过程主要针对不能满足目标要求的过程对其进行突破性改善，它能够为我们提供基于数据的方法，通过减少缺陷来实现持续的改进。

- 定义：确定需要改进的产品或工序，决定项目需要什么资源。
- 测量：收集有关产品或工序现状的数据，借助关键数据测量问题。
- 分析：参考在测量阶段所收集的数据，对导致问题产生的原因进行进一步分析，以确定一组按重要性程度排列的影响质量的变量（鱼骨图）。
- 改进：挑选最理想的改进方案付诸实施，并确认该方案能够满足或超过项目质量改进目标。
- 控制：确保对工序的改进一经实施就能够持之以恒，及时解决出现的问题，使改进过程不至于发生较大的失误,并确保工序不会返回到以前的状态。

5.3.2 FSSC成功推行六西格玛的管理的关键

六西格玛管理的优点显而易见,它可以通过流程设计和过程监控,最大限度地减少不必要的差错和实物,从而使企业可以达到质量与效率的提高、利润最大化以及成本周期的最小化。同普通的管理方法相比,六西格玛管理具有以下特点。

- 以客户的关键需求为出发点,完成对现有流程的改进和对新流程的优化设计。
- 以数据和事实为基础,并使用各种统计工具,使管理成为一种可测量的手段。
- 以项目的方式推动,通过对项目的实施来完成质量改进。
- 事前有预见的积极管理,而不是被动地处理危机。
- 无边界的跨组织合作,消除部门及上下级间的壁垒。

鉴于以上特点,全面推行六西格玛质量管理,应该具备以下几个基本条件。

- 高层管理者的推动与支持。六西格玛管理的最终目标与企业发展的战略密切相关,领导层的参与可以自上而下地推动流程重组后的组织变革。
- 组建项目骨干团队。项目倡导者、黑带大师(Master BlackBelt)、黑带、绿带等人员是整个六西格玛队伍的骨干。其中,黑带作为内部咨询师,负责项目筛选和人员培训,并对项目实施过程进行指导和监督等。若缺乏这些人才,项目将无法正常进行。
- 广泛地开展六西格玛培训。一般来说,企业要想成功推行六西格玛管理,必须全面开展六西格玛相关知识的培训,以便使员工在项目开展的过程中能够积极地参与并贡献其专业知识。此外,关键是要培养一批合格的"黑带"和"绿带"人员。
- 足够的项目启动资金。虽然六西格玛管理能够通过降低返工率而为企业节省运营成本,但是在启动和实施的各个阶段必然需要一定的资金支持,否则项目很有可能在某个阶段被迫中断。

综上所述,FSSC在进行内部流程持续改善的过程中,应当充分对上述因素进行评估,确保六西格玛在相关部门的全面、有效的落实,进而才可能推动企业在客户满意度、成本节约方面的成果的有效实现。

第6章
FSSC服务与运营管理系统落地方法

除了前面我们花费较大篇幅介绍的业务特定领域的信息化专业解决方案外，在财务共享服务中心内部服务与运营管理方面，适当的配套信息系统的规划和实施对于提升财务共享服务中心的服务水平与运营绩效方面也具有显著的作用。

6.1 财务共享服务的服务与运营管理系统

作为在ERP细分市场具有无可争辩的领先地位的软件巨头，SAP也在近年来推出了面向共享服务的运营与服务管理的专业软件解决方案——共享服务框架（Shared Services Framework），以框架性的架构将共享服务所经常使用到的相关功能进行了整合，为企业提供了更好地共享服务管理上的功能支持。

SAP公司是在企业级IT解决方案厂商中较早提出SSC管理框架并将其从现有产品中独立为一个门类的公司，类似于SAP SSF的财务共享服务框架性解决方案在其他企业级IT解决方案厂商的产品目录中也逐步清晰了起来，包括国内的金蝶、用友等公司也陆续推出了旗下的SSC平台化解决方案。

以下我们将以SAP SSF为基础，为各位读者简要解读如何从IT的角度为财务共享服务的服务与运营提供必要的功能支撑。

6.1.1 SSF核心功能架构

SAP SSF定位于支持FSSC服务与运营管理的平台，它以"共享服务框架"的方式提供了一系列功能用以支持财务共享服务从内部组织管理、人员管理、绩效管理到面向外部的服务管理、交互渠道管理等功能。

1）服务管理。

- 服务产品的定义：根据服务目录定义共享服务中心可以提供的服务产品。

- 合同管理：根据选定的服务及商定的条件，与客户确定服务合同的内容。

- 服务与合同的关联：在服务请求提出时，实现对有效服务及合同的自动关联。

- 服务等级的确定：通过合同、客户及相关服务流程，自动指定相关的服务等级协议。

- 服务计费与成本分摊：通过服务量及服务目录，以及合同的相关规定实现服务的计费及成本分摊。

SSF的核心功能架构如图6-1所示。

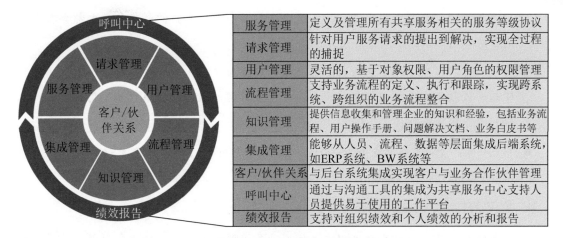

服务管理	定义及管理所有共享服务相关的服务等级协议
请求管理	针对用户服务请求的提出到解决，实现全过程的捕捉
用户管理	灵活的，基于对象权限、用户角色的权限管理
流程管理	支持业务流程的定义、执行和跟踪，实现跨系统、跨组织的业务流程整合
知识管理	提供信息收集和管理企业的知识和经验，包括业务流程、用户操作手册、问题解决文档、业务白皮书等
集成管理	能够从人员、流程、数据等层面集成后端系统，如ERP系统、BW系统等
客户/伙伴关系	与后台系统集成实现客户与业务合作伙伴管理
呼叫中心	通过与沟通工具的集成为共享服务中心支持人员提供易于使用的工作平台
绩效报告	支持对组织绩效和个人绩效的分析和报告

图6-1　SSF的核心功能架构

2）服务请求管理。

- 服务请求的创建：通过服务请求的创建，实现对服务内容所有相关信息的捕捉，包含请求服务内容，开始及结束时间，影响、紧急性及优先级，等等。

- 服务请求的分类管理：通过服务分类的详细定义，实现对服务类别及服务分发的精确管理，同时可以实现部分服务方案的自动匹配和分发。

- 服务方案的提供：与知识管理的集成，帮助共享服务支持人员查找相关的服务方案，从而快速，准确地提供最好的支持服务。

- 服务请求的关闭：关闭用户的服务请求并通知用户；同时触发后续的工时记录及计费功能的实现。

SAP SSF服务请求创建主界面如图6-2所示。

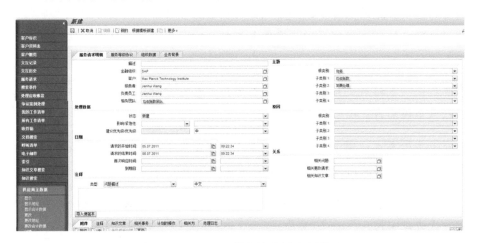

图6-2　SAP SSF服务请求创建主界面

3）用户管理。

- 用户数据的创建与变更：与SAP传统用户管理一致，用户的创建与变更都会有相应的系统日志记录。

- 权限管理：提供了一整套非常灵活的基于对象权限、用户角色和用户组概念的用户管理和授权机制，可以根据应用需要，设置非常细微具体的用户组、用户角色、工作列表等权限控制。

- 单点登录：支持用户单点登录SSO（Single Sign-On）。SSO技术使用SAP登录票（SAP Logon Ticket）和用户集合（User Aggregation进行不同系统间用户名和密码转换）。

4）流程管理。

- 业务流程定义：通过后台可以方便实现业务流程的定义，包括业务规则的设置、各流程节点设置，支持跨系统、跨组织的业务流程。

- 流程审批：支持多种审批方式，包括平台内审批、邮件审批、门户工作待办审批、移动审批等。

- 业务流程监控：流程通过透明化，申请人随时可以查看申请业务流程审批路径、当前审批状态，记录每个业务流程节点耗用时间，支持绩效评估。

- 业务流程引导：流程式操作引导，系统方便易用、避免操作步骤遗漏，确保流程标准化执行。

5）知识管理。

- 知识信息收集：通过计算机化的方式收集知识信息，并通过组织化管理使知识信息再利用，使用户在其组织中能够创建、提交并共享知识。

- 知识信息的生命周期管理：知识文档的状态能够显示其所处的知识业务流程过程：通过处理、协同、管理、增强实现知识信息的新创建、在处理、信息共享、归档管理或者错误删除等。

- 信息检索：支持对文档信息属性和自定义文本的搜索，支持多语言知识归档，在知识信息中附加对象信息，为使用者提供360视图。

- 与交互中心集成：通过知识建议搜索，方便交互中心工作人员查找到相近类别的内容，并将查找到的内容通过附件方式使用邮件提交到共享服务中心客户。

- 用户使用权限管理：知识信息在共享时能够设定信息的共享范围，所有用户、内部用户或者保密信息。

从SSF交互中心发起的催款示例如图6-3所示。

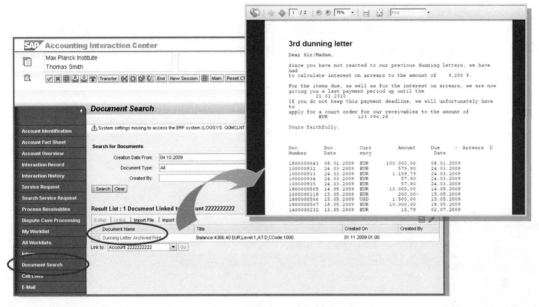

图6-3　从SSF交互中心发起的催款示例

6）集成管理。

- 多种集成技术支持多个后台操作系统的集成：共享服务平台会连接多个后台操作系统，包括SAP系统、非SAP系统，例如SAP SSF在该平台上通过RFC、Middleware和Transaction Launcher能够实现与SAP系统的集成，通过PI和Transaction Launcher能够实现与非SAP系统的集成。

- 多种业务功能应用的集成：在共享服务平台上，能够将共享服务的不同业务内容集成，例如SAP SSF已经提供财务共享、人力资源共享、采购共享和IT共享的应用集成。

- 界面集成：将被管理系统的界面集成到共享服务平台，例如SAP SSF可以通过Transaction Launcher能够将被管理的应用系统，无论SAP系统或非SAP系统，都可以将其界面集成到共享服务平台。

- 数据集成：可以在共享服务平台上直接显示事件相关的业务内容，例如SAP SSF通过Fact Sheet和Business Context显示相关业务系统中的单据号码和内容，并将其相关联的业务流程显示出来。

7）客户/伙伴关系管理。

- 客户数据的创建：根据共享服务对象，以及接入后台系统的数据信息，进行客户数据的创建。

- 业务伙伴的创建：针对共享服务被提供对象的信息，创建业务伙伴的信息（员工，供应商，客户）。

- 客户及业务伙伴关系管理：通过建立客户及业务伙伴的建立，在共享服务中心实现针对客户的服务管理，及针对业务伙伴提供相应的共享服务管理，同时与共享服务的请求管理，呼叫中心实现无缝集成。

基于SSF Transaction Launcher到SAP ECC的无缝跳转如图6-4所示。

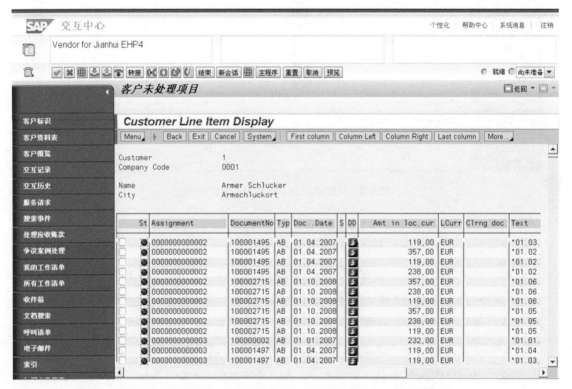

图6-4　基于SSF Transaction Launcher到SAP ECC的无缝跳转

8）呼叫中心。

- 直观的用户界面：通过为共享服务呼叫中心支持人员提供必要的使用权限，实现简单直接的菜单显示，满足工作中所有业务操作的需求。

- 沟通管理：通过SAP BCM（业务沟通管理）或其他第三方软件的支持，实现电话接入，队列及自动应答管理。

- 信息传入流程及联系人管理：通过对用户提交需求的不同方式实现自动识别用户信息，减少呼叫中心人员与客户的沟通成本，包括电话、邮件、传真等方式。

- 与解决方案查询的集成：通过与邮件系统的集成，实现对已有及常见问题快速及专业的回复。

9）绩效报告。

- 相关服务时间收集：通过对服务分类的定义，收集不同服务类别的相关处理时间和处理结果。
- 根据合同中明确服务类型和相关服务水平，提供关键绩效指标。
- 可视化的KPI展示。
- 系统提供绩效分析报表，并提供客户定制化的开发工具实现客户独有需求的开发。
- 绩效报表用户权限管理：基于不同的用户权限，可以查看到不同的绩效报表。

6.1.2　SSF与业务系统的集成关系

共享服务中心与相关业务协同、共享服务中心服务和运营管理与相关业务系统的集成所围绕的核心都是SSC对内、对外的服务输出，前端业务系统作为业务的引擎承载实际业务并实现在相关专业领域的功能支持，而SSC的服务与运营管理系统则作为支持对业务的服务输出平台提供相应的功能支持。因此，SAP SSF作为SSC的服务与运营管理的核心系统将实现与需要SSC提供服务的相关系统实现对接。

如图6-5所示，我们可以看到，包括ERP系统、FSSC综合报账系统、预算管理系统、HR系统等业务系统均以业务引擎的方式实现与SSF平台的集成，这些业务引擎为SSF平台输出服务请求，而SSF则作为服务的集中管理平台提供相应的服务输出过程的流程与功能的支持。

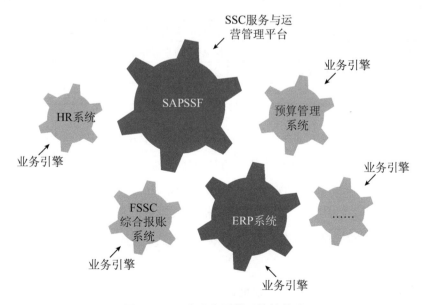

图6-5　SSF与业务引擎系统的关系

在具体构建系统集成接口时，结合FSSC对内、对外的服务输出模式，我们需要具体考虑与服务模式相匹配的业务流程衔接方式、系统对接方式，确保在不同的业务流程下，如果业务节点需要接入FSSC发起服务请求，相关服务请求能够有效、及时地传递到SSF平台，由SSF根据预先设定的机制进行任务的处理。

FSSC在提供服务输出时，通常会有被动的服务输出和主动的服务输出两种模式，从FSSC综合绩效角度来看，无论何种模式的服务输出均应当计入FSSC组织和个人的绩效上，因此，除了支持自动的服务请求生成的集成接口以外（请求方为业务系统），还需要同步考虑由FSSC主动发起的服务请求业务，具体如表6-1所示。

表6-1 财务共享服务中心不同的服务模式

流程大类	业务	主要支撑的系统	服务模式	业务发起方	
				BU	FSSC
应收流程 OTC	信用管理	CRM/ECC	根据BU请求/FSSC主动服务	√	√
	应收记账	CRM/ECC	根据BU请求/FSSC主动服务	√	√
	账龄分析	ECC	以FSSC主动服务方式为主		√
	收款管理	EAS/ECC	以FSSC主动服务方式为主		√
	……	……	……	√	
应付流程 PTP	采购申请	SRM/CE/ECC	根据BU请求提供服务	√	
	采购执行	SRM/CE/ECC	根据BU请求提供服务	√	
	收货与发票	SRM/CE/ECC	根据BU请求/FSSC主动服务	√	√
	付款	CE/EAS	根据BU请求/FSSC主动服务	√	√
	……	……	……	√	
资产流程 AM	资产新增	CE/ECC	根据BU请求提供服务	√	
	资产转移	CE/ECC	根据BU请求提供服务	√	
	资产报废	CE/ECC	根据BU请求提供服务	√	
	资产折旧	CE/ECC	以FSSC主动服务方式为主		√
	……	……	……	√	

图6-6是典型的SSF与前端业务引擎集成关系图，我们可以看到，作为前端业务引擎的FSSC综合报账平台提供完整的报账业务申请与审批功能支持（业务的实际承载系统），根据流程节点设置，当该流程走到预先设定的需要FSSC接入的节点时，业务引擎系统即自动调用SSF系统接口发起服务请求，SSF系统根据收到的服务请求信息进行任务的分配和业务的处理（该业务处理过程也有可能回到原业务系统，比如通过SSF提供的Transaction Launcher进行跳转）。

此外，我们也看到，除了通过集成接口传递的服务请求之外，FSSC用户也可以在SSF平台手工创建服务请求单主动向被服务对象提供服务并完成服务过程的记录，比如FSSC资产会计按照期末结账流程的操作规程主动发起提供给各BU的资产折旧业务统一处理（该过程也可以使用SSF的Check List功能完成）。

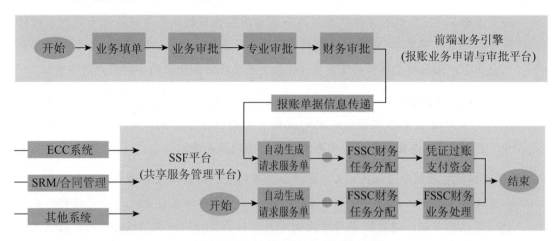

图6-6 SSF与前端业务引擎集成示例

6.1.3 SSF典型流程场景介绍

下面我们以一个FSSC一般业务处理会计小A的视角和对应的后台逻辑处理视角介绍一个典型的基于SSF的流程场景（见图6-7）。在该流程场景中，我们可以看到，FSSC会计如何进行是否在岗的状态设定，以及用于指导FSSC会计进行相应业务处理的任务分配和任务处理等相应的FSSC日常业务环节在信息系统中的基本流程实现。

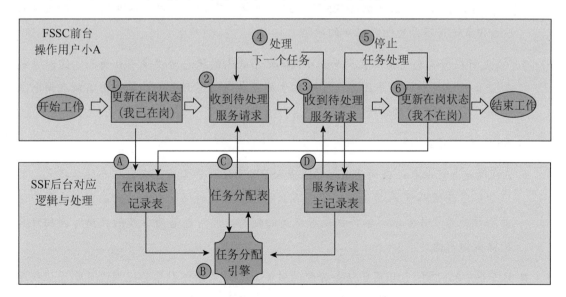

图6-7 一个典型的基于SSF的流程场景

1）FSSC前台操作用户小A的视角。

- ① 开始进行工作，更新在岗状态（我已在岗）：FSSC会计小A早上上班后，打开电脑登录SSF后，已进入工作状态，准备开始进行当日的业务处理，比如进行在线的审单，此时他需要在SSF系统内更新在岗状态，更新后的系统将显示他的状态为"我已在岗"，那么对于系统而言，小A就处于可用的任务分配的目标用户清单中。

- ② 收到待处理服务请求：由于小A已经更新自己的在岗状态为"已在岗"，SSF系统的任务分配引擎根据后台设定的规则自动将任务分配到小A的待处理工作列表中，此时小A可以在待办任务中看到需要处理的服务请求。

- ③ 收到待处理服务请求：小A点击待办任务列表中的具体服务请求后，系统自动显示服务请求的详细细节，比如小A收到的第一个服务请求就是进入费用报销系统审核一笔报销单据，通过服务请求上由费用报销系统传递过来的任务链接，小A跳转到费用报销系统该单据对应的审核界面，小A仔细核对了相关业务信息后，认为没有问题，审批了该笔单据，系统回到SSF服务请求界面，紧接着小A将该服务请求标记为完成。

- ④ 处理下一个任务：由于单据处理的数量与个人的月度绩效紧密挂钩，通常，小A在处理完一单后会继续处理剩余单据或者新分配进来的单据，因此，这个时候他回到SSF的待办任务界面即可以选择已经分给他的需要继续处理的任务了。

- ⑤ 停止处理任务：如果小A在接下来的一段时间不打算继续处理任务了，比如需要上一趟洗手间，那么他需要在SSF系统内更新在岗状态为"我不在岗"，那么这时候SSF系统将不再为他分配新的单据。

- ⑥ 更新在岗状态（我不在岗）：小A标记系统内的状态为"我不在岗"，这时系统将停止对他的分单，并且后续可以基于是否在岗状态由系统计算得出有效在岗时长并用于月度绩效的评估与计算。

2）SSF后台视角。

- A在岗状态记录表：在岗状态记录表是SSF用于记录员工是否在岗状态的数据表，其中的字段包括FSSC人员编码、更新在岗状态日期与时间、更新后的在岗状态等，这些字段将为任务分配引擎提供是否在岗的信息，同时能够为后续的在岗时间的计算提供数据来源。

- B任务分配引擎：SSF用于任务分配的核心，通过基于该引擎的规则设置和增强程序可以实现复杂规则下的任务分配，在进行任务分配的过程中我们通常需要取得"在岗状态记录表""任务分配表""服务请求主记录表"中有关FSSC用户在岗状态、当前尚未分配的服务请求信息等。

- C任务分配表：SSF经由任务分配引擎分配完成的服务请求和机器对应的计划任务处理人的信息将记录在任务分配表上，其中的字段主要包括服务请求编码、计划任务处理人编码、任务分配时间、任务状态、任务关闭时间等。基于这张表，FSSC运营管理人员可以计算得到FSSC人员有效的任务处理量、处理的时长等。

- D服务请求主记录表：在SSF中来自于不同系统的服务请求均以SSF服务请求单的方式存在，服务请求通常包括的字段主要有服务请求编码、类型、生成的时间、请求的总金额、目标系统等。

6.1.4　SSF扩展的功能支持

SSF作为SAP在财务共享服务领域的核心解决方案，它整合了包括现有SAP平台上与财务共享相关的一系列功能，通过这些功能的在线协同，实现对财务共享业务在线业务运转的辅助。

1. 信用管理

集团企业通常有数量繁多的应用系统支撑各个业务单元运营。由于客户、订单和财务数据分散存储在不同的应用系统，各个业务单元又相对独立，实施集团范围、跨多个后台系统的客户信用管理显得困难重重。SAP财务共享服务平台的信用管理系统，可以实现全集团统一的信用政策，集中管理信用，监控客户风险敞口，统一风险评估程序和信息额度控制，真正实现全集团、跨多个后台系统的信用管控。

2. 应收账款的争议管理

由于产品质量、延迟交付、数量差异或发票差错等原因，客户可能会拖欠甚至拒付货款。传统组织模式下，隶属于业务单元的会计人员忙于处理日常会计事务，很少关注争议管理流程，结果造成客户满意度低，收款周期长，坏账比率高。SAP争议管理系统为财务共享中心提供了一套标准的客户争议管理流程和统一的争议事件处理平台，它帮助财务共享中心会计人员记录、派发、追踪和处理应收账款相关的客户争议，直至争议被解决。SAP争议管理系统与应收账款系统紧密集成，例如会计人员可以直接对未清账的应收款项创建争议事件；而一旦收款成功，争议事件中的争议金额将被自动更新，并被置为"完成"状态。

3. FSSC应收账款催收管理

SAP财务共享服务平台为催款管理子系统提供了一套应收账款催收的最佳实践。依据收款主管制定的催收策略、规则和催收组，系统对所有应收账款未清项进行匹配，自动生成任务列表并分派给相应的催收专员。催收专员接到每日任务列表，可以查看客户的历史付款记录和历史联系情况，联系上客户后，催款专员可以记录/延长客户承诺付款金额和日期，创建争议事件或记录本次联系情况。

4. SAP中心供应商发票管理

SAP 发票管理加强财务共享服务中心员工的协作以解决问题、获取发票状态、检查采购订单编号、提交发票等。发票的处理工作能够更加迅速高效地完成，同时问题发票也将自动传送给相关人员，以便得到解决、审批和支付。SAP 发票管理的主要流程如下。

（1）发票扫描。通过发票扫描，将发票影像文件保存至SAP文档服务器，由财务共享服务中心统一处理。为避免重复扫描，可以使用比如制作条码的方式，为发票制定唯一识别码，存储到文档数据库内，在线扫描存储时即可以对照检查。

（2）发票识别。原始发票或者扫描件汇总到财务共享服务中心，集中进行处理。SAP发票管理支持通用发票格式，同时提供工具可以自定义发票格式模板。根据配置，自主选择抓取发票上的哪些字段，然后内容自动传递到SAP发票处理界面上。

（3）发票自动校验。自动发票检查。SAP发票管理按照预定义规则对发票进行校验，例如，核对采购订单编号、供应商编号、数量、单价等。如果出现异常情况，工作流将自动通知相关人员做进一步检查。

（4）发票审批。发票校验完毕后，工作流会自动将发票自动发送到主管邮箱以供批准，也可以与通过网上审批或E-mall的方式审批。

SAP财务共享服务自助服务平台为客户、供应商、员工提供各种自助服务，如各种财务主数据的创建、变更申请，员工网上费用报销。

会计交互中心为外部业务伙伴和员工提供了一个与呼叫中心集成的服务平台。支持同时连接多个不同版本的SAP后端系统（R/3 4.6C，4.7，ERP 5.0，ERP 6.0及各增强包版本）。财务共享服务中心员工在响应客户服务请求时，可以在会计交互中心界面里，访问不同SAP后台系统中存放的业务信息，大大提高工作效率和服务质量。

SAP共享服务框架是共享服务流程管理的核心，它可以扩充支持集财务共享服务、人力资源共享服务、IT共享服务于一体的多功能共享服务中心的，为集团企业提供了一套统一的共享服务运营支撑平台。

6.2 FSSC综合信用管理

在前面的章节中，我们介绍过服务水平绩效，服务水平绩效具有双边协议性的特点，服务水平协议相关条款是服务提供方和接受方在双方协商一致的基础上产生的，往往在双方达成一致的过程中需要经历较长时间的谈判，而一旦达成，则构成了双方行为的约束，本节我们将要涉及的员工信用与部门信用就是共享服务中心运行过程中对被服务对象的一种评估和约束。

共享服务中心作为服务的提供方做出相应服务必须具备一定的前提条件，比如服务接收方的义务、服务环境等，因此对于违反双边协议或服务前提的行为共享服务中心有权限对被服务对象进行相应的评分，在一个评分周期内（如三年期、一年期、半年期）形成对被服务对象的信用等级评定并更新为信用档案。

6.2.1 信用评分标准

在进行信用评分之前，应当首先建立企业的信用评分标准和信用评级体系，一方面给系统的功能设计清晰的逻辑标准，另一方面也可以通过相关标准的提前发布确保业务人员在业务报账过程中应当保证应有的诚信、必要的操作谨慎性，降低企业因为违规业务的频繁发生导致的额外风险管控成本。

信用的评分建议以FSSC综合报账平台的单据为评价基础，而评级则建议基于单据的评分结果综合计算得出，被评级的主体可以是个人也可以是部门，不同信用等级的个人和部门在进行相关业务申请、报账时将会面对不同的审查等级，对于信用评价等级较低的个人，可以采取更为严格的费用报销票据审核流程。

以下以海尔的员工信用评级为例，具体如表6-2所示。

表6-2 海尔的员工信用评级示例

信用类别	对应权益	升级条件（符合全部所列项）	降级条件（符合任意项）
A+	付款期1天；费用票据交财务后可立即打卡充值，票据后审	不适用	降至A级：报销中发现假票或费用违规个人借款超期不还

续表

信用类别	对应权益	升级条件（符合全部所列项）	降级条件（符合任意项）
A	付款期5天：费用票据交财务审核后逢结算日打卡充值	升到A+级： ● 连续6个月报销，费用无虚假票据，无违规事项 ● 报销单据填写、粘贴规范，准确无误 ● 无超期欠款	降至B级： ● 报销中发现假票 ● 报销费用违规单次1000元以上或1000元以下累计10次平台、系统违规操作 ● 个人借款超期不还
B	列入黑名单B类，费用延后1个月，人为造假报销者给予假票金额2倍索赔，建议人力给予下岗处理	升到A级： ● B类员工自降级之后连续报销50笔费用无假票、无违规事项 ● 无超期欠款	降至C级： ● 报销中第二次发现假票或费用违规、违规操作 ● 个人借款超期不还
C	列入黑名单C类，取消费用核销权利，冻结个人工资账户，建议人力给予辞退处理	不适用	不适用

6.2.2 信用评分流程

信用评分的基础一般建议是提交到FSSC的各类业务单据，信用的累计评分、评级根据每张业务单据的评分结果进行汇总计算取得。

当业务单据提交到FSSC后，信用评分的流程节点主要可以分为FSSC信用初审、员工复核、FSSC内审复核以及信用档案更新几个大的步骤。

- 业务填单与审批：业务人员按照FSSC综合报账平台的单据与流程设置进行单据的填写，相关审批人完成对应的审批流程。

- 单据审核与信用评分：FSSC共享服务审核岗在审核费用报销单等报账单据时，如果发现有不合规的地方，则选择相应的扣分选项，系统记录到单据对应的"员工信用评分表"中。

- 员工确认信用评分情况：如果存在扣分，则流程自动提示该提单员工，如果员工对自己的信用评分存在异议则可以提起申诉至内审组。

- 信用评分重新审定：内审组根据员工提起的评分争议的申诉，重新审核之后确认是否更改信用评分，复核完成后再返回员工由员工进行确认。

- 定期更新信用档案：根据企业设定的信用评分更新周期，基于单据的信用评分结果对该周期内的员工信用档案进行集中更新，评分的基础比如可以按照一年进行滚动，即计算一年以内的所有评分记录计算信用等级，对于超过一年期的信用评分记录则视为自动失效，不纳入当前信息档案数据的采集范围。

典型的信用评分、审定与信用档案更新流程示例如图6-8所示。

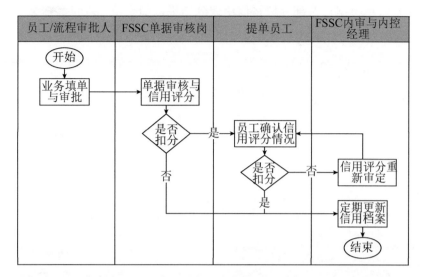

图6-8 典型的信用评分、审定与信用档案更新流程示例（扣分处理模型）

FSSC综合报账单信用评分表设计与表结构关系示例如图6-9所示。

FSSC综合报账平台业务单据抬头表			
字段名称	字段类型	字段长度	示例值
单据编号	数值	13	1000000012313
业务大类	字符	8	EX0031一般费用报销单(对公)
提单人员工编号	字符	8	27010011 谢厚琴
所属部门	数值	1	财务部
提单日期	字符	8	20150928
业务年份	字符	4	2015
……	……	……	……

FSSC综合报账平台业务单据行项目表			
字段名称	字段类型	字段长度	示例值
单据编号	数值	13	1000000012313
单据行号	数值	3	001
业务小类	字符	3	001 绿化费报销
会计科目	字符	10	66000100002 绿化费
成本中心	字符	10	C2701000021 厂区绿化环保部
……	……	……	……

单据信用评分明细表			
字段名称	字段类型	字段长度	示例值
单据编号	数值	13	1000000012313
单据行号	数值	3	001
序号	数值	2	01
评分类型	字符	1	A 扣分
原因	字符	2	13单据粘贴不符合规范
分值	数值	2	3
……	……	……	……

图6-9 FSSC综合报账单信用评分表设计与表结构关系示例

信用评分可以基于整张单据也可以基于单据中具体的行项目，如果是整张单据存在问题，则可以在报账单单据抬头部分填写信用评分结果，如果是行项目具体某一笔费用存在问题，则可以在单据单的行项目上填写信用评分结果。具体如图6-10所示。

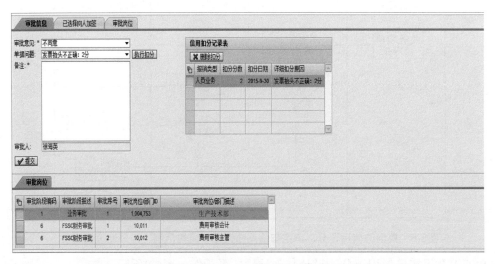

图6-10　FSSC审单会计在SAP BPM中审核单据并进行信用评分

6.2.3　信用评价报告

由于信用评分是基于业务单据开展的，同时，每一张业务单据都可以对应到业务提单人、提单人对应的HR组织，因此可以基于单据的信用评分结果综合取得针对人员的信用评价结果和针对部门的信用评价结果。

信用评分报告的生成来源如图6-11所示。

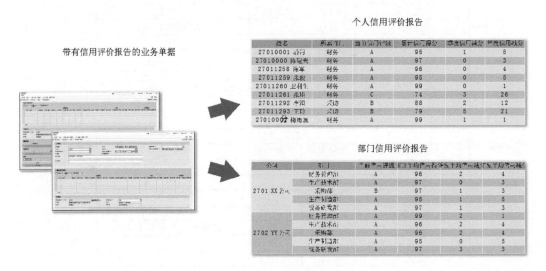

图6-11　信用评分报告的生成来源

通常，我们会设定信用的生效和失效时间，比如将过去一年的业务单据记录作为信用评价的基础，超出范围内的信用评价结果则自动生效。信用评分表报告示例如表6-3所示。

表6-3 信用评分表报告示例

姓 名	所属部门	当前信用评级	累计信用得分	季度信用减分	年度信用减分
27010001 潘甜	财务	A	95	1	5
27010000 陈建夫	财务	A	97	0	3
27011258 涂军	财务	A	96	0	4
27011259 张骏	财务	A	95	0	5
27011260 卫利生	财务	A	99	0	1
27011261 张瑛	财务	C	74	3	26
27011292 李洹	采购	B	88	2	12
27011293 王玲	采购	B	79	5	21
27010002 梅雨辰	财务	A	99	1	1

6.3　FSSC问题支持与交互机制

在企业信息化建设、完善过程中，受组织改革、流程再造、IT规划、实施成本等多方面因素影响，部分企业在系统实施完成之后，未能及时建立类似于技术支持、呼叫中心等配套系统支持运维管理，导致IT系统的问题提出、记录与解答停留在基于EXCEL的ISSUE LOG的人工处理阶段，这对信息系统建设初期要求强化系统应用、建立长期、稳定的运维管理机制都是非常不利的，在一定程度上制约了信息系统的良好应用。特别是对大型集团型企业，支持系统缺失的影响更为显著，这也成为了影响大型企业信息系统应用效果持续提升的阻碍。

为深入了解在缺乏配套支持系统的情况下的FSSC信息系统运维管理难点，笔者在某大型国企设计并下发了专门的调研问卷给信息系统的使用者和管理者（各50%占比）。根据对收回的有效调研问卷的统计、分析，我们发现对"问题记录""流程规范化程度""问题解决效率""问题总结"在运维过程中的关注程度比重较高，比如有超过被60%的访问者均提出在运维ISSUE处理过程中存在问题缺乏有效记录的现象。

因此，在建立FSSC高效的问题支持与交互体系方面，建议优先从提升IT问题的管理效率、提升用户满意度方面入手，引入适当的、高效的、简单易用的问题管理解决方案。

运维支持问题调研反馈结果如图6-12所示。

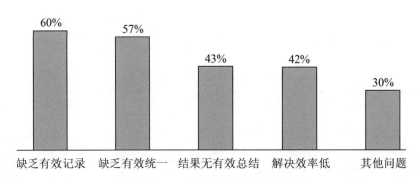

图6-12 运维支持问题调研反馈结果

本书建议以业务应用为导向推进系统运行和问题管理的融合，建设满足集成化、流程化与可持续应用要求的综合问题管理平台，引入适当的信息化问题管理手段，规划并实施平台化、流程化的系统方案与功能，用以实现对包括问题的规范化记录与分类、问题管理流程的规范化管理以及后续灵活的问题分析全过程有效支撑。

针对集团性企业在运维管理过程中的问题，结合FSSC系统管理特点，本书提出以下企业FSSC系统问题管理平台建设目标，用以指导FSSC综合报账系统问题管理的信息化方案规划与实施。

- 目标1：实现基于问题管理平台的灵活、完整、规范的问题解决流程的系统内定义。
- 目标2：提供可跟踪的问题解决过程记录。
- 目标3：建立可供未来持续使用、反复利用的知识资产积累（知识库）。
- 目标4：增强最终用户的积极、主动意识，建立问题总结的良好习惯。
- 目标5：为持续的系统优化提升建立问题、对策储备基础，以便系统的持续完善。

6.3.1 基于信息系统的问题支持与交互流程设计

"流程的高度灵活性"与"借助系统引导用户主动分析"是作为问题管理流程设计的核心诉求。其中，"流程的高度灵活性"主要是指问题管理平台的流程设计必须满足方便于问题的分配与再分配，用户与支持团队间互动以及必要的系统流程邮件通知。而"借助系统引导用户主动分析"主要是指用户在提出问题之前必须进行问题的查询，在查询出的结果仍然不能满足解决问题时方可以创建新的问题。

以下是对上述流程相关步骤的补充说明。

- 用户使用过程提出问题：用户在流程应用与系统使用的过程中结合实际的业务情况产生具体的问题，需要进行问题的支持，如图6-13所示。

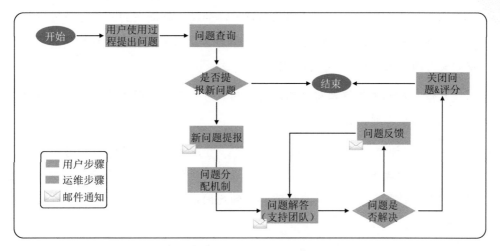

图6-13　问题支持与交互流程设计最佳实践

- 问题查询：用户可以登录到问题支持系统进行问题的查询（如果是系统使用过程中的具体问题，则直接可以进行单点登录的跳转，该问题支持系统也可以直接基于FSSC综合报账系统进行部署、实施），基于"借助系统引导用户主动分析"的原则性设计，在提报问题之间进行问题的查询是必需的步骤，在查询的过程中可以通过设定"至少需要输入的查询参数"（如问题的关键字、问题的分类、提出的时间）来引导提问用户进行主动的分析、思考。

- 是否提报新问题：用户基于查询的结果进行分析，如果当前问题库中已经有完整的问题解决方案且能够支持当前用户基于这些信息自行解决问题，则不需要提出新问题，如果问题库中没有相关信息，则用户可以进入下一页面提报新问题。

- 新问题提报：用户可以在该步骤详细对问题的具体情形进行描述，同时需要对问题进行大致的分类，问题提交人的组织信息、联系信息则自动取自于用户的个人profile。

- 问题分配机制：对于已经建立了问题统一支持与分配体系的企业，可以在信息系统内固化问题分配机制，该问题分配机制可以是自动的也可以是借由人工在线问题分配完成的。

- 支持团队进行问题解答：问题在明确责任支持人员后，支持人员可以在线进行问题解决方案的阐述（同时在此过程可以修正用户对问题的描述、问题的分类，以方便后续更好地备查，进而成为知识库的重要来源），对于需要电话补充沟通的问题则可以直接根据用户预留的电话信息进行电话沟通。尽管一些企业已经建立了400支持热线，但是笔者不建议在内部沟通支持方面选择直接的电话沟通，直接电话沟通的效果往往由于口头沟通缺少必要材料的支持变得低效，因此我们建议在电话沟通之前需要先提报问题，见到问题单号才准予进行问题的线上或者电话线上支持。

- 问题是否解决：用户根据支持团队问题解答的情况判断遇到的问题是否得到解决，如果得到解决，则执行"问题的关闭 & 评分"，若问题尚未得到解决，则可以进一步和支持团队进行后续"问题反馈"。

- 问题反馈：对于未能得到解决的问题，用户可以和支持团队进行多轮次的沟通、互动，直到问题得到妥善解决。

- 关闭问题 & 评分：对于已经解决的问题，用户需要执行问题的关闭和在线的评分（如五分制的满意度设置），评分的结果是对运维支持团队的绩效考核依据之一，对于评分较低问题也需要用户说明具体的原因以方便运维支持团队持续的支持绩效的提升。

6.3.2 基于信息系统的问题支持与交互功能设计

本书推荐的问题支持平台设计与实施最佳时间具备完整的问题查询与提报、问题分类、问题分配与解答、反馈与关闭评分以及对应的主数据管理、问题状态管理、记录跟踪、附件上载、自动触发邮件通知、评分等功能。同时该平台提供了灵活的配置选项，允许运维团队对系统分类、问题大类与子类、紧急程度、运维责任人员等进行灵活配置，有效的扩展了该平台的适用性。

问题平台核心功能与流程阶段组合矩阵如表6-4所示。

表6-4 问题平台核心功能与流程阶段组合矩阵

流程阶段 核心功能	问题查询	问题提报	责任人分配	问题解答	问题反馈	问题关闭
问题检索	√	√	√	√	√	√
问题分类	√	√		√		
附件上载		√		√	√	
邮件通知		√	√	√	√	
解答评分						√

而以下细节方面功能的添加，则有效地提升了用户（含运维支持团队）在问题查询、提报、跟踪、解决等方面的体验。

- 问题多维度检索，可依据"关键字、问题状态、模块、时间、人员"等维度组合进行问题的灵活检索。

- 问题状态自动管理，系统自动依据预设逻辑判断并更新问题状态。

- 自动邮件通知，每次问题状态更新，系统都将自动发送通知邮件到相关人员。

- 附件上载与下载，对于文字难以描述的问题可以通过附件方式说明，对于同一问题且可以多次上载问题用于问题的描述和解答，附件格式允许包括Office文档、图片、压缩包等大部分文件格式。
- 问题交互，问题提交后仍然可以进行交互，允许问题的后续更新、反馈与评分。

6.3.3 问题综合分析设计应用示例

借助作为问题管理平台配套决策支持的商业智能（Business Intelligence）报表则提供了企业对当前存在的信息系统相关问题分析及问题平台应用成效分析方面的功能，允许企业的管理部门基于分析结果及时做出适当的决策。

问题管理平台配套的BW报表允许针对顾问支持平台的问题数据进行多纬度分析，比如可以从公司、系统、模块、问题分类等角度对当前问题数据进行分别或者综合分析。具体如图6-14所示。

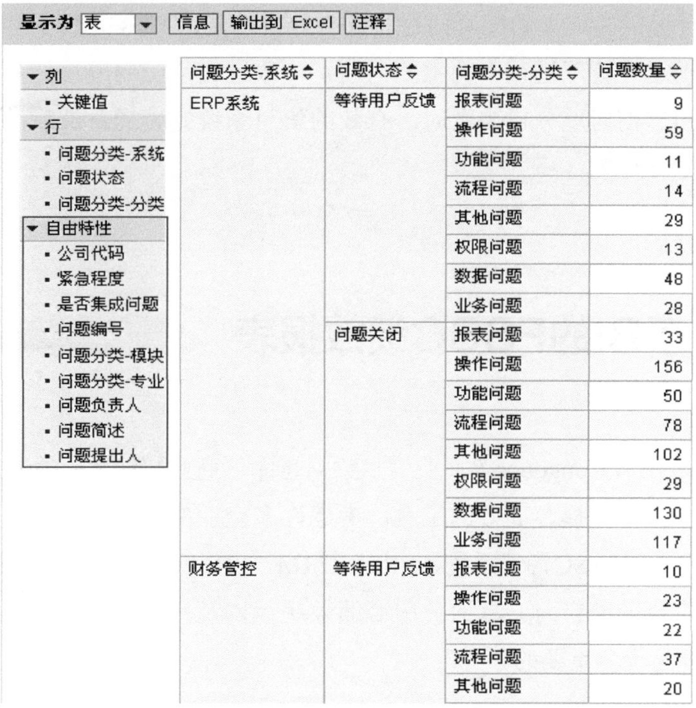

问题分类-系统	问题状态	问题分类-分类	问题数量
ERP系统	等待用户反馈	报表问题	9
		操作问题	59
		功能问题	11
		流程问题	14
		其他问题	29
		权限问题	13
		数据问题	48
		业务问题	28
	问题关闭	报表问题	33
		操作问题	156
		功能问题	50
		流程问题	78
		其他问题	102
		权限问题	29
		数据问题	130
		业务问题	117
财务管控	等待用户反馈	报表问题	10
		操作问题	23
		功能问题	22
		流程问题	37
		其他问题	20

图6-14 使用BW报表对问题进行多维度分析

而作为总体分析的BO报表，主要对平台问题与解决情况进行图形化报表展示，提供问题所属系统分析、问题状态百分比分析、问题紧急程序百分比分析、各专业业务问题统计、问题分类统计分析、问题数据趋势分析、各公司问题状态总览等一系列可视化的分析功能。

图6-15是某企业使用水晶仪表盘进行问题分析示例图。

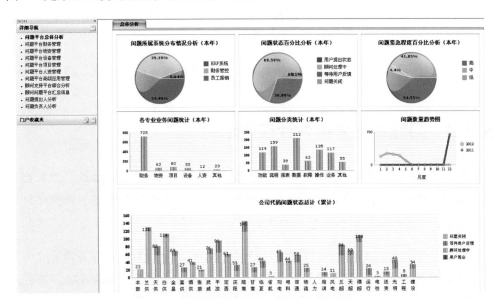

图6-15　某企业使用水晶仪表盘进行问题分析示例

借助问题平台提供的强大的配套问题统计与分析功能，FSSC运营的相关部门可以及时发现在系统应用于运维管理过程中的主要问题，一改过去手工问题统计与分析的种种不便捷，在该平台下的透彻问题分析为及时、有效的信息系统完善提升、后续信息化决策提供了科学、有力的决策支持。

6.4　基于BI的FSSC绩效报表

SAP BW/BO、IBM Congonos等商业信息数据仓库、商业智能软件的应用，为FSSC系统的运营情况分析提供了便捷、高效的工具，考虑许多企业的财务共享服务输出的服务涉及了包括综合报账平台、FSSC管理系统、ERP、CRM、SRM等在内的诸多系统，有效的业务信息和流程服务信息的整合对共享服务中心绩效统计以及持续的共享服务中心服务水平和客户满意度提升都是十分重要的。

6.4.1　商业智能软件

商业智能的概念在1996年最早由加特纳集团（Gartner Group）提出，加特纳集团将商业智能定义为：商业智能描述了一系列的概念和方法，通过应用基于事实的支持系统来辅助商业决策的制定。商业智能技术提供使企业迅速分析数据的技术和方法，包括收集、管理和分析数据，将这些数据转化为有用的信息，然后分发到企业各处。

商业智能的关键是从许多来自不同的企业运作系统的数据中提取出有用的数据并进行清理，以保证数据的正确性，然后经过抽取（Extraction）、转换（Transformation）和装载（Load），即ETL过程，合并到一个企业级的数据仓库里，从而得到企业数据的一个全局视图，在此基础上利用合适的查询和分析工具、数据挖掘工具（大数据魔镜）、OLAP工具等对其进行分析和处理（这时信息变为辅助决策的知识），最后将知识呈现给管理者，为管理者的决策过程提供支持。

作为在企业IT解决方案占据绝对地位的SAP软件，在商业智能领域也占据了举足轻重的地位，以下我们以SAP商业智能为例向各位读者解读基于SAP BI产品的FSSC绩效报表设计与应用。

SAP BW（Business Information Warehouse）是SAP提供的数据仓库解决方案产品，是整个SAP商务智能体系的核心引擎。它从SAP ECC系统、FSSC综合报账系统、FSSC管理系统等信息系统中获取数据，经过转换后存放在统一的信息空间内，特别是随着以HANA为代表的内存计算技术的应用，这使得BW系统在计算速度、报表生成速度方面更是如虎添翼。其输出过程中的数据流向如图6-16所示。

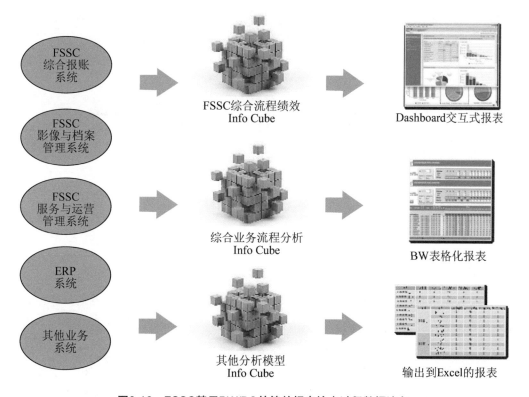

图6-16　FSSC基于BW/BO的绩效报表输出过程数据流向

在SAP BW的数据基础上，可以支持计划与预算的编制、多维数据的实时分析、管理报告的生成与定量分析及绩效考核等功能。SAP BW执行架构由五大模块组成，即数据抽取模块、数据存储与管理模块、业务浏览器模块、应用管理平台以及数据开放服务。

综合分析BW系统性能，结合笔者在FSSC项目上的BW/BO等的实施经验，无论是从BW系统架构或者是数据处理能力而言，以BW系统为核心的商业智能体系的引入，对提升FSSC运营各阶段数据分析水平，加强信息系统就工程管理方面的应用都具有非常显著的作用，目前在拥有大量具有交互性分析的围绕SAP产品实施了FSSC的企业中，BW系统也逐渐成了主要报表分析和决策支持系统。

6.4.2 基于BI的分析报表与传统报表体系的对比

企业一般会委托不同的软件厂商进行不同系统的常规报表开发来满足业务应用的需要。由于是基于不同的系统进行不同的报表开发，所以报表的针对性很强。但是对于跨系统整合性报表和灵活多变的报表需求，其就爱莫能助了。

相对常规的报表体系，BW在灵活性、效率性、可扩展性、自定义性四个方面都具有显著优势，接下来本文将从上述四个方面入手（见图6-17），进行比较分析：

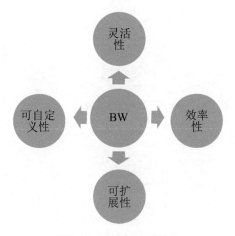

图6-17　BW系统的优势

1. 灵活性

与一般报表系统相比，BW最直观的一个特点就是灵活性强、展现的方式多样。对于传统意义上的报表：格式是固定的、展现方式是固定的，因此一张报表只能用于一个用途，用途有限、数据有限。但是对于BW系统，报表展现的格式是可变的，可以按照用户的需求任意改变格式、汇总级别，对于不需要展现的数据可以随时隐藏。因此，相对于传统意义的报表，BW报表可以一表多用，数据存储量大，极大地方便了用户的数据查询需求。

2. 效率性

一般的数据报表，在数据查询时直接根据关键字连接，导致数据查询效率低。BW系统利用星型模型，展示层cube存储对应的业务数据，通过SID链接相关主数据信息，提高了系统查询速度。后期优化中，采用聚集及压缩的技术手段，优化Cube性能，从整体上提升了报表的查询速度。一般报表查询时间控制在2s以内，对于大数据量报表查询时间控制在10s以内。同时使用自由特性及导航属性，提升了系统报表的多维查询。

同样的报表，采用BW星型模型进行查询一般会比传统方式效率提升150%，而且数据量越大提升效果越明显。因此，BW系统对系统资源的利用与对数据的计算、处理都优于一般的传统报表系统。

正如前面提到的，近年来随着以HANA为代表的内存计算技术的应用，这一效率性方面的优势更是发挥得淋漓尽致。

3. 可扩展性

因业务分析模型的复杂性，在设计数据结构时，可根据业务逻辑或数据展示复杂度分为两个子层，第一层由企业级明细Info Cube（信息立方体，星型结构的多维数据存储对象）构成，第二层为汇总级Info Cube。在这两个子层之上，搭建应用层 Multi Cube，Multi Cube不存储实际数据，但逻辑上将各应用所需的数据集中，如将同一主题的各个板块数据逻辑集中。

上述的结构设计的好处在于：只要确保企业级明细和汇总级数据的完整性之后，应用层的模型搭建就只是在这两个子层之上的数据组合工作。因此，可扩展性强，操作简单，易于更改。

4. 可自定义性

好的报表系统不仅要在报表展示以及数据处理方面表现优越，在报表的用户自定义设计方面也要不同凡响。为此，BW系统专门配备了报表设计软件（Query Designer / Report Designer）。熟练运用这几款软件不仅可以解决80%以上的报表需求，而且界面操作容易接受，易用性强。经过简单的培训，运维团队及关键用户都能掌握报表制作的方法与技巧；同时也可以满足打印固定格式报表的需求。

6.4.3 BW经典报表案例分析介绍

BW报表对决策的支持实际上是对使用者智能的延伸和对其决策活动的支持，协助使用者实现预定的管理目标。在面向FSSC应用建立的企业级报表体系就应该能够从杂乱无章的历史数据和汇总数据进行深加工,从中抽取、过滤、综合和跟踪关键数据,形成历史总结和趋势预测,同时面向企业管理者和各级工作人员,帮助使用者快速定位问题并找出问题产生的原因。

1. 典型的报表应用

借助信息系统的互联互通,从在线流程、预算执行情况以及其他业务多维分析的角度,利用BW/BO系统对数据的整合能力,结合趋势、构成、对比、比率等多种分析方法,将财务及相关系统的数据整理成对业务管理具有实际指导意义的管理输出。其报表应用示例如表6-5所示。

表6-5 围绕FSSC系统的报表应用示例

分析领域	趋势分析	构成分析	对比分析	比率分析
流程分析	平均业务审批时长趋势、FSSC平均审批市场趋势、平均业务退单率趋势	按节点的流程时长构成分析	按部门、按业务类型的业务审批效率对比分析	业务审批占全流程时长比率、FSSC审批占全流程时长比率、平均业务退单率分析
差旅分析	差旅频度月度趋势、差旅金额月度趋势	差旅目的地分析、差旅人员构成分析、差旅事项构成分析	差旅同期比较分析、差旅环比分析	差旅费用占总费用比重分析、月度差旅费用占全年差旅预算比重分析
费用分析	费用提单频度月度趋势、费用提单金额月度趋势	费用项目构成分析等	费用同期比较分析、费用环比分析	高占比费用分析、费用占预算比重情况分析
预算分析	预算执行情况月度趋势	可用预算构成情况分析等	预实比较分析、预算同期比较分析、预算环比分析	预算消耗比例分析
业务量分析	FSSC报账单单据量月度趋势	FSSC综合报账单部门构成、FSSC综合报账单业务类型构成	业务量同比分析、业务量环比分析	高占比业务分析、提单及时率分析
信用分析	部门信用评分月度趋势、个人信用评分月度趋势	导致信用扣分的主要构成原因分析	按部门的月度信用对比分析	高信用评分人员在部门的占比分析

以下笔者以两个不同类型的FSSC经典报表为例,具体介绍在FSSC建设中如何设计适合企业特点的报表及在日常工作中的使用方法。

2. FSSC流程绩效报表

FSSC流程绩效情况考核分析是一张典型的指标分析类报表,又称KPI指标类报表,该类报表的使用对象为公司决策层,从整体角度体现企业某一业务领域的运行情况,在设计考核指标时应该考虑公司管理要求及行业特殊性。指标类报表中指标均为综合计算后数据,运算量比较大,在OLTP中不宜实现而BW报表可以轻松计算完成,所以指标类报表适合放在BW中实现。

表6-6是经常用于流程绩效分析的分析主题示例，我们可以看到在实际分析过程中，通过结合不同的报表维度我们可以实现不同视角的流程绩效分析。

表6-6 流程绩效分析主题与维度示例

分析主题		分析维度					
		单据业务属性维度				FSSC维度	
		按单据类型统计	按提单时间统计	按所属公司统计	按所属部门统计	按FSSC会计统计	按FSSC主管统计
业务流程分析	平均业务审批时长	Y	Y	Y	Y		
	平均分管领导审批时长	Y	Y	Y	Y		
	平均专业审批时长	Y	Y	Y	Y		
	平均高管审批时长	Y	Y	Y	Y		
财务流程分析	BU财务平均审批时长	Y	Y	Y	Y		
	FSSC审批平均时长	Y	Y	Y	Y	Y	Y
	FSSC审批平均退单率	Y	Y	Y	Y	Y	Y
	平均影像等待时长	Y	Y	Y	Y		
流程综合分析	平均审批节点数	Y	Y	Y	Y		
	平均审批退单率	Y	Y	Y	Y		
	平均加签审批次数	Y	Y	Y	Y		
	已完成单据平均退单率	Y	Y	Y	Y		
	平均加签审批时长	Y	Y	Y	Y		

在流程绩效分析中，无论我们如何进行维度的设定，所有的分析数据来源均来自于每一张流程单所记录的信息，通过这些信息的组合我们可以实现表6-6中复杂的分析用途。

表6-7是根据某企业的基础流程绩效统计表整理的报表表样示例，通过这张表样，我们的读者不难理解流程绩效分析的基础以及基于该基础如何去进行复杂的流程绩效的计算。

表6-7 流程绩效统计基础表样

报表字段类别	报表字段名称	示例值	说明
组织与人员信息	公司编号	6000	
	公司描述	××（集团）股份有限公司	
	成本中心编码	6000301136	
	成本中心描述	××行政服务部（行政）	
	提单人编码	27001043	
	提单人名称	刘和平	

续表

报表字段类别	报表字段名称	示例值	说明
流程基本信息	流程编号	2000000007390	
	流程名称	一般费用报账单——对公（有合同）	
流程基本信息	一级分类编码	201001	
流程基本信息	一级分类描述	标准费用——办公费、通信费、汽车费、劳保费	
	当前流程状态	流程全部结束	通常正向的流程状态可以划分为：①流程尚未提交；②业务审批中；③专业审批中；④FSSC审批中；⑤付款执行中；⑥流程全部结束。而对于存在驳回的流程，则可以包含流程被驳回尚未提交的状态
流程详细信息	开始日期	2015-12-03 14:01:11	
	业务审批时长	15:12:10	
	专业审批时长	3:10:08	
	影像上传时间	2015-12-05 09:41:52	记录影像上传完成的时间，该时间是计算进入FSSC的判断时间之一
	进入FSSC时间	2015-12-05 09:41:52	等于以下时间中相对较晚的时间：① 业务、专业审批完成时间 ② 影像上传时间
	FSSC审批时长	7:34:11	
	审批总时长	1D 19:40:41	审批总时长为开始日期到FSSC审批全部结束之间的时间差
	其中加签审核时长	—	
	审批总次数	5	
	其中加签审批总次数	0	
	审核会计岗位	费用一组会计	
	审核会计名称	27009032 肖新	
	驳回次数	0	
	付款成功日期	2015-12-05 17:20:33	
	付款总时长	0:04:30	从FSSC会计审核完成的时间到付款执行完成时间的时间差
	结束日期	2015-12-05 17:20:33	
	作废日期	—	
其他信息	金额	273.5	
	币种	RMB	
	影像处理工作站	GZ-2019	

6.5 FSSC扩展应用

6.5.1 移动互联网应用

移动互联网，顾名思义就是将移动通信和互联网二者结合起来，成为新的改变人们生活方式的技术潮流，它借助互联网技术、平台、商业模式和应用与移动通信技术结合，随着移动通信3G、4G乃至5G技术时代的开启和WiFi等便捷移动设备网络接入，移动、互联网经济已经深刻地影响着人们的生活和工作模式，移动产品也逐步从消费级市场向企业级市场渗透。

截至2014年4月，我国移动互联网用户总数达8.48亿户，在移动电话用户中的渗透率达67.8%，手机网民规模达5亿人，占总网民数的8成多，手机保持第一大上网终端地位。我国移动互联网发展进入全民时代。

在共享服务领域，基于移动设备的企业管理解决方案已经不是首次被提及，早年已经有企业基于手机短信、WAP乃至BlackBerry的企业级移动解决方案实现简单的移动审批。而今，随着移动技术的成熟，移动终端已经能够基于强大的计算能力和足够的带宽为企业的共享服务提供更丰富的功能支持。

财务基于移动互联网的常见新应用包括报账与审批、预算管理、资金管理和报表展现，移动应用解决方案的移动性特点和财务共享服务地域上的特点天然就具备良好的结合空间，在新的技术背景下，财务共享服务的应用也以越来越快的速度向移动端进行功能上的迁移，实时性和适合移动终端的形象化展示将成为企业财务共享服务的新特点。

移动应用目前已经成为整个财务共享服务整体解决方案中的一个重要应用，借助移动应用，企业全员、甚至产业链伙伴都可以随时随地通过财务共享服务中心发起报账请求，财务共享服务中心可以按照专业化的流程和岗位分工来响应，这样一来，移动互联就为财务共享服务带来了更便捷、更实时、更灵活的应用，不仅大大提高了财务核算的效率和标准化，也提升了企业的管控水平。

此外，腾讯企业的微信也在2014年发布了企业号，对财务共享服务中心和员工、供应商、客户之间的交流与服务大开便利之门。未来，依托微信企业号进行的交互和报账服务将成为一种趋势。同时，利用微信等移动应用平台进行财务共享服务中心运营管理系统的构建也将成为可能。

作为传统企业级解决方案领域领头羊的SAP也陆续提出了诸如SAP NetWeaver Gateway、Fiori等在内的一系列移动应用解决方案。SAP NetWeaver Gateway即SAP

NetWeaver网关技术，可以提供从各种环境或终端对SAP应用程序的开放式访问，涵盖社交、Web、按需随选和移动应用等领域。开发人员可以使用自己选择的开发平台，直接创建与SAP环境集成的应用程序，满足用户和开发人员需求。使用SAP NetWeaver Gateway进行开发非常简便，可以使开发人员在更短的周期内，为新型用户开发出更多创新解决方案。

SAP NetWeaver Gateway最大的特点就是"任何环境""任何设备"和"任何开发商"，即客户可以在确保一致性的前提下，从任何环境和任何设备上访问并连接SAP应用程序，从SAP NetWaver技术平台的各个方面保持互通性和协作一致性。

而借助SAP Fiori内含的系列应用功能，则可以基于企业内作为核心管理软件的 SAP软件功能和相应数据，为企业的用户带来更为简单易用的使用体验，帮助他们高效完成工作流审批、信息查找和自助任务。Fiori可以支持业务人员通过任何设备（台式电脑、平板电脑或智能手机）实时使用办公应用，更为轻松完成工作，同时也可以让员工利用空闲时间做更多的事情，并进一步提高工作效率。

在面向跨平台的HTML5领域，SAP也发布了UI5，这套前端JS框架采用基于HTML5的UI开发组件，封装了OpenUI5、jQuery等，是用来构建和适配客户端程序的用户接口技术。是SAP为快速开发UI，构建企业级产品的JavaScript框架。拥有超过360个丰富控件，丰富的CSS页面展示模板，上百个工业图标，同时支持控件扩展。SAPUI5支持多种数据交互方式，XML，JSON，properties，ODATA。支持MVC编程，支持桌面程序、平板及手机等移动设备自适应编程，在Web和移动应用的UI开发中也具有较为显著的优势。具体如图6-18所示。

图6-18　SAP NetWeaver原生程序已能够较好支持移动端的应用

1. 基于移动终端的业务填单

随着智能手机尤其是大屏幕智能手机、iPad等平板电脑、配套移动APP的普及，在电子商务的推波助澜下，越来越多的传统基于PC处理的业务也逐步转移到移动端，以手机为代表的移动设备高度的灵活性使随时随地、按需（On Demand）的业务处理成为可能。因此，也有企业提出基于移动终端完成FSSC的业务填单需求。

移动互联网时代，将财务共享服务相关功能向移动端做适度的迁移已经成为近年来的一个趋势。一些企业也尝试性地将员工差旅的申请、机票酒店预订、事后报销流程集成到移动应用中。员工能够通过移动终端拍照的方式发起报销申请，并依托员工信用机制进行事后的抽样审核，这些经过审慎设计的基于移动的应用能够在一定程度上有效提升一线业务人员的报销时效和满意度。

特别是近年来，一方面随着国家在会计档案管理方面的政策调整，另一方面企业也为了提升员工在费用报销方面的用户感受，提高费用报销相关流程运转的速度，缩短费用入账的周期，越来越多的企业采取了基于电子影像的报销单据处理、入账与资金支付，而电子影像的取得，除了票据提交后的扫描中心集中扫描外，很多企业也提供了手机拍照录入的功能，极大地提升了用户的体验。

图6-19为SAP Concur提供的移动报销填单解决方案示例图。

图6-19　SAP Concur提供的移动报销填单解决方案示例

2. 基于移动终端的审批

传统上由于移动设备在信息输入上的弱势，相比较而言，基于移动设备的审批则变得相对容易了许多，因此已经实施了移动应用解决方案的企业多数已经率先在移动端实施了不需要大量信息输入的审批和报表展现。

在移动应用普及之前，过去企业的审批都是通过邮件或者使用PC登录系统之后才能进行的，使用移动审批应用之后，只要有新审批事项出现，系统就会自动推送到相关人的智能终端，审批人只需要在终端上点击同意即可，打破地域限制，加速处理交易。此外，能够在多移动终端上进行业务申请，可以大大提升工作的便捷性，所有与财务共享服务的人员都可以随时随地查看与其相关的报表数据。从这些角度看，移动应用为企业财务共享服务插上腾飞的翅膀，让财务共享服务变得更为高效便捷。

图6-20是带有单据、流程与影像信息调用的移动审批方案示例图。

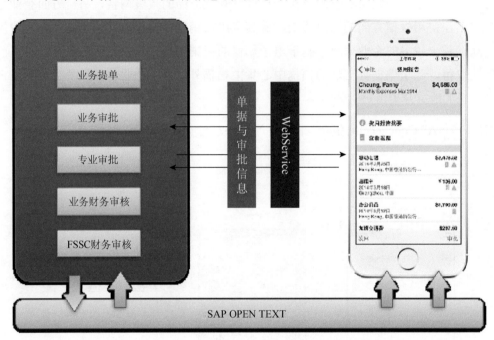

图6-20　带有单据、流程与影像信息调用的移动审批方案示例

3. 基于移动终端的数据分析与展现

移动应用以其Anytime（随时）、Anywhere（随地）的优势在数据分析、报表展现方面有着极其广阔的应用前景，在互联网时代下，高效、动态地掌握企业运营动态、快速地应对市场变化成为了企业管理者普遍的诉求，对于财务共享服务中心的服务与运营管理而言，移动应用同样具有非常突出的价值，除了前面提到的基于移动设备的单据录入、移动审批外，通过移动终端的数据发布、报表输出乃至交互分析都成为时下财务共享服务在技术应用方面的新热点。

尽管移动设备仍然在一定程度上受限于其有限的屏幕，但互联网思维下的移动应用更是借助其在实时性、直观性、可交互性获得了财务共享服务中心管理者、财务共享服务中心服务对象的高度青睐，因此在部署财务共享服务信息系统时，具有前瞻性的移动数据分析和展现将会让整个财务共享服务中心服务的体验和价值向更高的层级更进一步。具体如图6-21所示。

图6-21　在iPad上查看基于SAP Concur移动应用的费用分析

6.5.2　云与大数据

1. 云计算和财务共享服务

云计算（Cloud Computing）是基于互联网的相关服务的增加、使用和交付模式，通常涉及通过互联网来提供动态易扩展且经常是虚拟化的资源。云是网络、互联网的一种比喻说法。过去在图中往往用云来表示电信网，后来也用来表示互联网和底层基础设施的抽象。因此，云计算甚至可以让你体验每秒10万亿次的运算能力，拥有这么强大的计算能力可以模拟核爆炸、预测气候变化和市场发展趋势。用户通过计算机、笔记本、手机等方式接入数据中心，按自己的需求进行运算。

财务共享服务的系统运用在目前的技术基础上，我们看到大量的创新应用，比如采用运营型PaaS平台，依托强大的云计算基础设施，采用一站式运营模式，将各项与共享相关的信息化服务及管理平台系统，集中在一起，实现诸如业务流程管理、预算跟踪、商旅集成、影像与档案等业务的功能整合和业务管理，我们可以展望这部分的创新将会引发软件应用的SaaS云化突破性的爆发。真正实现了广大财务共享用户、软件开发者和财务共享服务平台的三方共赢。

未来财务共享服务软件开发者的云平台合作方式如下。

方式一：云端软件应用租赁。

对于企业或组织来说，他们需要的不是财务共享服务的软件，而是在财务共享服务上的改变和提升。改变和提升包括占用资源和人力成本的下降、沟通效率和工作效率的提升，如何利用财务数据来服务于财务共享服务，不断地、及时地修正和提升服务。财务共享服务软件的应用租赁应运而生。

这种方式实现的财务共享服务软件应用，能够有效地降低建设财务共享服务中心企业或组织的整体拥有成本，进而促进企业的财务共享服务中心建设，通过这种方式推动的软件租赁，软件开发者会逐渐提供更加丰富的财务共享应用软件，降低企业或组织在软件购置上的门槛，加快财务共享服务中心信息化应用的进程。

而且在未来的财务共享服务中心运行期间也可以减少因软件升级更新而带来的费用困扰。我们将会看到借助互联网云平台的发展同时为财务共享服务的软件搭建了一个更大的舞台。

方式二：一体化应用主机打包方案。

从目前情况来看，采用财务共享运行的企业中有很多都是大型的企业集团，这一类型的大企业集团开始采用财务共享服务的方式，更希望能有体系性的完整解决方案（Total Solution）。

一体化应用的基本思想是，采用互联网、云平台数据库、具体应用管理软件平台等要素的IT环境下，将企业财务共享服务中的三大主要流程，即共享流转流程、财务事务处理流程、财务管理流程有机融合，充分利用互联网的事件驱动概念引入流程设计，建立基于业务事件驱动的财务一体化信息处理流程，使财务数据和流转融为一体。在这一指导思想下，将企业的所需要的财务共享服务划分为若干业务事件。当业务事件发生时，利用事件驱动来提供财务共享服务；这种方式能最大限度地实现数据共享，适时控制共享服务，真正将财务管理的服务职能发挥出来。

方式三：SaaS配合软件直销。

SaaS配合软件直销合作方式来源于传统的软件直销，将云平台上的SaaS应用，比照传统意义上的软件直销给需要财务共享服务软件的企业或组织。这样能利用SaaS应用的普遍适用性来提升使用企业或组织的感受。通常的方式是打造财务共享服务软件直销电子商务平台。为财务共享服务的软件提供方与软件企业用户架设100%直接应用平台。

方式四：云端软件应用收益分成。

云端软件应用收益分成合作方式可能是未来最具活力的方式，我们会看到未来众多的共享服务需求者都将采用这种服务方式来接受财务共享的服务，而共享服务软件应用的提供方根据业务使用者的业务量来进行软件的收费（可以是业务量，也可以是业务规模），同时这种合作模式也将促成共享服务云平台的提供者借助自身技术优势进行整合成为财务共享服务业务的外包提供商。

以上这四种方式的云平台合作都将极大地丰富财务共享服务未来的软件支持的力量，我们将会看到不同类型的企业或者业务组织都能充分地分享到财务共享服务所带来的支持和帮助，未来互联网+财务共享服务的前景会更加广阔。

2. 大数据和财务共享服务

大数据（Big Data）是指无法在可承受的时间范围内用常规软件工具进行捕捉、管理和处理的数据集合，是需要新处理模式才能具有更强的决策力、洞察发现力和流程优化能力的海量、高增长率和多样化的信息资产。

在维克托·迈尔-舍恩伯格及肯尼斯·库克耶编写的《大数据时代》中，大数据是指不用随机分析法（抽样调查）这样的捷径，而采用所有数据进行分析处理。大数据的5V特点（IBM提出）：Volume（大量）、Velocity（高速）、Variety（多样）、Value（价值）和Veracity（真实性）。

尽管如此，但在技术创新与实践中，我们看到"大数据"的概念表现得非常多样，但凡涉及相对较大量的数据处理和分析时，我们往往将其向大数据方向上靠拢，尤其是随着新的大数据处理技术上的革新，在结构化、非结构化的数据分析方面有了更多的工具，在此背景下，技术的跃进也为财务共享服务在"数据"这个维度上创造了更多的可能性。

借助新的大数据分析工具与方法，在传统的数据分析方法和领域基础之上，财务共享服务的数据处理与分析方式也有了新的趋势，越来越有"大数据处理"的味道，透过以下特点，我们能够真切感受到这种味道。

未来财务共享服务与大数据"联姻"之后，将具备如下特点。

特点一：财务共享服务中心成为大数据资产的重要拥有部门。

财务共享服务中心作为面向集团内外部提供整合的财务共享服务的中心部门，SSC将具备把原本散落在不同组织单元下的各类财务相关数据、财务相关的业务数据、明细的数据、汇总的数据、业务行为结果数据、业务行为模式数据、结构化的和非结构化的数据全面、有效地整合到财务共享服务中心下，财务共享服务中心将成为企业真正的聚合的数据资产重要的拥有部门。

随着现今互联网从IT（Information Technology）时代到DT（Data Technology）时代的演进，作为企业的重要资产的拥有部门，未来财务共享服务中心在企业决策支持方面也将扮演更为重要的角色。

特点二：财务共享部门将进一步推进与云计算等IT技术的深度结合。

大数据离不开基于云计算的高性能数据处理，云处理为大数据提供了弹性可拓展的基础设备，是产生大数据的平台之一。自2013年开始，大数据技术已开始和云计算技术紧密结合，预计未来两者关系将更为密切。除此之外，物联网、移动互联网等新兴计算形态，也将一齐助力大数据革命，让基于大数据的营销、财务决策发挥出更大的影响力。

特点三：数据管理成为财务共享部门的日常工作，同时也成为核心竞争力培育的重点。

数据管理成为核心竞争力，直接影响财务表现。当"数据资产是企业核心资产"的概念深入人心之后，企业对于数据管理便有了更清晰的界定，将数据管理作为企业核心竞争力，持续发展，战略性规划与运用数据资产，成为企业数据管理的核心。数据资产管理效率与主营业务收入增长率、销售收入增长率显著正相关；此外，对于具有互联网思维的企业而言，数据资产竞争力所占比重为36.8%，数据资产的管理效果将直接影响企业的财务表现。

特点四：财务共享服务部门将进一步注重数据的质量。

采用自助式商业智能工具进行大数据处理在财务数据加工和决策支持方面将会脱颖而出。需要注意的是，尽管财务共享服务中心能够相对较为容易地取得来自不同渠道的聚合数据，但是由于数据口径上的差异，要想高效地利用这些数据资产，财务共享服务部门将投入更多的资源用以进行数据的校验和整合，推进数据质量的提升并通过BI等决策支持体系获得更佳决策。

特点五：财务相关数据的生态系统复合化程度加强。

大数据的世界不只是一个单一的、巨大的计算机网络，而是一个由大量活动构件与多元参与者元素所构成的生态系统，终端设备提供商、基础设施提供商、网络服务提供商、网络接入服务提供商、数据服务使能者、数据服务提供商、触点服务、数据服务零售商等等一系列的参与者共同构建的生态系统。而今，这样一套数据生态系统的基本雏形已然形成，接下来的发展将趋向于系统内部角色的细分，也就是市场的细分；系统机制的调整，也就是商业模式的创新；系统结构的调整，也就是竞争环境的调整等，从而使得数据生态系统复合化程度逐渐增强。

财务共享服务中心结合大数据能够对自身的职能范围进行一次质变。当财务共享服务中心具备了数据管理基础和技术手段后，绩效分析、预算分析、盈利分析等内容都将成为可能。在这种模式下，财务共享服务中心将从原先的费用中心、报账中心、结算中心衍生出数据中心、决策支持中心的职能，以大数据为基石，结合新的技术手段为企业获取更多的商业信息，创造商业价值。

第7章
总结与展望

7.1 内容回顾

改革开放以来，中国经济始终保持高速的增长，中国的企业也以平均每年8%的速度在追赶全球各领域的先行者和先进者，而随着中国经济总量上的提升，以往单纯靠量取胜的方式已渐渐难以支撑持续的经济增长，中国的经济亟须增长模式上的转型，在这样的背景下，集约和精益化逐步被提到和产业升级同样的高度上，共享服务作为企业和国家不约而同地选择快速的为各领域的变革的领导者所接受，中国企业自行主导规划和建设的财务共享服务中心在新技术浪潮的推动和全球新商业格局的背景下也逐步显露头角。

回顾本书，相信读者都能看到，财务共享服务的建设和落地过程就是变革理念从提出到落地的过程，而财务共享服务的理念也早已不是二三十年前刚刚诞生时单纯依靠企业自行摸索和实践，如今全球范围内的案例和广泛的研究可以为我们提供大量经验总结和方法上的参考，我们可以提炼其中有价值的行动和理论并结合当前的IT技术，从体系化的方法角度对财务共享服务的各个重要领域、重要的流程进行有效的变革支持。

本书以财务共享服务中心从规划、建设到持续运营为主线，以5个章节的篇幅对财务共享服务中心涉及的包括"基本概念与实施方法体系""业务咨询方法""系统落地方法""核心管理领域方法""运营管理与提升"等方面展开了详细的阐述。

- 财务共享服务的基本概念：首先介绍了共享服务中心的起源及基本概念，并就财务共享服务中心建设的驱动因素展开了叙述，不难看出，随着企业在管理精益化、集约化方面的要求以及面对新商业格局下的战略挑战，中国企业近年陆续开始尝试以财务共享服务为代表的管理转型，尤其是国家相关政策的落实，更是为财务共享服务的建设提供了大量的政策层面的保证，更加有利于财务共享所带来的价值实现。

- 财务共享的实施方法体系：在整体方法论体系方面，笔者首先从具有较高体系性和完整性的SPORTS方法出发介绍了企业在推进财务共享服务中心有关场所、流程、组织与人员、法律与规章、技术以及服务关系管理方面的核心要点，并就财务共享服务中心推进的业务阶段划分以及项目管理方法提供了建议。

- 业务咨询方法：以KOPT为基本架构，本节从组织梳理与变革、流程梳理与变革、核心业务领域管理方法、IT技术变革与创新四个方面依次着手详细探讨了业务咨询的具体方法，这其中包括财务的组织变革演进趋势与实践、FSSC人员规模测算方法、人员与团队建设方法、PCF方法、7R方法、CBM方法以及用于指导IT系统实现的Agile敏捷开发方法等。

- 系统落地方法：本节笔者在FSSC系统软件的选型原则以及系统建设的目标的基础上

提出了FSSC系统架构的最佳实践,并对所提出的包括财务共享业务处理平台、基础业务管理平台、共享服务管理平台的定位以及当前市场上的主要解决方案、软件平台等简要做了介绍,同时就系统建设的误区以及成功推进的关键要点展开了论述。

- 核心管理领域方法:本节按照不同的业务领域依次对FSSC实施落地过程中的核心领域的系统实现的基本方法、关键要点进行了大篇幅、详细的介绍,这些核心领域涵盖了主数据管理、BPM结构化流程设计、在线预算管理、在线业务规则管理、集成资金管理、集成商旅平台应用、电子影像与档案管理、集成的税务管理、基于财务共享服务的资产管理、员工与部门信用管理、月结与关账11大领域。

- 运营管理与提升业务咨询方法:作为财务共享服务中心运营管理与提升阶段所经常使用到的方法,本书着重就PDCA方法以及六西格玛管理方法进行了展开的论述,希望通过对这些方法在企业推行的关注要点的介绍,强化企业财务共享服务中心运营管理效果并为持续的运营提升提供体系化的管理方法基础。

- 运营管理系统落地方法:本节主要是围绕FSSC运营管理过程中的实际的运营业务展开的探讨,其中重点性的以SAP SSF为代表介绍了服务与运营管理的系统平台以及其拥有的功能、FSSC综合信用管理、问题支持与交互机制、基于BI的FSSC绩效报表和包括移动应用、云计算与大数据在内的相关解决方案。

管理大师迈克尔·哈默(Michael Hammer)曾经预言"对于二十一世纪的企业来说,流程将非常关键,优秀的流程将使成功的企业与其他竞争者区分开来。"这一观点已经在国内企业界得到了广泛认同,包括华为等在内的一系列中国企业也尝试着借助围绕流程的管理变革推进企业向更高价值的管理领域迈进,推动了包括财务共享服务等在内的管理变革,从组织、流程、知识体系、IT等方面将变革付诸于实践。

财务共享服务的业务模式的引入必定将给企业的流程带来重大的变革,本着更好支撑变革、服务企业管理转型的理念,本书坚持从方法体系的角度出发通过包括IT等在内的工具加强围绕财务共享服务的组织、流程的集成与融合,以期能够给读者呈现一个较为完整、恰当的财务共享服务业务与信息化落地解决方案,同时也希望本书提出的一些具体的管理方案能够对企业的财务共享服务中心建设与运营工作提升带来一定的启示。

7.2 财务共享服务的未来

财务共享服务的初衷来自于企业组织整合与流程再造中对效率性和集约型的需求,同时伴随财务共享服务运营模式的成熟以及财务组织转型变革的深入过程中技术创新手段的层出,财务共享服务也呈现出越来越多新的特点,尤其是近年互联网经济的爆发,我们不难分析和推论,未来的共享服务模式将成为传统企业组织体系的异化推动力,甚至我们可以说共享服务的理念就是传统企业组织方式的掘墓人。

7.2.1　未来财务共享服务的组织

我们通常看到传统组织体系中有严格的部门划分,通过企业管理模式的协同以流程的形式来贯串其中,但我们能看到的未来互联网体系之下小团队化,将是公司组织形式的美好未来,虽然我认为它并不适合所有公司,但我们会看到这样的企业组织形式将会成为未来最有活力的企业组织形式,具有如下的组织特点:

- 没有强制性的中心控制;
- 次级单位具有自治的特质(很多情况下次级单位就是具备专门能力的个人);
- 次级单位之间彼此高度连接;
- 点对点间的影响通过网络形成了非线性因果关系。

在这样的组织特点下,共享服务将是串联起组织内部点对点的重要工作模式,很多时候这种串联将跨出组织的藩篱,间接将推动未来企业组织的模糊化,比如现在已经初露端倪的合弄制等。

7.2.2　未来财务共享服务的形式

从财务共享服务的服务组织着手进行分析,我们会看到服务对象的多组织服务向跨组织深入,从服务严密组织向服务松散组织的转型。

多组织向跨组织深入方面,呈现如下三个明显特征。

- 不同的互联网企业通过共享服务可以串联起来进行公共服务和管理。
- 未来的互联网合作必须通过复杂的非同一集团下的组织合作进行,原本一个集团下的成员企业的合作病构性问题只能通过跨组织的合作解决。
- 消费者需要量身定做的或是无缝对接的服务,这是可以通过共享服务的组织来进行完整的提供。

试想未来很多的企业园区或行业集群,通过运用互联网和大数据构建开放的财务共享服务生态圈，布局几座、十几座，甚至上百座城市的财务共享服务云平台。类似现在大量兴起的致力于为千万中小微企业提供市场、客户、金融、财税、营销、人力资源等全方位营运的一站式服务平台，不受限于企业边界同时提供财务共享的服务。

这样的财务共享服务势必要成为企业园区的管理区内企业的依赖力量，也可能通过行业协会的布局来整体提升行业的整体管理水平和整合程度。

7.2.3　服务严密组织向服务松散组织转型

符合未来互联网时代的组织运作将是人与人，技能与技能的联合，所以脱胎于传统严密型组织的财务共享服务势必要转向为松散型的组织（甚至个人）服务，我们可能会看到未来财务共享服务的对象是一个个在工作室中工作的SOHO族，未来的财务共享服务提供者就像现在的快递公司快递员串联于这些松散的组织与人之间进行财务信息的处理、储存、交换最终也实现财务管理的增值。

一旦这个转型逐步实现，将会推倒一块很有意思的多米诺骨牌，未来企业的法人治理可能基于财务共享服务的需要来进行，比如确保服务对象（可能是企业、也可能是个人）的效益最大，在保障效益最大化的过程中可能会按财务共享服务对象来进行策略性整合，这样的整合可能是按服务对象的技能类别，也可能是服务对象的业务上下游划分，将这些提供产品或服务的企业和个人组合起来进行财务共享服务，既获得共享服务的收益又获得政策和法规收益，原本用来提升集团企业管理效益的财务共享服务提供商（者）会逐步成为社会效益提升的推动者和整合者，到那个时候，财务共享服务提供商跨界"打劫"投行也未可知（当然一切还缺乏公司法的基础）。

7.2.4　财务共享服务本身将如何演进

从财务共享服务的对象再回到财务共享服务本身，它的未来会怎么样，可能很难一言以蔽之，但我们看到身边这10年互联网从一个技术性工具逐步演变为重要的生产要素。财务共享服务本身也具备这样的特性和可能，持续的演进会将现在的财务共享服务平台变成未来生产力的重要一环，互联网的优势，是效率的优势。传统企业的转型，最后都是组织的问题。财务共享服务的过程就是解决组织问题取得效率优势的过程，我们怎么能不对它报以更大的期望。

现在我们常见的企业财务共享服务中心或是财务外包公司的形势可能会随着这个过程被颠覆重构，传统型的企业财务共享服务中心和财务外包公司会被企业群或者园区型财务共享服务中心取代，而且可能新生一种不隶属于任何一个财务共享服务中心的，财务共享服务提供者的参与者，他们依托于管理标准成熟、系统操作稳定的财务共享服务环境对市场上的财务共享服务需求者提供多点触发式的服务，包括服务的计费结算都可以按触发的服务来收取，既支持了"大众创业，万众创新"，有让财务共享服务提供者成为"大众创业，万众创新"的参与者。

在未来会怎么样？我们真无法想象，就如同10年前我们无法想象现在的互联网，无法想象现在的世界一样；财务共享服务的未来能给这个世界带来什么需要我们拭目以待。

后　记

　　研究人类社会的文明后我们不难发现，创新的思维和技术实现手段总是推动社会发展最有强有力的两个因素，思维模式、认知理念方面的创新带来的是全新的理论世界，而技术实现手段的创新则将理论中的世界真实、有效地呈现在我们面前，这两个因素彼此作用，持续地推动我们的社会向更高的文明迈进。

　　特别是在如今信息互联的时代里，我们更能够看到这两个因素是如何在这短暂的几十年里快速、剧烈地影响着我们的经济组织模式和我们的日常生活，我们亲眼目睹世界经济的快速演进，日常生活中的我们每一个也在接受着比我们的先辈们多无数倍的信息，与技术紧密结合的思维像潮水一般涌入我们每个人的脑海，创新与变革成为了一时间社会的主旋律。

　　面对这样快速变化的世界，笔者作为企业管理咨询领域的从业者和企业管理的实践者，感触颇多，也希望能够将这些经验、感触整理成文字，为中国企业的管理转型贡献一份力量，因此笔者开始着手本书的编撰，希望能够借助这样一次契机系统性地阐述财务共享服务从规划、建设到运营全过程的常见方法体系和要点，为财务共享服务在中国企业管理体系化的落地提供一些借鉴和指引。

　　笔者尝试从财务变革的趋势出发，解释和论述了财务共享的概念、实施方法以及具备实操性的相关领域的一些具体方案，希望能够帮助读者更加全面、深入地了解财务共享服务。笔者也尝试整理了一些国内外企业的财务共享服务中心建设和运营的相关方案的最佳实践，尽管案例有限，但笔者也希望借此能够为读者提供对财务共享服务的规划、建设、运营实践相对较为直接的感受。

　　正如我们所讲，互联网时代的变化是异常迅速的，不单单是技术的快速演进，甚至于国家配套的政策也在提速以适应新的管理理念和最大化技术创新的价值，在本书的写作期间，国家也陆续更新了包括增值税改革、会计档案法等在内的财税政策、法规，我们看到，随着这些政策、法规的更新，财务共享服务的道路变得日益清晰，财务共享服务对于企业、社会的价值也将极大化地凸显出来。

　　本书的写作过程得到了来自各方的支持，作为紧密战斗在财务共享服务一线的同事和朋友，曾德荣博士为本书的理论部分给予了非常有价值的指导，黄方明、陈建夫、潘甜为本书的相关章节提供了大量的素材和图片的支持，此外还包括与我们一起完成共享服务项目交付的团队与对我们给予真诚信任的客户、合作方以及清华大学出版社的栾大成编辑，特别感谢这一路以来的支持和帮助。

咨询顾问的生涯总是少不了高频度的差旅，不是在外地就是在去往外地的旅途上，所以最后要特别感谢自己的家人，你们是每一位咨询顾问背后最坚强的后盾，这里要谢谢小丸子和丸子妈妈、团团和团团妈妈，是你们一直以来的理解和支持，才有了本书的完稿，谢谢家人。

理念和技术的创新从来不会停歇脚步，它们仍然在强有力的推动着时代向前，我们能够看到在这边肥沃的经济土壤上，共享服务的前景仍然十分让人期待，关于未来，让我们一起拭目以待。

本书作者邮箱 SSC_ECO@OUTLOOK.COM，欢迎读者与我们就本书其中的任何问题或 FSSC 相关的内容进行沟通。

陈剑　梅震

参考文献

[1] 布赖恩·伯杰伦（Bryan Bergeron），共享服务精要[M].北京：中国人民大学出版社，2004.

[2] 张瑞君.企业集团财务管控（第4版）[M].北京：中国人民大学出版社，2015.

[3] 全新的价值整合者——2010全球CFO调研洞察[D].北京：IBM商业价值研究院，2010.

[4] 陈虎，孙彦丛.财务共享服务[M].北京：中国财政经济出版社，2014.

[5] 张庆龙.财务转型始于共享服务[M].北京：中国财政经济出版社，2015.

[6] 卜海涛.财务共享：跨国企业的集体冲动[N].中国财经报，2008-2.

[7] 吕丹.财务共享 物尽其美[J].首席财务官，2008-2.

[8] 汤普森.战略管理：获取竞争优势（第17版）[M].北京：机械工业出版社，2011.

[9] 张瑞君.财务管理信息化：IT环境下企业集团财务管理创新[M].北京：中信出版社，2008.

[10] 庄莹.发展我国财务共享服务的若干思考[J].财务月刊，2011-1.

[11] 刘婷媛.企业财务共享服务管理模式探讨[J].财会研究，2007年02期.

[12] 胡格格，杨汉明，周莉.海尔集团的财务共享之路[J].财务与会计(理财版)，2013年09期.

[13] 项目管理协会.项目管理知识体系指南 PMBOK 第4版[M].王勇.张斌，译.北京：电子工业出版社，2009.

[14] 刘玉.财务人员转型问题解析及应对策略[J].会计之友，2014年第33期.

[15] 鲁百年.全面企业绩效管理[M].北京：北京大学出版社，2006.

[16] 付亚和，许玉林.绩效考核与绩效管理（第2版）[M].北京：电子工业出版社，2009.

[17] 韩家炜，Micheline Kamber，裴健. 数据挖掘：概念与技术[M]. 北京：机械工业出版社，2012.

[18] 克里斯，费伊. 服务共享[M]. 郭蓓，译. 北京：中国人民大学出版社，2005.

[19] 辛鹏，荣浩. 流程的永恒之道：工作流及BPM技术的理论、规范、模式及最佳实践[M]. 北京：人民邮电出版社，2014.

[20] 胡德华. SOA之道：思想、技术、过程与实践[M]. 上海：上海交通大学出版社，2011.

[21] 艾尔. SOA 治理-云环境中的共享服务治理（英文版）[M]. 北京：科学出版社，2012.

[22] 任振清. SAP财务管控：财务总监背后的"管理大师"[M]. 北京：清华大学出版社，2015.

[23] 何桢. 六西格玛管理（第3版）[M]. 北京：中国人民大学出版社，2014.

[24] 维克托·迈尔-舍恩伯格，肯尼思·库克耶. 大数据时代[M]. 盛杨燕，周涛，译. 浙江：浙江人民出版社，2013.

[25] 隋玉明. 大数据时代集团财务共享问题探讨[J]. 财会月刊，2014年5月上.

[26] 周洪波. 云计算：技术、应用、标准和商业模式[M]. 北京：电子工业出版社，2011.